백배 축복 비결

김열방 김향숙 박미혜 이숙경
이은아 이은영 이재연 정은하 지음

"이 책을 읽으면 당신도 백배의 축복을 받게 된다."

날개미디어

당신도 백배의 복을 받을 수 있다

당신은 백배의 복이 있다는 것을 압니까?

나는 예전에 백배의 복이 있다는 것을 전혀 몰랐습니다.

백배의 복이 있다는 것을 모르는데 어떻게 백배의 복을 받을 수 있겠습니까? 사람이 어떤 것을 얻으려면 먼저 그것이 있다는 것을 알아야 합니다. 엘리사는 갑절의 영감이 있다는 것을 알았기 때문에 엘리야의 갑절의 영감을 구했고 받았던 것입니다.

"당신의 영감이 갑절이나 내게 있기를 구하나이다."(왕하 2:10)

만약 갑절의 영감을 구하지 않고 "당신처럼 되었으면 좋겠습니다"라고 했다면 평생 엘리야의 뒤꽁무니를 따라다니거나 엘리야가 사라지고 난 후에도 그의 겉모습만 흉내 냈을 것입니다. 엘리사는 갑절의 능력이 있다는 것을 알았고 그것을 구했습니다.

하나님은 그것을 거절하지 않고 주셨습니다.

"네가 미쳤구나. 엘리야가 얼마나 대단한 사람인데 네가 엘리야보다 갑절의 영감을 구하느냐? 말도 안 된다. 꿈도 꾸지 마라."

그렇게 말씀하지 않으셨고 그가 구한 것을 기꺼이 주셨습니다.

당신도 갑절의 영감이 있다는 것을 알고 그것을 구해야 합니다. 갑절의 영감만 있는 것이 아닙니다. 백배의 영감도 있습니다.

나는 백배는커녕 두배, 세배, 열배의 복도 몰랐습니다.

26살에 결혼하고 양가 부모님께 천만 원을 받아 신혼 방을 차렸는데 좁은 단칸방이어서 제대로 돌아눕지도 못할 정도였습니다. 형이 타던 중고차 티코를 물려받아 타고 다녔습니다. 처음엔 한 달에 18만 원을 받으며 5년간 직장 생활을 했고 나중에 50만 원, 70만 원을 받으며 아내와 함께 아이를 낳아 키웠습니다.

'너는 잠실로 가서 교회를 개척하라'는 성령님의 음성을 듣고 무작정 차에 짐을 싣고 서울로 왔습니다. 내가 가졌던 단칸방 전세 보증금 천만 원은 하나님께 개척 헌금으로 드려 상가 건물을 얻었고 아내와 나는 친구가 빌려준 돈으로 보증금 300만 원에 월세 30만 원짜리 지하 방 두 칸을 얻어 2층 침대에 아이 네 명을 재우며 생활했습니다. 지하에서 주방 위쪽의 창을 올려다보면 생쥐가 지나가다가 안쪽을 들여다보며 나를 비웃는 것 같았습니다.

"쯧쯧, 너보다 내가 더 낫다. 불쌍한 놈, 안 됐다."

나는 처음엔 '어떻게 하면 이 가난을 벗어날 수 있을까? 언제까지 지하에 살며 월세 때문에 고민해야 되지? 자동차에 기름도 없고 커피 한 잔 사 마실 돈도 없어 쩔쩔 매는 내 인생, 언제쯤 나아질까?'라고 생각했습니다. 그러나 나는 그런 비참한 생각에서 머물지 않고 어떻게든 하나님이 내게 허락하신 부요한 삶을 살겠다고 마음먹고 부지런히 성경을 연구하고 실천했고 결국 내 인생이 바뀌었습니다. 성경에는 예수님이 내 대신 가난을 짊어지고 십자가에서 벌거벗긴 채로 비참하게 죽으셨다고 나와 있었습니다.

"우리 주 예수 그리스도의 은혜를 너희가 알거니와 부요하신 이로서 너희를 위하여 가난하게 되심은 그의 가난함으로 말미암아 너희를 부요하게 하려 하심이라."(고후 8:9)

예수님이 2천 년 전에 십자가에서 다 해결한 가난 문제를 내가 다시 지고 있을 필요가 없었습니다. 나는 고정관념을 버리고 생각을 완전히 바꾸기로 했습니다. '가난에 대한 믿음' 대신 '부에 대한 믿음'을 가지기로 했습니다. '나는 가난해, 평생 누군가의 도움을 받아야 해, 누가 내게 만 원이라도 후원하지 않나?'라는 생각을 버리고 창조적인 부에 대한 믿음을 말하기 시작했습니다.

"나는 그리스도 안에서 억만장자다. 나는 부요하다."

"나는 모든 것에 모든 것이 넉넉하여 모든 착한 일을 넘치게 한다. 나는 민족들에게 꾸어 줄 정도로 부요한 사람이 되었다."

"나의 하나님이 그리스도 예수 안에서 영광 가운데 그 풍성한 대로 나의 모든 쓸 것을 채우신다. 내 잔이 넘친다."

그렇게 믿고 말하자 내 인생이 바뀌기 시작했습니다.

하루아침에 금방 모든 것이 바뀐 것은 아니지만 하루하루 천천히 모든 것이 바뀌었습니다. 하나님이 내게 성경에 나오는 부의 법칙을 깨닫게 하셨고 실제로 부요한 삶을 살도록 지혜를 나타내기 시작하셨습니다. 성경에 나오는 아브라함, 이삭, 야곱, 요셉, 모세, 다윗, 솔로몬, 욥 등은 모두 두배, 세배, 열배, 백배의 복을 받은 사람이었습니다. 이삭은 농사를 지어 백배를 거두었습니다.

"이삭이 그 땅에서 농사하여 그 해에 백배나 얻었고 여호와께서 복을 주시므로 그 사람이 창대하고 왕성하여 마침내 거부가 되어 양과 소가 떼를 이루고 종이 심히 많아졌다."(창 26:12~14)

예수님도 제자들에게 백배의 복을 말씀하셨습니다.

"더러는 좋은 땅에 떨어지매 자라 무성하여 결실하였으니 삼십 배나 육십 배나 백배가 되었느니라."(막 4:8)

놀랍게도 마가복음 10장 30절에는 죽어서가 아닌 이 땅에 살아 있을 동안에 백배의 복을 받는다고 약속하셨습니다. "금세에 있어 집과 형제와 자매와 모친과 자식과 전토를 백배나 받되 핍박을 겸하여 받고 내세에 영생을 받지 못할 자가 없느니라."

나는 이 말씀대로 실제로 백배의 복을 받았습니다.

나는 지금 지하가 아닌 지상에 살고 있습니다. 나는 다시 태어나도 지하에는 살기 싫습니다. 햇볕 잘 드는 지상이 좋습니다. 이 책에는 나와 공동 저자들이 백배의 복을 받은 내용이 나옵니다. 이 책을 읽고 당신도 백배의 복을 받아 누리기 바랍니다. 하나님은 차별하지 않으십니다. 누구든지 믿고 구하면 다 주십니다.

하나님께 백배의 복을 달라고 구하십시오.

백배의 복을 주신다는 것을 믿으십시오.

2018년 1월 10일

김 열 방

[목차]

이삭이 그 땅에서 농사하여 그 해에 백배나 얻었다.
여호와께서 그에게 복을 주셨기 때문이다.
창세기 26:12

Isaac planted crops in that land and the same year reaped a hundredfold,
because the LORD blessed him.
Genesis 26:12

하나님께 백배의 복을 달라고 구하라

당신은 백배의 복을 받는 비결을 아십니까?

나는 그 비결을 깨닫고 실천하므로 실제로 그런 복을 받았습니다. 당신도 나처럼 백배의 복을 받으려면 이 책을 통해 그 비결을 깨닫고 실천하면 됩니다. 실천하면 누구나 백배의 복을 받습니다.

나는 하나님께 백배의 복을 달라고 구했고 받았습니다.

당신도 하나님께 백배의 복을 달라고 구하면 받습니다.

하나님은 당신에게도 백배의 복을 주신다

"사촌이 땅을 사면 배가 아프다"는 속담이 있습니다.

가까운 사람이 잘되는 것을 보면 샘이 나서 견딜 수 없다는 말입니다. 당신은 그런 작은 마음을 버리고 당신보다 잘되는 사람이 더 잘되도록 축복해야 합니다. 그래야 당신도 복을 받습니다.

성공한 사람과 비교하며 경쟁하지 말고 당신도 하나님께 구하십시오. 그러면 하나님이 당신에게도 큰 복을 주실 것입니다.

당신은 혹시 '내가 받을 복을 저 사람이 다 받았어. 그래서 나는 복을 못 받는 거야. 저 사람이 미워 죽겠네. 망했으면 좋겠어'라고 생각하지 않습니까? 절대로 그렇지 않습니다. 하나님의 복은 겨우 한두 사람에게만 주는 작은 복이 아닙니다. 모두에게 넘치도록 주시는 큰 복입니다. 하나님은 크고 부요하십니다.

사도 바울은 하나님의 복에 대해 말하길 "유대인이나 헬라인이나 차별이 없음이라. 한 분이신 주께서 모든 사람의 주가 되사 그를 부르는 모든 사람에게 부요하시도다"(롬 10:12)라고 했습니다.

하나님의 구원은 영혼만 아닌 전인적인 것입니다.

하나님의 복은 의만 아니라 성령 충만과 건강, 물질의 부요함과 모든 지혜, 마음의 평화와 생명 등 일곱 가지가 있습니다. 하나님은 이 모든 복을 우리 모두에게 풍성히 부어 주십니다.

하나님은 당신에게 '경쟁적인 부'가 아닌 '창조적인 부'를 주십니다. 다른 사람이 성공하면 내가 망하는 경쟁적인 부는 시기와 질투를 유발하고 서로 미워하고 살인하는 마음이 들게 합니다.

하지만 너도 성공하고 나도 성공하는 창조적인 부는 시기와 질투가 없이 서로 존중하게 합니다. 하나님은 제한적인 부가 아닌 넘치는 부를 갖고 계시며 우리 모두에게 복주기를 기뻐하십니다.

백배의 복을 받는 비결을 깨닫고 실천하라

당신은 지금 겪는 가난이 지긋지긋하지 않습니까?

나는 가난이 싫습니다. 그래서 내 대에서 가난을 끊었습니다.

나는 원래 빈손이었지만 성경에서 말하는 백배의 복을 나타내는 비결을 깨닫고 그대로 실천한 결과 실제로 내가 원하는 부를 얻고 부요한 삶을 살게 되었습니다. 백배의 복을 받았습니다.

당신도 이 책을 읽고 깨달으면 얼마든지 가능합니다.

하루는 성령님께서 내게 이렇게 말씀하셨습니다.

"네가 깨달은 것을 책에 써서 사람들에게 알려 주라. 그들이 그대로 실천한다면 가난에서 벗어나 부요한 삶을 살게 될 것이다. 물론 어떤 사람은 책을 읽기만 하고 실천하지 않을 것이다. 그러나 어떤 사람은 책을 읽고 실천하여 백배를 거둘 것이다. 그는 좋은 땅에 뿌려진 씨앗처럼 착하고 좋은 마음으로 말씀을 듣고 실천하고 또 인내로 결실할 것이다. 믿음으로 실천한 사람은 반드시 백배, 육십 배, 삼십 배를 얻게 될 것이다."(눅 8:15, 마 13;23)

당신은 꼭 이 책을 읽고 실천하므로 백배를 거두기 바랍니다.

당신이 가장 쉽게 억만장자가 되는 비결

백배의 복을 받는 비결이 무엇일까요?

무엇보다 먼저 하나님의 자녀로 거듭나야 합니다.

당신이 예수 그리스도를 구주로 믿고 영접하면 모든 죄를 사함 받고 성령으로 거듭나 하나님의 자녀가 됩니다. 하나님을 아빠 아버지라고 부르게 됩니다. 완전히 새로운 피조물이 됩니다.

하나님의 자녀가 되었으면 "나는 하나님의 자녀다"라는 정체감을 갖고 그에 걸맞은 부요한 삶의 방식을 취해야 합니다. 하나님의 자녀는 왕의 자녀입니다. 왕자는 거지일까요 아닙니다. 왕자는 부요합니다. 그러므로 당신은 하나님의 자녀답게 죽은 후에 천국에 가서만 아니라 이 땅에서부터 모든 부를 누리며 살 자격이 있다는 것을 명심하고 당신의 생각과 말을 완전히 바꿔야 합니다.

요한복음 1장 12절에 "영접하는 자 곧 그 이름을 믿는 자들에게는 하나님의 자녀가 되는 권세를 주셨으니 이는 혈통으로나 육정으로나 사람의 뜻으로 나지 아니하고 오직 하나님께로서 난 자들이니라"고 했습니다. 예수를 구주로 믿는 순간 당신은 모든 죄를 사함 받고 성령으로 거듭나 하나님의 자녀가 되었고 그 순간부터 그분의 모든 부를 받아 누리도록 허락받았습니다.

사람이 가장 쉽게 억만장자가 되는 비결이 있습니다.

무엇일까요? 바로 '억만장자 가문에서 태어나는 것'입니다.

당신이 바로 그 사람입니다. 당신이 예수를 구주로 믿고 성령으로 거듭난 순간 당신은 하나님의 자녀로 다시 태어난 것이고 이는 곧 금수저를 입에 물고 태어난 것과 같습니다. 당신은 만왕의 왕이신 하나님, 우주의 재벌 총수이신 하나님의 자녀가 되었습니다. 재벌 가문의 일원이 되었습니다. 당신은 그분의 아들입니다.

만왕의 왕이신 하나님 아버지에게 무엇이든 구하십시오.

"여호와께서 내게 이르시되 너는 내 아들이라, 오늘 내가 너를 낳았도다. 내게 구하라. 내가 이방 나라를 네 유업으로 주리니 네 소유가 땅 끝까지 이르리로다."(시 2:7~8)

인격 수양으로 물질의 복을 받는 것이 아니다

당신이 부요해지기 위해 어떤 값을 지불해야 할까요?

사실 당신이 부요해지기 위해 지불해야 할 값은 하나도 없습니다. 예수님이 십자가에서 당신 대신 다 지불했기 때문입니다.

물질의 복을 받기 위해 많은 고행을 하고 도를 닦고 훈련을 하며 인격을 성인군자가 될 정도로 수양해야 할까요? 어떤 사람은 자신의 인격이 부족해서 하나님께 물질의 복을 제대로 받지 못하고 있다고 크게 오해하고 있습니다. 절대로 그렇지 않습니다.

하나님의 자녀가 된 이후에 오랜 세월 많은 고행을 하고 도를 닦고 각종 훈련을 받아야 물질의 복을 받는 것이 아닙니다. 그런 인간의 땀과 피와 눈물을 통해 복을 받는 것은 율법주의입니다.

율법의 행위로는 하나님 앞에 의로워질 육체가 한 명도 없을 뿐만 아니라 하나님께 복을 받을 육체도 없습니다. 아브라함이 믿음으로 모든 복을 받았지 율법의 행위로 받지 않았습니다. 아브라함은 믿음으로 말미암아 의로워지는 행복을 얻었습니다. 또한 믿음으로 말미암아 은금 육축과 노비를 많이 받았습니다. 아브라함은 믿음으로 100세에 이삭을 얻었습니다. 이삭은 하늘의 별과 같고 바닷가의 모래 알 같은 자손의 마지막 아들이었습니다.

이삭 안에 우리가 들어 있습니다. 우리는 믿음으로 말미암아 이삭과 같은 아들 곧 하나님의 자녀와 상속자가 되었습니다. 오늘날 우리 모두는 하나님의 아들 예수 그리스도의 땀과 피와 눈물에 대한 은혜로 복을 받습니다. 의로워지기 위한 값과 부요해지기 위한 값을 예수님이 십자가에서 다 지불했습니다.

"우리 주 예수 그리스도의 은혜를 너희가 알거니와 부요하신 이로서 너희를 위하여 가난하게 되심은 그의 가난함으로 말미암아 너희를 부요하게 하려 하심이라."(고후 8:9)

당신은 헐벗고 굶주리는 노예의 삶을 살고 있지 않습니까?

이스라엘 백성들은 430년간 그렇게 비참한 삶을 살다가 하나님의 종 모세를 통해 노예의 삶에 종지부를 찍고 애굽에서 빠져나올 때 엄청난 부를 가지고 나왔습니다. 애굽의 은금 패물과 의복과 가축을 많이 가지고 나왔습니다.

"이스라엘 자손이 모세의 말대로 하여 애굽 사람에게 은금 패물과 의복을 구하매 여호와께서 애굽 사람들에게 이스라엘 백성에게 은혜를 입히게 하사 그들이 구하는 대로 주게 하시므로 그들이 애굽 사람의 물품을 취하였더라."(출 12:35~36)

광야의 40년 방황이 끝나고 물질 축복을 받은 것이 아니었습니다. 광야에서 율법 곧 십계명 돌판을 받은 후에 그것을 완벽하게 지키므로 복을 받은 것도 아니었습니다. 그들은 양의 피를 문설주에 바르고 애굽에서 빠져나올 때 물질의 복을 함께 받았습니다.

당신도 이 책을 읽고 생각을 완전히 바꿔야 복을 받습니다.

"나는 예수 믿고 구원을 받았지만 아직 인격이 덜 되어서 하나님께 물질 축복을 제대로 못 받고 있는 거야. 더 많은 수양을 해야 돼. 하나님이 보시기에 내가 복 받으려면 멀었어. 어휴, 힘들어. 언제까지 이 지긋지긋한 가난 속에 살아야 하나?"

"나는 죄가 많아, 물질로 하나님께 심은 것도 적기 때문에 내 대에서는 물질 축복 받기 글렀어. 자녀 대에서나 가능할 거야. 그나저나 자녀에게까지 가난을 대 물림 하면 안 되는데. 자녀가 나처럼 가난하게 살면 어떻게 하지? 더 많은 물질을 심어야지."

당신이 물질을 많이 심는다고 자녀가 물질의 복을 받는 것이 아닙니다. 오직 복음에 대한 믿음과 순종함으로 복을 받습니다.

만물이 다 하나님의 것인데 우리가 하나님께 무엇을 드려 갚음을 받겠습니까? "사람이 무엇으로 심든지 그대로 거둔다고 했잖아요? 물질을 많이 심어야 많이 거두는 것이 아닌가요?"

"누가 주께 먼저 드려서 갚으심을 받겠느냐? 이는 만물이 주에게서 나오고 주로 말미암고 주에게로 돌아감이라. 그에게 영광이 세세에 있을지어다. 아멘."(롬 11:35~36)

이 말씀은 "너희 중에 누가 먼저 드려서 갚음을 받겠느냐? 빨리 하나님께 많은 것을 드려서 갚음을 받으라"는 뜻이 아닙니다.

"만물이 다 주님의 것인데 사람이 무엇을 드려서 갚음을 받겠느냐? 그런 어리석은 생각을 버려라"는 뜻입니다.

우리는 주님께 받은 것을 주님께 드릴 뿐입니다.

다윗 왕은 성전 건축을 위해 금 10만 달란트 곧 150조 원을 드렸습니다. 관원들과 백성들도 많은 헌금을 드렸습니다. 그러나 그 모든 것이 하나님의 공급하심 때문에 가능했다고 정직하게 고백했습니다. "나와 내 백성이 무엇이기에 이처럼 즐거운 마음으로 드릴 힘이 있었나이까? 모든 것이 주께로 말미암았사오니 우리가 주의 손에서 받은 것으로 주께 드렸을 뿐이니이다."(대상 29:14)

죄 사함과 성령 충만, 병 고침과 물질 축복을 받는 것이 모두 하나님의 은혜입니다. 은혜는 '거저 주시는 선물'이란 뜻입니다.

당신이 예수를 구주로 믿는 순간 물질 축복을 받기 위한 자격을 이미 다 갖추었습니다. 그 방법만 깨닫고 실천하면 백배의 복이 나타납니다. 하나님은 물질 축복을 받는 비결을 성경 창세기부터 요한계시록까지 모두 기록해 놓으셨습니다.

나는 성경을 읽고 깨달았고 실천했습니다. 그 결과 실제로 백배의 복을 받았습니다. 당신도 얼마든지 가능합니다.

하나님이 당신에게 재물 얻을 능력을 주셨다

당신은 부요해지기 위해 누구를 의지하고 있습니까?

혹시 어떤 사람이 '짠' 하고 나타나 당신에게 돈 보따리를 안겨 줄 거라고 기대하지 않습니까? 그것을 하나님의 복이라고 생각하지 않습니까? 그렇다면 그 돈 보따리를 가진 사람은 어떻게 복을 받았을까요? 그가 성경에서 말하는 재정 관리의 원리를 따라 사업과 경영을 잘 했기 때문입니다. 당신은 그 사람에게 돈 보따리를 한 번 받으면 끝나지만 그 사람은 매일 그런 돈 보따리를 주위 사람들에게 나눠 줄 수 있을 정도로 큰 복을 받았습니다.

나는 집에서 가까운 한강에 자주 산책하러 갑니다.

그 한강 물을 보면서 하나님의 풍성한 공급하심을 깨닫습니다.

"여호와가 너를 항상 인도하여 메마른 곳에서도 네 영혼을 만족하게 하며 네 뼈를 견고하게 하리니 너는 물 댄 동산 같겠고 물이 끊어지지 아니하는 샘 같을 것이라."(사 58:11)

한강은 물이 끊어지지 아니하는 샘 같습니다.

하나님께로부터 부를 공급받는 사람도 한강과 같습니다.

그는 매일 흘러도 계속 수위를 유지하는 한강처럼 항상 철철 흘러넘치는 풍성한 수위를 유지합니다. 하나님의 자녀는 생수의 강만 한강처럼 넘쳐흐르는 것이 아니라 재정의 강도 한강처럼 넘쳐흐릅니다. 모든 것에 모든 것이 넉넉하여 모든 착한 일을 넘치게 할 정도로 풍성한 물질의 복을 하나님께 계속 공급받습니다.

이런 사람은 아무리 많은 헌금과 구제를 해도 항상 넘칩니다.

"하나님이 능히 모든 은혜를 너희에게 넘치게 하시나니 이는 너희로 모든 일에 항상 모든 것이 넉넉하여 모든 착한 일을 넘치게 하게 하려 하심이라."(고후 9:8)

하나님은 심을 씨앗과 먹을 양식을 풍성하게 주시는 분입니다.

그러므로 하나님의 공급하심을 받는 사람은 아무리 많은 헌금과 구제를 해도 가난해지지 않고 오히려 더 부요해집니다. 그들은 모든 헌금을 부요 믿음으로 넘치게 합니다.

"기록된 바 그가 흩어 가난한 자들에게 주었으니 그의 의가 영원토록 있느니라 함과 같으니라. 심는 자에게 '씨와 먹을 양식'을 주시는 이가 너희 심을 것을 주사 풍성하게 하시고 너희 의의 열매를 더하게 하시리니 너희가 모든 일에 넉넉하여 너그럽게 연보를 함은 그들이 우리로 말미암아 하나님께 감사하게 하는 것이라."(고후 9:9~11)

여기서 말하고자 하는 것은 "당신에게 심을 씨앗과 먹을 양식을 풍성히 주시는 분은 하나님이다"라는 깨달음입니다.

어떠한 경우에도 사람을 의지하지 마십시오. 인생과 방백은 도울 힘이 없습니다. 창과 칼을 의지하지 마십시오. 말과 병거를 의지하지 마십시오. 오직 창조주 하나님을 도움으로 삼으십시오.

"귀인들을 의지하지 말며 도울 힘이 없는 인생도 의지하지 말지니 그의 호흡이 끊어지면 흙으로 돌아가서 그 날에 그의 생각이 소멸하리로다. 야곱의 하나님을 자기의 도움으로 삼으며 여호와 자기 하나님에게 자기의 소망을 두는 자는 복이 있도다. 여호와는 천지와 바다와 그 중의 만물을 지으시며 영원히 진실함을 지키시며 억눌린 사람들을 위해 정의로 심판하시며 주린 자들에게 먹을 것을 주시는 이시로다. 여호와께서는 갇힌 자들에게 자유를 주시는도다."(시 146:3~7)

첫째, 귀인들을 의지하지 마십시오.

둘째, 도울 힘이 없는 인생도 의지하지 마십시오. 그의 호흡이 끊어지면 흙으로 돌아가서 그 날에 그의 생각이 소멸합니다.

셋째, 야곱의 하나님을 당신의 도움으로 삼으십시오.

넷째, 여호와 당신의 하나님에게 당신의 소망을 두십시오.

다섯째, 여호와는 천지와 바다와 그 중의 만물을 지으시며 영원히 진실함을 지키시며 억눌린 사람들을 위해 정의로 심판하시며 주린 자들에게 먹을 것을 주시며 갇힌 자들에게 자유를 주시는 분임을 기억하십시오. 결코 사람이 아닙니다. 여호와 하나님이 당신에게 실제로 복을 주십니다. 나는 그런 복을 받았습니다.

나도 예전에는 사람이 나를 도울 줄로 여겼습니다.

나는 내가 살고 있던 단칸방의 전세 보증금 천만 원을 하나님께 드리고 서울 잠실에서 교회를 개척했습니다. 그 당시 보증금 1000만 원에 월세 80만 원을 내며 30평 남짓한 예배당에서 예배했습니다. 그때 나는 이런 생각을 가끔 했습니다.

'대기업 회장이 찾아와서 큰돈을 기부하면 얼마나 좋을까?'

오늘 내일 누군가 찾아와서 거액을 헌금하길 바랐습니다. 매달 내는 월세 80만 원은 내 마음을 무척 힘들게 했습니다. 월세를 내니까 한 달이 얼마나 빨리 지나가는지 금방 월말이 다가왔습니다.

그런 세월을 보내며 중대한 사실 한 가지를 깨달았습니다.

"월세 받는 사람은 한 달이 늦게 가고 월세 내는 사람은 한 달이 빨리 간다. 월급 받는 직원은 한 달이 늦게 가고 월급 주는 사장은 한 달이 빨리 간다. 위치에 따라 시간 개념이 달라진다."

나는 하나님께 기도했습니다.

"하나님, 돈을 내는 위치에서 돈을 받는 위치로 옮겨 주세요."

하나님은 내 기도를 들으셨고 지금은 내가 월세 받는 위치가 되었습니다. 당신도 무엇이든지 구하십시오. 그러면 주십니다.

"너희가 내 이름으로 무엇을 구하든지 내가 행하리니 이는 아버지로 하여금 아들로 말미암아 영광을 받으시게 하려 함이라. 내

이름으로 무엇이든지 내게 구하면 내가 행하리라."(요 14:13~14)

결국 하나님은 독지가를 보낸 것이 아니라 내가 그런 독지가가
되도록 내게 복을 주셨습니다. 내가 독지가를 의지하고 그를 통
해 교회 운영에 필요한 것을 공급받았다면 나는 그 독지가의 눈치
를 봐야 했을 것입니다. 하나님의 종은 그러면 안 됩니다.

하나님이 나를 복의 근원으로 삼으셨고 내게 복을 주셨습니다.

"내가 너로 큰 민족을 이루고 네게 복을 주어 네 이름을 창대하
게 하리니 너는 복이 될지라."(창 12:2)

나는 하나님의 복이 나와는 직접적으로 상관없는 줄 알았습니
다. 그래서 끊임없이 다른 사람을 축복하고 그 사람이 복을 받아
많은 헌금을 하므로 교회도 나도 재정적인 어려움에서 벗어나고
조금이라도 더 부요해질 줄 알았습니다. 그런데 하나님은 다른
사람이 아닌 내게 직접 복을 쏟아 부어 주셨습니다. 수많은 사람
들이 내 책을 읽고 나를 찾아와 만났지만 그들을 통해 내가 복을
받은 것이 아니라 나를 통해 그들이 복을 받았습니다.

하나님은 나를 복의 근원으로 삼으셨습니다.

근원(根源)은 두 가지 사전적인 의미가 있습니다.

첫째, 물줄기가 흘러나오기 시작하는 곳

둘째, 어떤 사물이나 현상 등이 비롯되는 본바탕

다른 곳에서 복의 물줄기가 시작되어 당신에게로 복의 강물이
흘러 들어올 것이라고 기대하지 마십시오. 다른 사물이나 사람에
게서 당신이 복 받을 어떤 기이한 현상이 일어날 것이라고 기대하
지 마십시오. 하나님은 다른 사람이 아닌 당신을 복의 근원으로

삼으셨습니다. 당신에게서 그 모든 일이 일어날 것입니다.

나도 예전에는 다른 사람의 얼굴과 손을 바라보았습니다. 하지만 하나님은 거기에 나의 복이 있지 않다고 하셨습니다. 오직 하나님께 나의 복이 있으며 하나님은 다른 사람을 통해 내게 복을 주시는 것이 아니라 내게 직접 복을 주시겠다고 하셨습니다. 그러므로 나는 오직 하나님의 얼굴과 손만 바라봅니다.

"상전의 손을 바라보는 종들의 눈 같이, 여주인의 손을 바라보는 여종의 눈 같이 우리의 눈이 여호와 우리 하나님을 바라보며 우리에게 은혜 베풀어 주시기를 기다리나이다."(시 123:2)

나는 이제 내게 필요한 것이 있으면 무엇이든지 전능하신 나의 하나님께 구합니다. "하나님 아버지, 예수 이름으로 구합니다. 제게 필요한 돈 얼마를 주세요. 부탁합니다." 그리고 메모지를 펴놓고 나와 함께 계신 성령님께 마음으로 묻습니다. '성령님, 어떻게 할까요?' 그러면 성령님께서 내게 세미한 음성으로 말씀하십니다. '아들아, 이렇게 하면 된다.'

나는 그 음성을 듣고 즉시 메모한 후에 실천합니다. 그러면 돈 문제가 다 해결됩니다. 필요한 것이 정확하게 채워집니다. 백배의 복이 나타납니다. 모든 것에 모든 것이 넉넉하여 모든 착한 일을 넘치게 할 수 있게 됩니다. 성령님은 실제로 살아 계신 나의 하나님이십니다. 당신도 하나님 아버지께 예수 이름으로 구하고 당신 안에 가득히 계신 성령님께 그 문제를 구체적으로 어떻게 하면 될지 물으십시오. '성령님, 이 문제를 어떻게 할까요?'

그러면 성령님께서 당신의 마음에 '하라, 하지 마라, 나중에 하

라. 좀 더 기다려라. 누구에게 연락하라, 걱정하지 마라, 내가 다 채워 주겠다' 등으로 말씀하실 것입니다. 나는 모든 것을 성령님께 묻습니다. 돈 문제만 아니라 목회와 인간관계, 출판 사업과 결제 문제, 산책과 여행, 요리와 쇼핑, 상담 등 모든 것을 성령님께 구체적으로 묻습니다. '성령님, 어떻게 할까요?'

'아들아, 이렇게 하면 된다. 내가 시키는 대로만 해라.'

이런 성령님의 음성을 듣는 것은 하나님의 자녀로 당연한 것입니다. 당신도 성령님께 물으십시오. 그분이 말씀하실 것입니다.

"무릇 하나님의 영으로 인도함을 받는 사람은 곧 하나님의 아들이라"(롬 8:14)는 말씀처럼 성령님의 인도하심을 믿으십시오.

다른 사람에게서 복이 흘러 들어올 것이라고 기대하지 마십시오. 당신의 복은 당신 안에 계신 하나님으로부터 흘러나옵니다.

당신이 받은 복이 다른 사람에게로 흘러 들어갑니다.

다른 사람이 아닌 당신이 하나님이 선택하신 복덩어리입니다.

"내가 너로 큰 민족을 이루고 네게 복을 주어 네 이름을 창대케 하리니 너는 복의 근원이 될찌라."(창 12:2)

당신은 복입니다.

무슨 일을 만나든지 만사형통하리라

당신은 무엇을 자랑하고 있습니까?

당신의 땀과 피와 눈물을 자랑하지 말고 예수님의 땀과 피와 눈물을 자랑하십시오. 행위가 아닌 은혜를 자랑하십시오.

당신 안에 예수 그리스도가 실제로 살아 계십니다.

예수 그리스도가 당신 대신 모든 죄와 저주와 가난과 질병과 슬픔을 다 짊어지고 십자가에서 피와 땀과 눈물을 흘리며 값을 다 지불하고 죽으셨습니다. 그분이 당신 대신 다 이루셨습니다. 그분이 당신 대신 대가를 다 치르셨습니다.

그분은 죄가 없는 하나님의 아들이시므로 죽은 지 사흘 만에 죄와 사망의 권세를 깨뜨리고 부활하셨습니다. 그리고 하늘로 올라가셨고 오순절에 예수 그리스도의 영이신 성령님이 오셨습니다. 성령님은 예수를 구주로 고백하는 사람 속에 생수의 강으로 가득히 들어와 계십니다. "나를 믿는 자는 성경에 이름과 같이 그 배에서 생수의 강이 흘러 나리라"(요 7:38)고 했습니다.

당신 안에 성령의 기름 부음이 가득합니다. 생수의 강이 한강처럼 철철 흘러 나고 있습니다. 성령님이 당신의 복입니다.

성령님을 모시고 사는 사람은 만사형통합니다.

우리는 찬송가 384장을 즐겨 부릅니다.

"믿음으로 사는 자는 하늘 위로 받겠네. 무슨 일을 만나든지 만사형통하리라. 무슨 일을 만나든지 만사형통하리라."

노래만 부르지 말고 실제로 그렇게 된다는 것을 믿으십시오. 무슨 일을 만나든지 두려워하지 마십시오. 당신은 형통합니다.

"나의 앞에 반석에서 샘물 나게 하시네. 나의 앞에 반석에서 샘물 나게 하시네"라고 되어 있지만 사실은 그보다 정확한 가사는 바로 이것입니다. "나의 안에 반석에서 샘물 나게 하셨네. 나의 안에 반석에서 샘물 나게 하셨네." 그렇습니다. 이스라엘 백성들이 모세와 함께 광야의 길을 걸을 때는 그들 앞에 있는 반석에서 샘물이 터져 나왔습니다. 하지만 지금은 달라졌습니다.

그 반석이 지금은 우리 앞에 있지 않고 우리 안에 있습니다.

반석이신 예수 그리스도가 우리 안에 실제로 살아 계십니다.

"형제들아, 나는 너희가 알지 못하기를 원하지 아니하노니 우리 조상들이 다 구름 아래에 있고 바다 가운데로 지나며 모세에게 속하여 다 구름과 바다에서 세례를 받고 다 같은 신령한 음식을 먹으며 다 같은 신령한 음료를 마셨으니 이는 그들을 따르는 신령한 반석으로부터 마셨으매 그 반석은 곧 그리스도시라."(고전 10:1~4)

지금은 당신 안에 반석이신 예수 그리스도가 실제로 살아 계시며 그분으로부터 생수가 계속 터져 나옵니다. "예수 그리스도께서 너희 안에 계신 줄을 너희가 스스로 알지 못하느냐?"(고후 13:5)

생수의 근원은 지금 당신 안에 실제로 살아 계신 예수 그리스도입니다. 당신 안에서 생수가 계속 흘러 나고 있습니다.

"내가 주는 물을 마시는 자는 영원히 목마르지 아니하리니 내가 주는 물은 그 속에서 영생하도록 솟아나는 샘물이 되리라. 나를 믿는 자는 영원히 목마르지 아니하리라."(요 4:14, 6:35)

그렇습니다. 이제 당신은 더 이상 목마른 사슴이 아닙니다. 빈 들에 마른 풀 같이 시들은 영혼도 아닙니다. 생수가 강물같이 흐르는 복 받은 사람입니다. 그러므로 날마다 환하게 웃으며 이렇게 말해야 합니다. "내 안에서 생수가 터져 나오고 있다. 나는 예수 그리스도를 통해 복 받은 사람이다. 나는 행복한 사람이다."

행복한 사람은 죄인의 길에 서지 않고 오만한 자의 자리에 앉지 않고 악인의 꾀를 좇지 않는다고 했습니다. 그러므로 당신도 어떤 경우에도 사람을 의지하지 말고 당신 안에 계신 하나님을 의지해야 합니다. 하나님은 당신이 사람을 의지하는 것을 가장 싫어하십니다. 그것은 영적인 간음입니다. 하나님은 당신을 시기하기까지 사랑하시며 당신을 독점하기 원하십니다.

"너희는 하나님이 우리 속에 거하게 하신 성령이 시기하기까지 사모한다 하신 말씀을 헛된 줄로 생각하느냐?"(약 4:5)

나는 하루 종일 마음으로 성령님을 찾습니다.

'성령님, 사랑하는 성령님, 제 온 마음을 다해 성령님을 사랑합니다. 성령님을 의지합니다. 성령님, 어떻게 할까요?'

그러면 성령님이 나를 도우시고 모든 문제를 해결해 주십니다.

성령님을 가볍게, 우습게 여기지 마십시오. 성령님은 실제로 살아 계신 하나님이십니다. 태초에 천지 만물을 창조하신 창조주 하나님이십니다. 성령님은 하나님의 영이십니다. 그러므로 당신도 나처럼 하루 종일 성령님을 사랑하고 의지하십시오.

사람을 의지하는 것은 영적으로 간음하는 것과 같습니다.

"간음한 여인들아, 세상과 벗된 것이 하나님과 원수 됨을 알지 못하느냐 그런즉 누구든지 세상과 벗이 되고자 하는 자는 스스로 하나님과 원수 되는 것이니라."(약 4:4)

유명한 사람을 안다고 자랑하지 마라

당신은 평소에 어떤 사람을 자랑하고 다닙니까?

"내가 대통령과 국회의원을 알아. 대기업 회장을 알아."

하나님의 자녀는 그런 허탄한 자랑을 하지 말아야 합니다.

세상은 무엇일까요? 단순히 '물질'을 의미하는 것이 아니라 '혈통과 육정과 사람의 뜻을 하나님보다 더 내세우는 것'을 말합니다. 그런 인간적인 자랑은 다 허탄한 것입니다.

"아, 나는 재벌 회장을 알고 있어. 우리 아버지는 돈이 많아. 우리 어머니는 굉장한 권력을 가지고 있어. 내가 잘 났고 내 노력으로 죽을 고생하며 이 모든 재산을 모은 거야."

그런 자랑을 하지 말고 하나님의 은혜를 자랑해야 합니다.

"내가 땀 흘려 일해서 번 것인데……."

그러나 하나님이 당신에게 일할 수 있는 열정과 시간과 건강과 더불어 '재물 얻을 능'을 주셨기 때문에 그것이 가능했습니다. 그러므로 당신이 가진 모든 것은 하나님께로부터 난 것입니다.

"네 하나님 여호와를 기억하라. 그가 네게 재물 얻을 능력을 주셨음이라. 이같이 하심은 네 조상들에게 맹세하신 언약을 오늘과 같이 이루려 하심이니라."(신 8:18)

사람이 아닌 하나님이 당신의 아버지요 주인이시며 그분의 은혜로 모든 복을 받고 형통케 되었다는 것을 자랑해야 합니다.

창조주 하나님이 당신에게 생명과 호흡과 만물을 누리도록 허락해 주셨습니다. 모든 것이 그분의 은혜입니다. "또 무엇이 부족한 것처럼 사람의 손으로 섬김을 받으시는 것이 아니니 이는 만민에게 생명과 호흡과 만물을 친히 주시는 이심이라."(행 17:25)

그분이 의와 성령 충만과 건강과 부요와 지혜를 주셨습니다.

하나님은 의로우신 분입니다. 그러므로 그분의 자녀인 당신도 의롭습니다. 하나님은 온 천지에 충만하신 분이십니다. 그리고 성령으로 거듭난 그분의 자녀인 당신 안에 하나님의 영이 가득히 들어와 계십니다. 당신은 성령 충만한 자가 되었습니다.

의와 성령 충만이 모두 하나님의 은혜의 선물입니다.

하나님은 당신에게 일곱 가지 복을 주신다

복을 누리는데 있어 의와 성령 충만이 다일까요?

아닙니다. 더 풍성한 삶이 있습니다. 건강과 부요와 지혜입니다. 평화와 생명입니다. 하나님은 일곱 가지의 모든 복을 선물로 주셨습니다. 한 가지만 있다면 '모든'이란 표현을 쓰지 않습니다.

에베소서 1장 3절에 "찬송하리로다. 하나님 곧 우리 주 예수 그리스도의 아버지께서 그리스도 안에서 하늘에 속한 모든 신령한 복을 우리에게 주시되……"라고 했습니다. 하늘에 속한 '한 가지 복'이 아닌 '모든 신령한 복'입니다. 천국은 영혼만 구원 받는 곳이 아닙니다. 몸도 구원 받습니다. 삶 전체가 구원 받습니다.

"평강의 하나님이 친히 너희를 온전히 거룩하게 하시고 또 너희의 온 영과 혼과 몸이 우리 주 예수 그리스도께서 강림하실 때

에 흠 없게 보전되기를 원하노라."(살전 5:23)

하나님은 당신에게 전인 구원의 복을 주시는 분입니다.

하늘에는 죄가 없습니다. 목마름이 없습니다. 병이 없습니다. 가난이 없습니다. 어리석음이 없습니다. 징계가 없습니다. 죽음이 없습니다. 그러면 무엇이 있을까요? 의가 있습니다. 성령 충만이 있습니다. 건강이 있습니다. 부요가 있습니다. 지혜가 있습니다. 평화가 있습니다. 생명이 있습니다. 모두 일곱 가지입니다.

하나님은 의와 성령 충만만 선물로 주시고 마음으로만 행복하게 살라고 하지 않으십니다. 모든 것에 모든 것이 넉넉하여 모든 착한 일을 넘치게 할 정도의 복을 주시며 풍성히 받아 누리라고 하십니다. '풍성한 은혜'와 '풍성한 공급하심'을 함께 믿으십시오.

의성건부지평생의 일곱 가지 복을 받아 누려라

당신은 '비옥한 삶'이 아닌 '비참한 삶'을 살지 않습니까?

나는 비참한 삶이 싫습니다. 비옥한 삶이 좋습니다. 태초에 에덴동산은 비참한 동산이 아닌 비옥한 동산이었습니다. 하나님은 당신에게 의성건부지평생의 비옥한 복을 주기를 원하십니다.

'의성건부지평생'이란 그리스도 안에서 누리는 의와 성령 충만, 건강과 부요함, 지혜와 평화와 생명을 말합니다. 예수님이 십자가에서 피와 땀과 눈물을 쏟으며 우리의 죄와 목마름, 병과 가난, 어리석음과 징계와 죽음을 다 담당하셨습니다. 그분이 값을 다 지불했고 대가를 다 치렀습니다. 다 끝냈습니다.

"다 이루었다."(요 19:30)

이 말씀은 법적인 용어입니다. 그분이 우리의 죄와 목마름, 병과 가난, 어리석음과 징계와 죽음에 대한 빚을 다 갚고 완전히 속량했습니다. 1원짜리 하나도 남지 않고 속전을 다 지불했습니다.

"그 아들 안에서 우리가 속량 곧 죄 사함을 얻었도다."(골 1:14)

"우리는 그리스도 안에서 그의 은혜의 풍성함을 따라 그의 피로 말미암아 속량 곧 죄 사함을 받았느니라."(엡 1:7)

"죄에서만 속량한 것이 아닌가요?" 그렇지 않습니다.

율법에서도 속량하셨습니다.

"율법 아래에 있는 자들을 속량하시고……."(갈 4:5)

대적에게서도 속량하셨습니다.

"여호와께서 대적의 손에서 그들을 속량하사……."(시 107:2)

모든 환난에서도 속량하셨습니다.

"이스라엘을 그 모든 환난에서 속량하소서."(시 25:22)

노예의 삶에서도 속량되었습니다.

"너는 애굽 땅에서 종 되었던 것과 네 하나님 여호와께서 너를 속량하셨음을 기억하라."(신 15:15)

하나님의 속량을 낱낱이 설명하자면 끝도 없습니다.

하나님의 속량은 풍성한 속량입니다. 나는 이것을 일곱 가지로 요약해서 '의성건부지평생'이라고 정리했습니다. 속량은 나쁜 것을 빼는 것만 아니라 좋은 것을 더하는 것도 포함됩니다. 예를 하나 들자면 '죄를 사한 것만이 아니라 의를 더하셨다는 것'입니다.

당신은 '용서 받은 죄인'이 아닙니다. '용서 받은 의인'입니다.

그것도 인간의 공로로 말미암은 의가 아닌 하나님의 의입니다.

당신은 하나님의 의를 가졌으므로 예수님처럼 의롭습니다. "주의 어떠하심과 같이 우리도 세상에서 그러하니라."(요일 4:17)

당신은 그리스도 예수 안에 있는 속량으로 말미암아 '의인'이 되었습니다. "그리스도 예수 안에 있는 속량으로 말미암아 하나님의 은혜로 값없이 의롭다 하심을 얻은 자 되었느니라."(롬 3:24)

당신은 그리스도 안에서 의인이 되었습니다. 믿으십시오.

결코 우리의 행위 곧 우리의 땀과 피와 눈물로는 속량할 수 없습니다. "그들의 생명을 속량하는 값이 너무 엄청나서 영원히 마련하지 못할 것임이니라"(시 49:8)고 했기 때문입니다.

하나님의 복은 당신의 행위 곧 당신의 땀과 피와 눈물을 더 많이 흘리므로 받는 것이 결코 아닙니다. 제발 속지 마십시오.

인간의 땀과 피와 눈물이 아닌 예수의 땀과 피와 눈물이다

당신은 의로워지기 위해 매일 몸부림치지 않습니까?

나도 예전에 그랬습니다. 나 자신이 의롭다는 느낌이 들 때까지 손을 들고 간절히 기도하며 '시간 채우기 기도'를 했습니다. 머리에 전류가 흐르고 온몸에 진동이 오고 손끝이 떨릴 때까지 방언으로 기도하곤 했습니다. 그렇게 몇 시간 동안 한바탕 하고 나면 조금 더 의로워진 것 같았습니다. 하지만 의는 그런 육체의 느낌이 아닙니다. 의는 내 안에 실제로 살아 계신 예수 그리스도를 믿는 믿음입니다. 의는 하나님의 선물이고 영적인 사실입니다.

답은 인간의 땀과 피와 눈물이 아닌 예수의 땀과 피와 눈물에 있습니다. 제발 예수의 땀과 피와 눈물을 믿고 의지하십시오. 예수님이 당신 대신 십자가에서 땀과 피와 눈물을 다 쏟았습니다.

"두려워하지 말고 믿기만 하라."(눅 8:50)

신앙생활은 행위가 아닌 믿음이 답입니다.

수십 년간 교회를 다니면서도 율법주의 교사에게 속아 의에 이르지 못하는 사람이 있습니다. 구제와 선행을 많이 하고 고행하고 도를 닦는다고 의로워지는 것이 결코 아닙니다. 기독교는 도를 닦고 고행하는 종교가 아닙니다. 믿음의 종교입니다.

율법을 완벽하게 지키므로 의롭다 함을 얻을 사람은 세상에 단한 명도 없습니다. 오직 예수님이 십자가에서 피와 땀과 눈물을 흘리며 값을 다 지불하고 "다 이루었다"(요 19:30)는 것을 믿는 믿음으로 의롭다 함을 얻습니다. 이해되십니까?

성령 충만을 받겠다고 밤낮 금식 철야하며 하루에 몇 시간씩 울부짖는 사람도 있는데 결코 성령 충만에 이르지 못합니다.

건강을 잃고 침상에 누워 온 집안 식구의 발목을 잡고 있는 사람도 있습니다. 가난에 절어 부모 형제 이웃에게 꾸러 다니고 빚더미에 앉아 평생을 빚 갚는다고 허덕이는 사람도 있습니다. 어리석음에 빠져 점치고 사주팔자와 별자리를 보고 귀신에게 절하는 사람도 있습니다. 징계에 대한 두려움 때문에 공황 장애와 우울증, 정신병에 걸린 사람도 많습니다. 죽음의 영에 잡혀 자살하는 사람도 있습니다. 당신은 이런 지옥의 속성 곧 죄, 목마름, 병, 가난, 어리석음, 징계, 죽음에서 완전히 빠져나와야 합니다.

하나님은 어떤 분십니까? 의롭고 거룩하신 분입니다. 또한 그분은 아픈 곳이 없고 완벽하게 건강하신 분입니다. 부요하시고 지혜로우시고 평화와 영원한 생명을 가진 분이십니다.

하나님의 자녀인 당신에게도 하나님의 건강이 들어와 있으므로 120세까지 아프지 말고 건강하게 살아야 합니다. 예수님이 채찍에 맞음으로 당신의 모든 병과 연약함을 짊어지셨습니다.

이사야 선지자는 "당신의 몸은 이미 나았다"고 선언했습니다.

"그가 찔림은 우리의 허물 때문이요 그가 상함은 우리의 죄악 때문이라. 그가 징계를 받으므로 우리는 평화를 누리고 그가 채찍에 맞으므로 우리는 나음을 받았도다."(사 53:5)

베드로 사도도 "당신은 나음을 얻었다"고 선언했습니다.

"친히 나무에 달려 그 몸으로 우리 죄를 담당하셨으니 이는 우리로 죄에 대하여 죽고 의에 대하여 살게 하려 하심이라. 그가 채찍에 맞음으로 너희는 나음을 얻었나니……."(벧전 2:24)

예수님의 옷자락에만 손을 대도 다 나음을 얻었습니다.

"다만 예수의 옷자락에라도 손을 대게 하시기를 간구하니 손을 대는 자는 다 나음을 얻으니라."(마 14:36)

베드로에게 데리고 온 병자들도 다 나음을 얻었습니다. "심지어 병든 사람을 메고 거리에 나가 침대와 요 위에 누이고 베드로가 지날 때에 혹 그의 그림자라도 누구에게 덮일까 바라고 예루살렘 부근의 수많은 사람들도 모여 병든 사람과 더러운 귀신에게 괴

로움 받는 사람을 데리고 와서 다 나음을 얻으니라."(행 5:16)

여기서 기억해야 할 단어가 있습니다. '다'입니다. "다 나음을 얻었다"고 했습니다. 다 낫지 않고 한 명만 나았다면 "한 명만 나음을 얻었다"고 표현했을 것입니다. 다 나았기 때문에 "다 나음을 얻었다"고 표현한 것입니다. 성경은 추상적이지 않고 사실적입니다. 성경은 거짓말하지 않고 진실만 말합니다. 믿으십시오.

'다'라는 단어 속에는 당신의 몸도 포함되어 있습니다.

"예수님이고 베드로니까 그렇지요. 우리는 아닙니다."

그 예수 그리스도가 당신 안에 지금 실제로 살아 계십니다.

"병을 고치는 주의 능력이 예수와 함께 하더라."(눅 5:17)

히브리서 13장 8절에 "예수 그리스도는 어제나 오늘이나 영원토록 동일하시니라"고 했습니다. 당신 안에 계신 예수 그리스도는 치료하시는 분입니다. 그분이 어제 병든 자를 고치셨으면 오늘도 고치시고 내일도 고치십니다. 당신 안에 예수님의 치료의 능력이 태양보다 더 큰 빛으로 환하게 비치고 있음을 믿으십시오.

병은 불법입니다. 병을 인정하지 말고 예수 이름으로 떠나가라고 꾸짖으십시오. 아픈 곳에 손을 대고 "예수 이름으로 명하노니 병은 다 떠나가라"고 입을 열어 말하십시오. 기도하고 구한 것은 받았다고 믿으십시오. 자고 깨고 하는 중에 당신의 몸에 기적이 일어날 것입니다. 그렇게 해서 내 몸에서 병이 다 떠나갔습니다.

"그러므로 내가 너희에게 말하노니 무엇이든지 기도하고 구하는 것은 받은 줄로 믿으라. 그리하면 너희에게 그대로 되리라"(막 11:24)고 했습니다. 조금도 의심하지 말고 완전히 믿으십시오.

현상과 증상과 통증을 믿지 말고 "나음을 얻었다"는 하나님의 말씀을 믿으십시오. 기도하고 구한 것을 받았다고 믿으십시오.

당신의 몸에서 모든 병이 떠나가고 완벽한 건강을 얻게 될 것입니다. 당신은 의인입니다. 의인의 간구는 역사하는 힘이 많습니다. 그러므로 병 낫기를 위해 서로 기도하십시오.

"그러므로 너희 죄를 서로 고백하며 병이 낫기를 위하여 서로 기도하라. 의인의 간구는 역사하는 힘이 큼이니라."(약 5:16)

아무리 재산이 많아도 몸이 아프면 다 소용없습니다.

휠체어 타고 뒤에서 비서가 밀며 자기 집 정원을 산책하는 대기업 회장보다 건강한 두 다리로 걸으며 동네를 산책하는 당신이 더 복된 사람입니다. 해외 여행하는 것보다 동네 산책하는 것이 더 럭셔리합니다. 나는 사람들에게 "동네를 산책하는 것은 100만 원짜리 여행보다 낫다"고 말합니다. 당신도 동네를 산책하십시오.

"동네 산책은 100만 원짜리 여행이다"라고 말하며 부부끼리 매일 시간을 내어 산책하십시오. 하루에 한두 시간 정도 동네 산책을 즐기십시오. 한 시간이면 5000보이고 두 시간이면 1만보가 됩니다. 건강하기 때문에 동네 산책이 가능한 것입니다.

당신이 가진 건강은 100억, 천억을 주고도 살 수 없는 귀한 재산입니다. 몸이 건강해야 하나님이 주신 산과 들과 바람, 꽃과 나무와 새들을 마음껏 보고 느끼며 산책할 수 있고, 건강해야 하나님이 주신 넓은 집에서 마음껏 뒹굴며 쉴 수 있고, 건강해야 하나님이 주신 자동차로 마음껏 드라이브할 수 있습니다. 건강해야 하나님이 주신 산소와 물과 음식을 마음껏 먹을 수 있습니다.

몸이 병들어 아프면 하루 종일 침상에 누워 있어야 하고 물도 제대로 못 마시고 똥오줌도 다른 사람이 매일 받아 내야 합니다. 산소도 기계로 공급해야 합니다. 매일 병원비로 수십만 원이 빠져나갑니다. 온 집안 식구들의 얼굴에서 웃음이 사라집니다.

건강이 얼마나 큰 복인지 알고 하나님께 감사해야 합니다.

"하나님, 두 다리로 걷게 해주셔서 억만 번이나 감사합니다."

당신이 부요하게 사는 것은 하나님의 뜻이다

건강해도 가난하면 남의 눈치를 봐야 합니다.

가난도 일종의 병입니다. 국가적으로도 가난을 퇴치해야 합니다. 가난하면 국가의 꿈과 개인의 행복을 이룰 수 없습니다.

돈은 나쁜 것이 아닌 좋은 것입니다. 돈에 대해 부정적인 생각을 버리고 긍정적인 생각을 가지십시오. 돈은 '꿈이라는 비행기'와 '소원이라는 자동차'의 연료와 같습니다. 아무리 좋은 비행기와 자동차가 있어도 '연료'가 없으면 못 움직입니다. 연료가 많아야 불안하지 않고 먼 거리까지 즐겁게 여행할 수 있습니다.

아프리카의 한 나라는 가난해서 돈이 없어 우물을 파지 못해 여인들과 아이들이 매일 4시간씩 흙탕물을 뜨러 걸어갑니다. 무거운 물통을 지고 한 번씩 갔다 오면 온몸이 녹초가 되어 하루 종일 아무것도 못하고 끙끙거리며 누워 있어야 한다고 했습니다.

돈이 있으면 우물을 팔 수 있습니다. 깨끗한 물을 마실 수 있습니다. 한 끼 식사로 천 원, 2천 원짜리 패스트푸드가 아닌 신선한 야채와 생선, 과일과 고기를 먹을 수 있습니다. 돈이 있으면 자유롭게 여행을 떠날 수 있습니다. 아늑한 집을 살 수 있습니다. 좋은 교육을 받을 수 있습니다. 안정되게 결혼하고 자녀를 낳아 키울 수 있습니다. 부모님께 용돈과 생활비를 드릴 수 있습니다.

"가난해도 괜찮아. 가난은 미덕이야."

그렇게 말하지 말아야 합니다. 가난하면 학교 등록금도 못 내고 교회에 연보도 마음껏 못합니다. 가난하면 하루 종일 알바하며 남이 시키는 일만 해야 합니다. 돈의 노예가 되지 말고 경제적인 자유를 얻어야 합니다. 어릴 때도 노후에도 다 부요해야 합니다. 하나님의 뜻은 당신이 부요하게 사는 것입니다.

예수님은 당신을 부요케 하기 위해 가난해지셨습니다.

"우리 주 예수 그리스도의 은혜를 너희가 알거니와 부요하신 이로서 너희를 위하여 가난하게 되심은 그의 가난함으로 말미암아 너희를 부요하게 하려 하심이라."(고후 8:9)

하나님은 당신이 모든 것에 모든 것이 넉넉하기를 원하십니다.

"하나님이 능히 모든 은혜를 너희에게 넘치게 하시나니 이는 너희로 모든 일에 항상 모든 것이 넉넉하여 모든 착한 일을 넘치게 하게 하려 하심이라."(고후 9:8)

여기서 말하는 '모든 은혜'는 물질적인 공급을 의미합니다.

하나님은 당신이 모든 일에 항상 모든 것이 넉넉하여 모든 착한 일을 넘치게 하기를 원하십니다. 하나님은 당신의 아버지이며 당신의 모든 쓸 것을 넘치게 채우시는 부요한 분이십니다.

"나의 하나님이 그리스도 예수 안에서 영광 가운데 그 풍성한 대로 너희 모든 쓸 것을 채우시리라."(빌 4:19)

하나님은 거지가 아닙니다. 우주의 재벌 총수이십니다.

하나님이 우주 만물을 창조하셨습니다. 어떤 이는 말합니다.

"하나님은 영이시므로 그분은 거룩하시다. 하지만 물질세계는 타락한 것이고 나쁜 것이고 더러운 것이다. 마귀의 것이다."

아닙니다. 우주 만물은 마귀의 것이 아닌 하나님의 것입니다.

그분이 말씀하셨습니다. "내가 네 집에서 수소나 네 우리에서 숫염소를 가져가지 아니하리니 이는 삼림의 짐승들과 뭇 산의 가축이 다 내 것이며 산의 모든 새들도 내가 아는 것이며 들의 짐승도 내 것임이로다. 내가 가령 주려도 네게 이르지 아니할 것은 세계와 거기에 충만한 것이 내 것임이로다."(시 50:9~12)

마귀는 당신의 것을 빼앗아 가는 도둑이며 하나님은 당신의 곳간을 채우시는 아빠이십니다. "이는 나를 사랑하는 자가 재물을 얻어서 그 곳간에 채우게 하려 함이니라."(잠 8:21)고 했습니다.

마귀가 하는 일는 도둑질하고 죽이고 멸망시키는 것입니다. 도둑질하고 죽이고 멸망시키는 일은 결코 예수님이 하시는 일이 아닙니다. 예수님이 하시는 일은 생명을 얻게 하고 더 풍성히 얻게 하는 것입니다. 마귀는 나쁜 놈이고 예수님은 좋은 분이십니다.

"도둑이 오는 것은 도둑질하고 죽이고 멸망시키려는 것뿐이요 내가 온 것은 양으로 생명을 얻게 하고 더 풍성히 얻게 하려는 것이라."(요 10:10)

결코 예수님 때문에 당신이 병들고 망하고 가난해진 것이 아닙니다. 마귀 때문입니다. 그러므로 마귀를 대적해야 합니다.

"마귀를 대적하라. 그리하면 너희를 피하리라."(약 4:7)

당신이 부요하게 사는 것이 하나님의 뜻입니다.

백배의 복을 받으려면 올바른 믿음을 가져라

당신은 물질에 대해 어떤 믿음을 갖고 있습니까?

물질에 대해 잘못된 믿음을 가지면 하나님께 복을 받을 수 없습니다. 마귀는 물질이 나쁜 것이라고 자꾸 거짓말합니다. 마귀는 거짓말쟁이요 거짓의 아비입니다. 마귀의 거짓말을 믿지 말고 하나님의 말씀을 믿어야 합니다. 마귀에게 속으면 자손 삼사 대까지 절대로 물질의 복을 받을 수 없습니다. 하나님의 말씀을 믿어야 자손 천대까지 물질의 복을 받을 수 있습니다.

거짓말쟁이 마귀를 대적하십시오. 진리에 굳게 서십시오.

"그는 처음부터 살인한 자요 진리가 그 속에 없으므로 진리에 서지 못하고 거짓을 말할 때마다 제 것으로 말하나니 이는 그가 거짓말쟁이요 거짓의 아비가 되었음이라."(요 8:44)

이 우주 만물을 누가 만들었습니까? 창조주 하나님이십니다.

영이신 하나님이 말씀으로 6일 동안 모두 만드셨습니다.

창세기 1장 1절에 말씀하기를 "태초에 하나님이 천지를 창조하시니라. 땅이 혼돈하고 공허하며 흑암이 깊음 위에 있고 하나님의 신은 수면에 운행하시니라. 하나님이 가라사대 빛이 있으라

하시매 빛이 생겼고……"라고 했습니다.

하나님이 빛을 만드셨습니다. 빛은 무엇일까요? 물질입니다.

빛이 영적인 것이라고 생각한다면 틀린 것입니다. 빛은 영이신 하나님이 만드신 물질입니다. 빛도 산도 들도 생축과 온갖 물고기와 꽃과 나무들도 다 하나님이 만드셨습니다. 이런 자연 만물을 하나님이 6일 동안 만드셨는데 모두 물질이었습니다.

이 물질 속에는 금과 은, 온갖 보석들이 다 포함되어 있습니다. 이것들은 다 하나님이 만드신 것입니다. 그러므로 '물질은 타락한 것이다. 물질은 잘못된 것이다'라는 생각을 버리십시오.

물질은 하나님이 만드신 신성한 것입니다. 물질이 영을 만든 것이 아니라 영이 물질을 만든 것입니다. 하나님의 영이 수면에 운행하셨고 하나님이 입을 열어 말씀하시자 6일 동안 모든 물질세계가 만들어졌습니다. 그러므로 하나님도 거룩하시며 물질세계도 거룩합니다. 물질이 없다면 이 세상과 사람들은 어떻게 존재할 수 있을까요? 물질을 더러운 것으로 여기지 말아야 합니다.

당신이 지금 앉아 있는 의자도 물질이고 매일 마시는 커피도 물질이고 손에 들고 쓰는 펜도 물질이고 입고 있는 옷도 물질입니다. 집과 자동차도 물질이고 스마트폰과 밥과 반찬도 물질입니다.

당신의 몸도 물질입니다. 오장육부와 뼈와 근육과 모든 신경조직과 세포조직, 피부와 혈관과 혈액도 물질입니다. 눈 코 입 귀 손 등 물질로 구성된 육체가 없으면 성령님을 담을 수 없습니다.

"너희는 너희가 하나님의 성전인 것과 하나님의 성령이 너희 안에 계시는 것을 알지 못하느냐? 너희 몸은 너희가 하나님께로부터 받은 바 너희 가운데 계신 성령의 전인 줄을 알지 못하느냐? 너희는 너희 자신의 것이 아니라."(고전 3:16, 6:19)

당신의 몸은 거룩하신 하나님의 성전입니다. 성전은 '거룩한 집'이라는 뜻입니다. 그러므로 "모든 물질은 거룩한 것이며 하나님이 만드신 좋은 것이다"라는 올바른 믿음을 가져야 합니다.

금도 은도 보석들도 하나님이 만드신 것이라는 사실을 인정하고 믿어야 합니다. 하나님은 우주 만물의 주인이시며 그분은 우주의 재벌 그룹 총수이십니다. 그분의 자녀인 당신도 재벌 가문의 일원입니다. "나는 재벌 가문에 입양되었다. 예수를 구주로 믿는 순간 나는 재벌 가문의 일원이 되었다"고 말하십시오. 그리고 필요한 모든 것을 하나님께 구하십시오. 그러면 주십니다.

백배의 복을 받으려면 지혜가 있어야 한다

당신도 솔로몬 같은 지혜를 얻고 싶지 않습니까?

"솔로몬의 지혜가 동쪽 모든 사람의 지혜와 애굽의 모든 지혜보다 뛰어난지라"(왕상 4:30)고 했습니다. 나는 20세에 그런 지혜를 달라고 하나님께 구했고 받았습니다. 당신도 구하십시오.

당신이 이 땅에서 백배의 복을 받아 누리려면 지혜가 있어야 합니다. "오직 지혜는 성공하기에 유익하니라"(전 10:10)고 했기 때문입니다. 지혜는 '활용한다, 크게 생각한다'는 의미가 있습니다. 모든 것을 활용하고 크게 생각하면 문제가 해결됩니다.

성경에서 말하는 가장 큰 지혜는 '예수 그리스도'입니다. 솔로몬보다 억만 배나 크신 예수님이 누구신지 알면 백배의 복을 받습니다. "심판 때에 남방 여왕이 일어나 이 세대 사람을 정죄하리니 이는 그가 솔로몬의 지혜로운 말을 들으려고 땅 끝에서 왔음이거니와 솔로몬보다 더 큰 이가 여기 있으며……."(눅 11:31)

솔로몬보다 크신 예수님이 당신 안에 실제로 살아 계십니다.

그러므로 당신은 솔로몬보다 더 큰 지혜를 얻었습니다.

"이는 그가 모든 지혜와 총명을 우리에게 넘치게 하셨다"(엡 1:8)고 했습니다. 하나님이 당신에게 모든 지혜와 총명을 넘치게 하셨습니다. "하실 것이다"가 아닙니다. "하셨다"입니다.

하나님은 당신 안에 실제로 살아 계신 예수 그리스도로 말미암아 당신에게 모든 지혜와 총명으로 넘치게 하셨습니다. 이 사실을 인정하고 믿으십시오. "그리스도 안에는 지혜와 지식의 모든 보화가 감추어져 있다."(골 2:3) 이러한 그리스도가 당신 안에 살아 계시므로 당신은 그리스도 안에서 바보가 아닌 천재입니다.

당신은 절대로 그리스도 안에 있는 자신과 남을 향해 바보라고 말하면 안 됩니다. 그러면 공회에 잡혀가게 됩니다.

"나는 너희에게 이르노니 형제에게 노하는 자마다 심판을 받게 되고 형제를 대하여 라가라 하는 자는 공회에 잡혀가게 되고 미련한 놈이라 하는 자는 지옥 불에 들어가게 되리라."(마 5:22)

'라가'라는 말은 '바보 머저리'라는 뜻입니다.

"나는 정말 멍청해. 어휴, 내가 왜 그런 말을 했지?"

"저 놈은 멍청해, 왜 저 따위로 행동하지?"

그렇게 말하지 말아야 합니다. 나도 예전에 내 마음에 안 드는 사람을 비난한 적이 있습니다. 그런데 주님께서 그러지 말라고 하셨습니다. "그 사람은 너를 비난하지 않는데 왜 너는 그 사람을 비난하느냐? 그 사람은 너를 비난한 적이 없다. 너도 하지 마라."

나는 그 사람이 하나님을 경외하지 않아서 화가 났습니다.

"하나님, 그 사람이 주일을 지키지 않고 주일에도 일합니다."

"그건 그 사람의 인생이고 그 사람과 나와의 문제다. 네가 그 사람 때문에 화를 내고 그를 비난하면 네 마음만 상할 뿐이다. 한 입에서 축복과 저주가 함께 나오면 안 된다. 비난을 멈추어라. 그 사람을 축복하라. 축복했으면 받은 줄로 믿고 내게 맡겨라."

"주일을 안 지키면 영적으로 간음하는 것이 아닙니까?"

"주일을 지켜야 한다. 하지만 그렇지 못하더라도 나는 그 사람을 사랑한다. 그 사람은 예수를 구주로 믿음으로 의인이 되었다. 그 사람은 너와 똑같은 그리스도인이고 하나님의 자녀다. 축복만 하고 비난하지 마라. 너도 옛날에는 그랬다."

"네? 제가 언제 주일을 지키지 않았습니까?"

"네가 교회에 나온 것이 언제부터였느냐?"

"네, 어릴 때부터 교회에 나간 것 같은데 제 기억으로는 초등학생 때였던 것 같습니다. 정확하게는 잘 모르겠습니다. 유치원 때 저 혼자 교회를 나가지는 않았을 것이고 어릴 때도 엄마를 따라 교회를 간 기억은 없습니다. 초등학생 때 엄마가 주일 아침마다 교회에 가라고 헌금을 손에 쥐어 주며 집에서 내보냈습니다."

"그래, 그렇다면 그 이전에는 네가 교회를 나간 적이 없다는 말이다. 네가 태어나서 교회에 처음 나간 날 이전까지를 모두 계산하면 네가 주일에 교회에 안 나간 날이 엄청 많다는 것을 알게 될 것이다. 네가 만약 초등학교 3학년 이후부터 교회에 갔다면 10년간 교회를 안 나간 것이다. 1년이면 52주, 10년간 안 나갔다면 520번을 교회에 안 나갔다. 너도 교회에 안 나간 적이 많다. 내가 그 모든 날을 떠올리며 네게 화를 내고 정죄하고 비난하고 심판한다면 너는 살아남을 수 없다. 나는 너를 정죄하지 않는다. 네가 예수를 구주로 믿은 날, 너의 과거와 현재와 미래의 모든 죄가 용서 받았고 너는 그리스도 안에서 의인이 되었다. 너는 의인이다. 주일을 지키므로 의로워지는 것이 아니다. 예수를 구주로 믿음으로 의로워졌기 때문에 행복한 마음으로 주일을 지키는 것이다."

"그러면 주일을 지키지 않고 교회에 빠지는 사람, 주일에 일하러 가는 사람을 보고 화를 내지 말고 참으라는 말입니까?"

"그들을 권해서 교회에 나오도록 하면 된다. 화를 낼 필요는 없다. 너도 예전에는 많이 그랬다. 네가 지금 주일을 지킨다고 해서 그들보다 더 의로운 것은 아니다. 바리새인 마인드를 버려라."

"그들에게 몇 번이나 권했습니다. 그래도 산과 들로 놀러 가고 직장에 일하러 갑니다. 주일을 지키지 않고 일하는 사람을 보면 화가 머리끝까지 치밀어 오릅니다. 그들이 신앙생활의 기본인 주일을 안 지키는데 어떻게 하나님께 복을 받겠습니까?"

"몇 번이나 권했다고? 온유하고 겸손한 마음으로 더 많이 권하라. 하루에 일흔 번에 일곱 번이라도 용서하고 또 권하고 또 권하라. 받았다는 믿음으로 '믿음의 부탁'을 계속 하면 그 사람이 반드시 주일을 지키게 될 것이다. 어떤 사람은 한 번에 믿음이 생기고 주일을 지키지만 어떤 사람은 더 많은 시간이 필요하다."

나는 깜짝 놀랐습니다. 주님은 내게 온유하고 겸손한 마음으로 계속 부탁하되 그 사람에 대해 화를 내지 말라고 하셨습니다.

"온순한 혀는 곧 생명나무이지만 패역한 혀는 마음을 상하게 하느니라. 북풍이 비를 일으킴 같이 참소하는 혀는 사람의 얼굴에 분을 일으키느니라."(잠 15:4, 25:23)

당신의 혀는 의인을 참소하는 혀가 아닙니까?

나는 주님의 음성을 듣고 내게도 다분히 율법주의 마인드가 남아 있음을 깨달았습니다. 당신은 어떻습니까? 당신처럼 율법을 완벽하게 잘 지키지 않는 사람에 대해 화를 내지 않습니까?

당신이 만약 20세에 예수를 믿고 교회를 다녔다면 20년간 1040번이나 주일을 지키지 않았습니다. 40세에 예수를 믿고 교회를 다니고 그 이후에 하나님의 음성을 듣고 신학교에 가서 공부하고 목사 안수를 받았다면 예수 믿기 이전 40년간 2080번은 주일을 지키지 않았습니다. 그런 당신이 목회를 하면서 주일에 교회에 빠진 사람을 정죄할 자격이 있습니까? "개구리가 올챙이 시절을 모른다"는 말을 기억하십시오. 당신이 그들보다 조금이라도 더 의로운 것이 아닙니다. 당신이 목사가 된 것은 당신이 율법을 완벽하게 지켜 의롭기 때문이 아니라 하나님의 은혜 때문입니다.

십일조도 마찬가지입니다. 당신이 예수님을 믿고 교회에 나오기 전까지는 10년, 20년간 십일조를 한 번도 하지 않았습니다.

'왜 저 사람은 믿음이 좋다고 하면서 십일조를 안 하는 거지?'

그런 생각을 다 버리십시오. 당신도 안 한 적이 많습니다.

물론 십일조는 교인의 의무이고 당연히 해야 합니다. 하지만 어떤 사람은 믿음이 안 되어 안 할 수도 있습니다. 그렇다고 그 사람이 죄인인 것은 아닙니다. 그리스도 안에 있으면 의인입니다. 십의 일을 하든, 십의 구를 하든, 더 의로운 것이 아닙니다. 우리 는 십일조를 통해 의로워지지 않고 믿음으로 의로워집니다.

물론 예수님은 십일조를 하라고 하셨습니다. "화 있을진저, 너 희 바리새인이여, 너희가 박하와 운향과 모든 채소의 십일조는 드리되 공의와 하나님께 대한 사랑은 버리는도다. 그러나 이것도 행하고 저것도 버리지 말아야 할지니라."(눅 11:42) 하지만 십일 조를 하지 않는다고 함부로 의인을 저주하면 안 됩니다.

"나는 주일 성수도 잘하고 십일조도 잘 해. 그러니 나는 의인이 고 저 사람은 죄인이야"라는 율법주의 바리새인 마인드를 버리십 시오. "그리스도 안에서 나도 의인이고 저 사람도 의인이야"라는 복음적인 마인드를 가지고 그 의인을 향해 비난하지 마십시오.

예수님이 비유를 들어 말씀하셨습니다.

"또 자기를 의롭다고 믿고 다른 사람을 멸시하는 자들에게 이 비유로 말씀하시되 두 사람이 기도하러 성전에 올라가니 하나는 바리새인이요 하나는 세리라. 바리새인은 서서 따로 기도하여 이 르되 '하나님이여, 나는 다른 사람들 곧 토색, 불의, 간음을 하는 자들과 같지 아니하고 이 세리와도 같지 아니함을 감사하나이다. 나는 이레에 두 번씩 금식하고 또 소득의 십일조를 드리나이다' 하고 세리는 멀리 서서 감히 눈을 들어 하늘을 쳐다보지도 못하고

다만 가슴을 치며 이르되 '하나님이여, 불쌍히 여기소서. 나는 죄
인이로소이다' 하였느니라. 내가 너희에게 이르노니 '이에 저 바
리새인이 아니고 이 사람이 의롭다 하심을 받고 그의 집으로 내려
갔느니라. 무릇 자기를 높이는 자는 낮아지고 자기를 낮추는 자
는 높아지리라' 하시니라."(눅 18:9~14)

당신의 마음을 낮추어야 마음과 혀에서 단물을 흘러나옵니다.

당신이 율법을 잘 지킨다고 해서 자신을 의롭다고 믿고 다른
사람을 멸시하면 안 됩니다. 당신이 정한 기준에 맞지 않는다고
멸시하면 그 사람 때문에 당신의 마음만 짜증이 나고 화가 날 뿐
입니다. 그러면 당신의 마음이 썩어 들어갑니다.

썩은 마음은 좋은 열매를 맺을 수 없고 백배의 복을 받을 수도
없습니다. 하나님의 형상대로 지음 받은 다른 사람을 저주하지
말고 축복하십시오. 당신이 의인인 것처럼 그 사람도 의인입니다.

"혀는 능히 길들일 사람이 없나니 쉬지 아니하는 악이요 죽이
는 독이 가득한 것이라. 이것으로 우리가 주 아버지를 찬송하고
또 이것으로 하나님의 형상대로 지음을 받은 사람을 저주하나니
한 입에서 찬송과 저주가 나오는도다. 내 형제들아, 이것이 마땅
하지 아니하니라. 샘이 한 구멍으로 어찌 단 물과 쓴 물을 내겠느
냐? 내 형제들아, 어찌 무화과나무가 감람 열매를, 포도나무가 무
화과를 맺겠느냐? 이와 같이 짠 물이 단 물을 내지 못하느니라.
너희 중에 지혜와 총명이 있는 자가 누구냐? 그는 선행으로 말미
암아 지혜의 온유함으로 그 행함을 보일지니라. 화평하게 하는
자들은 화평으로 심어 의의 열매를 거두느니라."(약 3:8~13, 18)

분쟁케 하는 율법주의자가 되지 말고 화평하게 하는 복음적인 사람이 되십시오. 율법은 정죄하고 심판하고 비난하고 분쟁케 합니다. 복음은 이해하고 용서하고 사랑하고 화평케 합니다.

짜증내지 말고 따뜻한 말로 그 사람을 이끄십시오.

주님께서 당신에게 말씀하십니다.

"그 사람을 정죄하지 말고 따뜻한 말로 이끌어라. 온유한 마음으로 권면하고 오래 참으라. 그러면 열매를 맺게 된다."

정죄하면 끝입니다. 정죄하면 심판하게 되고 비난하게 됩니다.

그리스도 예수 안에 있는 자에게는 '결코' 정죄함이 없습니다.

"그러므로 이제 그리스도 예수 안에 있는 자에게는 결코 정죄함이 없나니 이는 그리스도 예수 안에 있는 생명의 성령의 법이 죄와 사망의 법에서 너를 해방하였음이라."(롬 8:1~2)

그 사람을 향한 정죄와 비난을 멈추고 축복하기 시작하십시오.

그러면 당신이 먼저 백배의 복을 받을 것입니다. 남을 축복하는 자에게는 그 복이 자신에게 먼저 흘러 들어가고 남을 저주하는 자에게는 그 저주가 자신에게 먼저 흘러 들어가기 때문입니다.

"그가 저주하기를 좋아하더니 그것이 자기에게 임하고 축복하기를 기뻐하지 아니하더니 복이 그를 멀리 떠났으며 또 저주하기를 옷 입듯 하더니 저주가 물 같이 그의 몸속으로 들어가며 기름 같이 그의 뼈 속으로 들어갔나이다."(시 109:17~18)

제발 저주의 생각과 말을 멈추십시오. 그들을 축복하고 따뜻한 말 한 마디라도 해주십시오. 온유한 말로 권면하십시오.

내가 목회자가 되니 성도들의 주일 성수에 민감해졌습니다.

목회자가 되기 전에는 '내가 하나님 앞에서 주일을 성수해야지' 라고 했다가 목회자가 되고 난 후에는 '성도들이 하나님 앞에서 주일을 성수해야 하는데'라는 마음이 강해졌습니다. 그런데 그것이 내 가슴을 찔렀습니다. 주일 예배에 지각하는 사람, 예배 중간에 화장실에 간다고 움직이는 사람, 설교만 듣고 축도가 끝나기 전에 일어나 나가는 사람이 모두 마음에 안 들었습니다.

그런 내게 주님께서 어느 날 이렇게 말씀하셨습니다.

"괜찮다. 너도 예전에 많이 그랬다. 그런 사람은 항상 있을 것이다. 교회가 성장할수록 그런 사람은 더 많아질 것이다. 그들이 완벽하게 예배 순서를 지키지 않아도 그들을 저주하지 말고 축복해라. 예배 순서는 사람이 편의상 만든 것이다. 나는 그런 예배 순서에 매이는 작은 하나님이 아니다. 예배 순서를 존중하면 좋지만 그렇지 않더라도 저주하지 말고 축복하라. 마음을 비워라."

"제가 예전에 그랬다고요? 언제요?"

가만히 생각해 보니 나도 교사와 목사의 직분을 맡기 전인 청년 시절에는 주일 예배에 5분, 10분씩 늦은 적이 많았고 다른 교회의 수요 예배나 부흥회에 참석했을 때는 중간에 나온 적도 있었습니다. 나는 그냥 내가 계획한 대로 움직였을 뿐인데 그 교회 목사님의 입장에서는 내가 무례한 사람처럼 보였을 것입니다.

"너도 많이 그랬다. 이제는 네가 목회자의 위치에 있으니 그런 사람들이 자꾸 신경 쓰이는 것이다. 완벽 마인드를 버리고 은혜 마인드를 가져라. 그들에 대해 너그러워져라. 교회에 출석했다는 것만으로도 얼마나 큰 믿음이냐? 대형 교회에는 지각, 조퇴, 결석하는 사람들이 수백 명이나 된다. 그런 사람들은 항상 있게 마련이다. 너는 나만 바라보고 행복한 마음으로 예배하라. 두세 사람이 내 이름으로 모인 곳에 나도 그들 중에 있다. 네 기준을 낮추고 두세 사람이 잘하는 것으로 만족하라. 두세 사람이 완벽하지 않다고 힘들어 하지 마라. 두세 사람만 잘해도 네 잔이 넘친다."

"두세 사람이 출석해도 내 잔이 넘친다"는 마인드를 가지면 행복해집니다. "두세 사람이 결석하면 나는 부족하다. 나는 목회에 실패한 사람이다. 왜 그 사람은 지각, 조퇴, 결석할까?"라는 마인드를 가지면 불행해집니다. 그런 사람은 목회를 하지 않는 편이 자신에게 더 나을 것입니다. 그런 목회는 자신의 마음에 있어 복이 아닌 저주입니다. 목회하는 내내 불행할 것입니다. 그렇다고 목회를 하지 말라는 말이 아닙니다. 마인드를 바꾸라는 말입니다.

하루는 성령님이 내 마음에 말씀하셨습니다.

'너는 설교 시간에 지각, 결석, 조퇴라는 단어를 쓰지 마라. 지각, 결석, 조퇴하는 사람은 네가 목회하는 내내 있을 것이다.'

그 음성을 듣고 내 설교가 바뀌었습니다. 더 이상 "지각하지 마세요. 결석하지 마세요. 조퇴하지 마세요"라는 말을 하지 않게 되었습니다. 그 세 단어만 뺐는데 나는 엄청난 자유를 얻었습니다.

당신의 기준을 따라 모든 일을 완벽하게 잘하는 두세 사람을 바라본다고 당신의 마음이 행복해지는 것이 아닙니다. '두세 사람이 모인 곳에 함께 계신 주님'을 바라보아야 행복해집니다.

"두세 사람이 내 이름으로 모인 곳에는 나도 그들 중에 있느니라"(마 18:20)는 말씀은 두세 사람을 바라보라는 말씀이 아닙니다. 그들 중에 함께 계신 주님을 바라보라는 말씀입니다. 우리의 만족과 행복은 오직 주님께로부터 옵니다. 다윗은 말했습니다.

"내가 항상 내 앞에 계신 주를 뵈었음이여, 나로 요동하지 않게 하기 위하여 그가 내 우편에 계시도다."(행 2:25)

모든 일을 완벽하게 잘하는 두세 사람을 바라보면 불행해집니다. 왜일까요? 그 중에 한 사람에게 문제가 생기면 그동안 잘해왔다고 생각하던 당신의 사역이 한순간에 무너지고 당신의 삶과 신념에 큰 회의감이 들기 때문입니다. 부부나 부모 자식도 마찬가지입니다. 서로를 바라보고 있으면 어느 한순간 실망하게 되고 다 무너질 수 있습니다. 각자가 오직 하나님만 바라봐야 합니다.

다윗은 "내가 정한 기준대로 모든 일을 완벽하게 잘해내는 두세 사람은 나의 목자시니 내가 부족함이 없고 내 잔이 넘치나이다"라고 하지 않았습니다. "여호와는 나의 목자시니 내가 부족함이 없고 내 잔이 넘치나이다"라고 했습니다.

그래서 예수님은 베드로에게 "네가 나를 사랑하느냐?"라고 물으셨던 것입니다. "네가 양을 사랑하느냐?"라고 묻지 않았습니다.

예수님을 사랑하고 그분만 따르면 마음이 행복해집니다.

이것이 세상에서 가장 큰 천재적인 지혜입니다.

천재적인 기름 부음이 당신 안에 가득하다

하나님은 어리석은 분이실까요? 지혜로운 분이실까요?

하나님은 스스로 계신 천재이시며 온 우주에서 가장 지혜로운 분이십니다. 그분이 지혜로 우주 만물을 만드셨고 지혜로 그 모든 것을 관리하고 계십니다. 그분은 지혜로 당신을 만드셨고 당신에게 지혜를 많이 주셨습니다. 당신 안에 지혜가 가득합니다.

성령님은 지혜의 영이시며 예수님도 솔로몬보다 더 크신 분으로 넘치는 지혜를 가진 분입니다. 하나님 아버지는 바보가 아닌 천재입니다. 그렇다면 그분의 자녀인 당신도 천재입니다.

그러므로 "나는 하나님의 자녀가 되었다. 하나님이 의로우신 것처럼 나도 의롭다. 하나님이 내 안에 가득히 계시므로 나는 성령 충만하다. 하나님이 건강하신 것처럼 나도 건강하다. 하나님이 재벌인 것처럼 나도 재벌 가문의 일원이다. 하나님이 천재인 것처럼 나도 천재다"라는 믿음으로 살아가야 합니다.

당신은 하나님의 자녀입니다. 하나님의 자녀는 마귀를 닮지 않고 하나님을 닮았습니다. 마귀는 죄와 목마름, 병과 가난, 어리석음과 징계와 죽음의 속성을 갖고 있지만 하나님은 의와 성령 충만, 건강과 부요함, 지혜와 평화와 생명의 속성을 갖고 계십니다.

당신 안에 예수 그리스도가 실제로 살아 계십니다. 예수님은 어떤 속성을 가지셨습니까? 죄와 목마름, 병과 가난, 어리석음과 징계와 죽음이 아닙니다. 의와 성령 충만, 건강과 부요함, 지혜와 평화와 생명입니다. 예수님의 어떠하심과 같이 당신도 그렇습니다. 요한1서 4장 17절에 "이로써 사랑이 우리에게 온전히 이룬 것은 우리로 심판 날에 담대함을 가지게 하려 함이니 주의 어떠하심과 같이 우리도 세상에서 그러하니라"고 했습니다.

첫째, 하나님의 사랑이 우리에게 온전히 이루었습니다.

둘째, 우리는 심판 날에 담대함을 가질 수 있습니다.

셋째, 주의 어떠하심과 같이 우리도 세상에서 그러합니다.

"주의 어떠하심과 같이 우리도 '천국에서' 그러하니라"고 하지 않았습니다. 분명히 "주의 어떠하심과 같이 우리도 '세상에서' 그러하니라"고 했습니다. 주님은 이 세상에서 사실 동안 '의와 성령 충만, 건강과 부요함, 지혜와 평화와 생명'으로 가득하셨습니다. 주의 그러하심과 같이 우리도 이 세상에서 그렇습니다.

이 얼마나 놀랍고 충격적인 사실입니까? 수많은 그리스도인들이 이 세상에서 그러한 삶은 불가능하다고 말합니다. "우리의 행복은 천국에 가서 있는 것이지 이 세상에서는 없다. 이 세상에서는 죄와 목마름, 병과 가난, 어리석음과 징계와 죽음 가운데 비참하게 사는 것이 정상이다"라고 말합니다. 그렇지 않습니다.

이 세상에서부터 당신이 의와 성령 충만, 건강과 부요함, 지혜와 평화와 생명을 풍성히 누리며 사는 것이 하나님의 뜻입니다.

천국 곧 하나님의 나라는 당신이 죽어 천국에 갔을 때부터 누리는 것이 아닙니다. 이 세상에서부터 누려야 하는 것입니다.

"또 여기 있다 저기 있다고도 못하리니 하나님의 나라는 너희 안에 있느니라."(눅 17:21)

성령님이 하나님 나라를 가지고 당신 안에 들어 오셨습니다.

"그러나 내가 하나님의 성령을 힘입어 귀신을 쫓아내는 것이면 하나님의 나라가 이미 너희에게 임하였느니라."(마 12:28)

성령님은 의와 성령 충만, 건강과 부요함, 지혜와 평화와 생명

을 가지고 당신 안에 한강처럼 가득히 들어와 계십니다. 당신 안
에서 한강처럼 넘치는 생수의 강이 흘러 나고 있습니다.

"명절 끝날 곧 큰 날에 예수께서 서서 외쳐 이르시되 '누구든지
목마르거든 내게로 와서 마시라. 나를 믿는 자는 성경에 이름과
같이 그 배에서 생수의 강이 흘러나오리라' 하시니 이는 그를 믿
는 자들이 받을 성령을 가리켜 말씀하신 것이라."(요 7:37~39)

생수의 강이 흘러나오는 비결은 7시간 기도에 있지 않습니다.
40일 금식에 있지도 않습니다. 30년 철야에 있지도 않습니다. 그
비결이 무엇입니까? "이는 그를 믿는 자들이 받을 성령을 가리켜
말씀하신 것이라"고 했습니다. '예수 믿음'이 비결입니다.

"하루에 7시간 기도한 사람은, 40일 금식 기도한 사람은, 30년
철야한 사람은 그 배에서 생수의 강이 흘러나오리라"고 하지 않았
습니다. "나를 믿는 자는 성경에 이름과 같이 그 배에서 생수의
강이 흘러나오리라"고 했습니다. 제발 이 말씀을 믿으십시오.

믿음이 비결입니다. "믿음으로 말미암아 그리스도께서 너희 마
음에 계시게 하시옵고."(엡 3:17) 다른 방법은 결코 없습니다.

첫째, 성령을 받은 것이 율법의 행위가 아닌 듣고 믿음으로입
니다. "내가 너희에게서 다만 이것을 알려 하노니 너희가 성령을
받은 것이 율법의 행위로냐? 혹은 듣고 믿음으로냐?"(갈 3:2)

둘째, 성령의 능력을 받는 것도 율법의 행위가 아닌 듣고 믿음
으로입니다. "너희에게 성령을 주시고 너희 가운데서 능력을 행하
시는 이의 일이 율법의 행위에서냐? 혹은 듣고 믿음에서냐?"(갈
3:5) 둘 다 율법의 행위가 아닌 듣고 믿음으로입니다.

신앙생활은 말 그대로 믿음으로 시작해서 믿음으로 끝납니다.

무엇을 믿습니까? 율법 행위 곧 '내 피와 땀과 눈물'을 믿는 것이 아닙니다. 은혜 곧 '예수님의 피와 땀과 눈물'을 믿어야 합니다. 예수님이 십자가에서 당신 대신 피와 땀과 눈물을 흘리며 모든 값을 지불하셨다는 사실을 인정하고 믿어야 합니다.

"다 이루었다. 두려워 말고 믿기만 하라."(요 19:30, 눅 8:50)

자기 의 곧 자기의 피와 땀과 눈물을 믿는 사람은 저주를 받습니다. 저주란 '실패하고 망한다'는 뜻입니다. 의로워지는데 실패합니다. 성령 충만을 받는데 실패합니다. 건강해지는데 실패합니다. 부요해지는데 실패합니다. 지혜로워지는데 실패합니다. 평화를 얻는데 실패합니다. 생명을 얻는데 실패합니다. 율법의 행위로는 결코 의와 성령 충만, 건강과 부요함, 지혜와 평화와 생명을 얻을 수 없습니다. 자기 의가 아닌 하나님의 의를 믿어야 합니다.

"이제는 율법 외에 하나님의 한 의가 나타났으니 율법과 선지자들에게 증거를 받은 것이라."(롬 3:21)

하나님의 한 의는 곧 예수 그리스도를 말합니다.

"내가 복음을 부끄러워하지 아니하노니 이 복음은 모든 믿는 자에게 구원을 주시는 하나님의 능력이 됨이라. 먼저는 유대인에게요 그리고 헬라인에게로다. 복음에는 하나님의 의가 나타나서 믿음으로 믿음에 이르게 하나니 기록된 바 오직 의인은 믿음으로 말미암아 살리라 함과 같으니라."(롬 1:17)

복음은 예수 그리스도에 대한 두 가지 핵심을 말합니다.

무엇일까요? 사도 바울은 이것을 명확히 말했습니다. "내가 너희 중에서 '예수 그리스도'와 '그가 십자가에 못 박히신 것' 외에는 아무 것도 알지 아니하기로 작정하였음이라."(고전 2:2)

당신은 두 가지 사실을 믿어야 합니다.

첫째, 당신 안에 살아 계신 예수 그리스도입니다.

둘째, 예수님이 십자가에 못 박혀 값을 지불하신 것입니다.

사도 바울은 부활 승천하여 하늘에 계신 그리스도만 전하지 않고 현재 성도 안에 실제로 살아 계신 그리스도를 전파했습니다.

"이 비밀은 너희 안에 계신 그리스도시니 곧 영광의 소망이니라. 우리가 그를 전파하여 각 사람을 권하고 모든 지혜로 각 사람을 가르침은 각 사람을 그리스도 안에서 완전한 자로 세우려 함이니 이를 위하여 나도 내 속에서 능력으로 역사하시는 이의 역사를 따라 힘을 다하여 수고하노라."(골 1:27~29)

바울은 예수님이 십자가에서 피와 땀과 눈물을 흘리며 값을 다 지불했다는 '온전한 복음'을 전파했습니다. "내게는 우리 주 예수 그리스도의 십자가 외에 결코 자랑할 것이 없다."(갈 6:14)

그렇습니다. 예수님이 십자가에서 당신의 죄와 목마름, 병과 가난, 어리석음과 징계와 죽음을 다 짊어지셨습니다. 그분은 당신의 의와 성령 충만, 건강과 부요함, 지혜와 평화와 생명에 대한 값을 완전히 다 지불하셨습니다. 대가를 완전히 다 치르셨습니다.

"진실로 네게 이르노니 네가 한 푼이라도 남김이 없이 다 갚기 전에는 결코 거기서 나오지 못하리라."(마 5:25)고 했는데 예수님이 십자가에 달려 당신의 죄와 목마름, 병과 가난, 어리석음과 징계와 죽음에 대한 속전을 한 푼도 남김없이 다 지불하셨습니다.

"그 아들 안에서 우리가 '속량' 곧 죄 사함을 얻었다."(골 1:14)

"우리는 그리스도 안에서 그의 은혜의 풍성함을 따라 그의 피로 말미암아 '속량' 곧 죄 사함을 받았느니라."(엡 1:7)

"때가 차매 하나님이 그 아들을 보내사 여자에게서 나게 하시고 율법 아래에 나게 하신 것은 율법 아래에 있는 자들을 '속량'하시고 우리로 아들의 명분을 얻게 하려 하심이라."(갈 4:4~5)

당신은 죄와 목마름, 병과 가난, 어리석음과 징계와 죽음에 대해 완전히 속량 받았습니다. 당신이 피와 땀과 눈물로 지불해야 할 값이 단 한 푼도 없습니다. 그분의 속량의 은혜를 믿으십시오.

당신은 그리스도 안에서 의인입니다.

당신은 그리스도 안에서 성령 충만합니다.

당신은 그리스도 안에서 건강합니다.

당신은 그리스도 안에서 부요합니다.

당신은 그리스도 안에서 지혜롭습니다.

당신은 그리스도 안에서 평화를 얻었습니다.

당신은 그리스도 안에서 생명을 가졌습니다.

이것을 한 마디로 줄이면 '의성건부지평생'입니다.

자나 깨나 '의성건부지평생'만 기억하십시오. "나는 의인이다. 성령 충만하다. 건강하다. 부요하다. 지혜롭다. 평화를 얻었다. 생명을 가졌다"고 믿고 말하십시오. 그리고 한 걸음 더 나아가 전능하신 하나님께 백배의 복을 달라고 구하십시오. 구하면 하나님이 주십니다. 나는 하나님께 백배의 복을 구했고 실제로 받았습니다. 이제 당신 차례입니다. 실천하십시오.

백배 축복 비결. 제 2 부 - 김향숙

크게 생각하면 백배의 복을 받는다

당신은 책을 써낸 적이 있습니까?

나는 이번이 두 번째입니다. 아직 한 권도 책을 써내지 못한 사람이 많고 박사 학위를 받은 교수나 총장도 평생 책 한 권 써내는 것이 소원인데 나는 이렇게 벌써 두 권이나 써냈습니다.

김열방 목사님을 통해 두 번째 책을 내게 하신 성령님께 감사드립니다. 이 책을 통해 찬양과 영광과 존귀를 받으실 분은 하나님이십니다. 하나님께 모든 영광을 돌립니다. 하나님께서 내게 그동안의 삶과 깨달음을 담은 책을 쓰도록 지혜를 주셨습니다.

책을 쓴다는 것은 창조적인 작업입니다. 백지에 한 줄씩 글을 쓸 때마다 놀라운 성령님의 기름 부음이 나타나고 있습니다.

나는 날마다 성령 안에서 믿음으로 살려고 몸부림칩니다.

예수님은 "하늘과 땅의 모든 권세를 내게 주셨으니, 그러므로 너희는 가라"(마 28:18~20)고 하셨습니다. 그분은 자신의 권세를 성도들에게 위임하셨습니다. 그로 인해 내 영혼에 성령님이 주신 하늘과 땅의 모든 권세가 나타나고 있습니다. 나는 어디를 가든지 예수님과 동행합니다. 예수 이름으로 명령하며 살아갑니다.

나는 매일 하나님의 자녀 된 신분을 풍성히 누리며 삽니다.

또한 날마다 성령님과 교통하며 삽니다. "사람이 떡으로만 살 것이 아니라 하나님의 말씀으로 살리라"는 말씀대로 나는 순간마다 하나님의 입에서 나오는 말씀을 듣고 실천하며 삽니다.

나는 내 생각을 버리고 하나님의 생각, 곧 하나님의 복음으로 생각을 바꾸며 하루하루를 천국같이 행복하게 살아갑니다.

성령님은 내게 "너의 생각과 내 생각은 다르며 너의 길과 내 길은 다르다. 작은 생각을 버리고 크게 생각하라"고 하셨습니다.

"이는 내 생각이 너희의 생각과 다르며 내 길은 너희의 길과 다름이니라. 여호와의 말씀이니라. 이는 하늘이 땅보다 높음 같이 내 길은 너희의 길보다 높으며 내 생각은 너희의 생각보다 높음이니라."(사 55:8~9) 당신도 이 말씀을 따라 크게 생각하십시오.

그러므로 나는 하나님처럼 더 크고 높은 생각을 하기 위해 날마다 성령님과 교제하며 내 생각을 바꾸고 있습니다. 나는 마음을 다해 성령님을 의지합니다. 순간마다 성령님과 동업합니다. 성령님의 능력으로 믿음 안에서 최선을 다해 살아가고 있습니다.

죄와 허물로 죽었던 나를 하나님이 살리셨습니다. 하나님은 나를 성령으로 사로잡아 하나님의 자녀로 삼으셨습니다. 내게 깨끗한 마음과 정직한 영을 부어 주시므로 하나님의 뜻대로 살게 하셨습니다. 나는 날마다 성령의 음성을 따라 나 자신을 돌아보며 하나님 앞에서 감사하며 살아가고 있습니다.

성령님은 나를 택하여 세우시고 하나님의 자녀로 삼으셨습니다. 성령님은 내게 날마다 생명의 말씀, 능력의 말씀을 깨닫고 믿게 하셨습니다. 또한 내게 백배의 복을 주시려고 순간마다 나를 인도하시며 행복한 삶을 살게 하셨고 이 책을 쓰게 하셨습니다.

성령님께 감사드립니다.

백배의 축복을 받으려면 우선순위를 정하라

당신은 백배의 축복을 받기 위한 우선순위를 정했습니까?

나는 우선순위를 정했습니다. 무엇일까요? 첫째는 영혼이 잘됨, 둘째는 범사에 잘됨, 셋째는 내 몸의 강건함입니다.

"사랑하는 자여, 네 영혼이 잘됨 같이 네가 범사에 잘되고 강건하기를 내가 간구하노라."(요삼 1:2)

나는 먼저 내 영혼이 잘되기를 원합니다. 영혼이 잘되면 다른 복은 저절로 다 따라옵니다. 나는 내 영혼이 잘됨 같이 범사가 잘되고 강건하기를 기도하며 삽니다. 당신도 순서가 중요합니다.

먼저 당신의 영혼이 하나님 앞에 바로 서야 그 다음에 당신이 하는 모든 일이 잘되는 것입니다. 하나님의 사람은 어떠한 경우에도 믿음 안에서 살아야 합니다. 아무리 큰 고통과 어려움이 와도 끝까지 믿음을 버리지 말아야 합니다. 그러면 성령님이 모든 것을 협력하여 선을 이루어 주십니다. 성령님은 믿음 안에서 어떻게든 당신에게 가장 좋은 것을 안겨 주십니다.

"네가 어디에 사는지를 내가 아노니 거기는 사탄의 권좌가 있는 데라. 네가 내 이름을 굳게 잡아서 내 충성된 증인 안디바가 너희 가운데 곧 사탄이 사는 곳에서 죽임을 당할 때에도 나를 믿는 믿음을 저버리지 아니하였도다."(계 2:13)

안디바는 죽임을 당할 때도 예수 믿음을 지켰습니다.

첫째, 어떠한 경우에도 예수 이름을 굳게 잡으십시오.

둘째, 죽임을 당할 때에도 예수 믿음을 저버리지 마십시오.

나는 그렇게 살기로 마음을 정했고 내 삶을 통해 살아 계신 하나님께 영광을 돌릴 것입니다. 성령님이 지금도 나를 인도하고 계심을 믿습니다. 성령님의 인도하심을 따라 사는 나는 죄와 사망의 법에서 해방되었습니다. 생명의 성령의 법을 따라 삽니다.

"이는 그리스도 예수 안에 있는 생명의 성령의 법이 죄와 사망의 법에서 너를 해방하였음이라."(롬 8:2)

죄와 사망의 법은 '율법'이요 생명의 성령의 법은 '믿음'입니다.

나는 예수님이 십자가에서 다 이룬 복음을 믿는 믿음으로 삽니다. 그러므로 죄와 사망의 법인 율법에서 자유를 얻었습니다.

고린도후서 3장 17절에 "주는 영이시니 주의 영이 계신 곳에는 자유가 있느니라"고 했습니다. 성령님은 어디에 계실까요? 내 안에 가득히 들어와 계시고 실제로 나와 함께 계십니다. 나와 함께 계신 성령님은 나를 자유케 하셨습니다. 나는 성령 안에서 자유를 얻고 믿음으로 행복하게 살고 있습니다. 나의 전 인격에 날마다 예수의 부활의 생명이 나타나고 있습니다. 할렐루야!

전 인격을 다해 하나님이 주신 행복을 누려라

당신은 전 인격을 다해 행복을 누리고 있습니까?

인격은 지성과 감정과 의지를 포함하고 있습니다.

"예수께서 이르시되 네 마음을 다하고 목숨을 다하고 뜻을 다하여 주 너의 하나님을 사랑하라 하셨으니……."(마 22:37)

전 인격을 다해 하나님의 존재를 사랑하라는 말씀입니다.

사도 바울은 성령에 감동되어 이렇게 말했습니다. "항상 기뻐하라. 쉬지 말고 기도하라. 범사에 감사하라. 이것이 그리스도 예수 안에서 너희를 향하신 하나님의 뜻이니라."(살전 5:16~18)

전 인격을 다해 하나님의 행복을 누리라는 말씀입니다.

그래서 나는 주 안에서 항상 기뻐합니다. 쉬지 않고 기도합니다. 범사에 감사합니다. 이것이 그리스도 예수 안에서 나를 향하신 하나님의 뜻이기 때문입니다. 나뿐만 아니라 이 책을 읽는 모든 영혼을 향한 하나님의 뜻입니다. 항상 행복하게 사십시오.

당신의 전 인격을 사로잡아 하나님만 바라봐야 합니다.

하나님을 바라보면 세상의 문제와 염려를 이길 수 있습니다.

어떠한 문제가 생기든지 최선을 다해 믿음을 붙잡아야 합니다.

이것만이 하나님 앞에서 '승리하는 삶의 비결'인 것입니다.

기도하고 구했으면 얻은 줄로 알아야 한다

믿음이란 무엇일까요? 받았다고 믿는 것입니다.

소망은 '미래형'이지만 믿음은 '과거형, 현재 완료형'입니다.

믿음은 기도하고 구한 것을 받았다고 믿는 것입니다. 받을 줄로 믿는 것은 믿음이 아닌 소망입니다. 받은 줄로 믿는 것이 믿음입니다. 한 번 기도하고 구한 것은 받았다고 믿으십시오. "그러므로 내가 너희에게 말하노니 무엇이든지 기도하고 구하는 것은 받은 줄로 믿으라. 그리하면 너희에게 그대로 되리라."(막 11:24)

당신은 하나님의 자녀입니다. 하나님께 무엇이든지 담대하게 구하십시오. 그러면 주십니다. 구한 것은 받았다고 믿으십시오.

"그를 향하여 우리가 가진 바 담대함이 이것이니 그의 뜻대로 무엇을 구하면 들으심이라. 우리가 무엇이든지 구하는 바를 들으시는 줄을 안즉 우리가 그에게 구한 그것을 얻은 줄을 또한 아느니라"(요일 5:14)고 했습니다. 여기에 우리가 백배의 복을 받는 기도 응답의 비결이 담겨 있습니다. 어떻게 기도하면 될까요?

첫째, 그의 뜻대로 담대하게 무엇이든지 구하면 그분이 들으신다는 것을 믿어야 합니다. 그의 뜻은 무엇일까요? 죄와 목마름, 병과 가난, 어리석음과 징계와 죽음이 아닙니다. 의와 성령 충만, 건강과 부요함, 지혜와 평화와 생명입니다. 항상 슬퍼하고 쉬지 않고 투덜대고 모든 일에 원망하는 것이 아닙니다. 항상 기뻐하고 쉬지 않고 기도하고 모든 일에 감사하는 것입니다.

둘째, 우리가 무엇이든지 구하는 바를 하나님이 직접 들으시는 줄을 알아야 합니다. 하나님은 귀를 지으신 분이며 당신이 입을 열어 구하는 모든 것을 다 들으십니다. 그리고 응답하십니다.

셋째, 우리가 그분에게 구한 그것을 얻은 줄을 또한 알아야 합니다. 어떻게 얻은 줄을 알 수 있습니까? 시간과 공간을 초월해 이미 받았다고 믿으면 됩니다. 조금도 의심하지 말아야 합니다.

나는 이 말씀을 나의 전 인격을 다해 믿습니다.

나는 믿음의 꿈을 꿉니다. 믿음은 바라는 것들의 실상이라고 했습니다. '바라는 것들'은 소망이고 '바라는 것들의 실상'이 믿음입니다. 실상은 '계약서, 확신'이란 뜻입니다. 나는 내가 바라는 것들에 대해 계약서를 가지고 있고 강한 확신을 품고 있습니다.

그러므로 구한 모든 것을 받았다고 믿고 바라고 인내합니다.

"인생은 꿈대로 믿음대로 된다"고 했으니 믿고 바라고, 믿고 말하고, 믿고 기대하고, 믿고 실상을 붙잡고 앞으로 나아갑니다.

생명과 능력의 말씀으로 나를 살려주신 하나님 앞에 감사드립니다. 내가 섬기고 있는 교회 목사님도 성령의 말씀으로 새벽마다 나에게 영적인 꼴을 풍성히 먹이십니다. 너무나 감사합니다.

남편이 원하던 땅 천 평을 기적적으로 샀다

나는 성령 안에서 꿈을 품고 기도하면서 삽니다.

얼마 전에는 한 시골 집터와 땅을 아는 집사님을 통해 싸게 사게 되었습니다. 땅과 집터는 천 평이 조금 넘고 그 땅은 고르게 잘 되어 있고 옆에 길도 나 있었습니다. 경남 산청이라는 20가구인 마을입니다. 그 밑에는 가구들이 많아 동네들도 큽니다.

이 모든 것이 하나님의 은혜입니다. 남편도 꿈이 시골에서 염소를 키우는 것이었습니다. 남편은 밤낮으로 그것을 원했습니다. 돈 문제도 이리저리 알아보고 은혜 가운데 잘 구해서 해결했습니다. 그리고 내가 섬기는 교회에도 백만 원을 감사 헌금했습니다.

이것도 성령님의 인도하심입니다. 안 되는 것 같지만 믿음으로 행하면 됩니다. 하나님은 반드시 그 믿음대로 이루어 주십니다.

"여자여, 네 믿음이 크도다. 네 소원대로 되리라."(마 15:28)

인생은 꿈대로 믿음대로 다 됩니다. 예수님이 말씀하셨습니다.

"너희 믿음대로 되라."(마 9:29)

믿음으로 어떤 일을 행할 때 잠깐 시련이 오기도 합니다.

이것을 '믿음의 시련'이라고 말합니다.

"이는 너희 '믿음의 시련'이 인내를 만들어 낸다."(약 1:3)

믿음의 시련이 올 때 어떻게 해야 할까요?

뒤로 물러가면 안 됩니다. 오직 앞으로만 나아가야 합니다.

"나의 의인은 믿음으로 말미암아 살리라. 또한 뒤로 물러가면 내 마음이 그를 기뻐하지 아니하리라 하셨느니라."(히 10:38)

뒤로 물러가면 하나님이 기뻐하지 않으십니다.

야고보 기자는 "여러 가지 시험을 만나거든 기뻐하라"고 했습니다. 알고 있는 말씀이지만 또 앞에서 전하기는 쉽지만 삶에서 순종하기는 어렵습니다. 성령으로 충만하지 않으면 여러 가지 시험 가운데서 기뻐하기란 인간의 힘으로는 불가능합니다.

나는 믿음 안에서 말씀을 붙잡고 이렇게 살려고 노력합니다.
성령의 음성을 들으면서 믿음으로 삽니다.

책 전도와 책 선교는 가장 긴급하고 중대한 일이다

당신은 어떤 방법으로 전도와 선교를 하고 있습니까?

책 전도와 책 선교가 가장 긴급하고 중대한 일입니다.

나는 기도하는 가운데 김열방 목사님의 저서들을 만나게 되었습니다. 그분의 저서들은 성령님의 도우심으로 만들어진 것이었습니다. 그 모든 책에는 성령님의 인도하심과 도우심에 대한 놀라운 비밀이 들어 있음을 고백합니다. 너무나 값진 보화이고 내인생의 보물과도 같습니다. 나는 그 책들을 읽으면서 아멘 하며마음으로 화답할 수밖에 없었습니다.

이 책을 보는 많은 영혼들이 하나님의 축복 안에 들어오고 있습니다. 당신에게도 하나님의 자녀로서 영혼이 잘됨 같이 범사가잘되고 강건하게 살기를 원하는 맘으로 이 책들을 권합니다.

그분의 책을 읽고 나도 이렇게 책을 쓰게 되었습니다. 책은 천년 동안 남고 가문의 영광입니다. 책은 나의 분신이 되어 내 대신전국과 세계를 다니며 전도하고 선교하고 상담하고 가르치고 제자 삼고 수많은 인생을 바꿉니다. 책 전도와 책 선교가 가장 긴급하고 중대한 일입니다. 책을 한 권 써내는 것은 내 대신 목숨 걸고 복음을 전하는 선교사 수천 명을 파송하는 것과 같습니다.

나는 지금 이 책을 보는 모든 영혼들이 하나님 앞으로 돌아오기를 소망합니다. 또한 모든 사람들이 하나님 앞에서 올바른 삶을 살고 성령을 체험하고 예수 이름으로 승리하기를 바랍니다.

당신도 책 전도와 책 선교에 동참하십시오.

악한 자가 나를 만지지도 못한다는 믿음을 가지라

당신은 세상 사람들과 섞여 일하고 있지 않습니까?

그렇게 일하다 보면 그들의 영향을 받게 되므로 항상 깨어 있어야 합니다. 요한1서 5장 19절에 "또 아는 것은 우리는 하나님께 속하고 온 세상은 악한 자 안에 처한 것이며……"라고 했습니다.

믿지 않는 사람들은 악한 자 안에 처해 있기에, 우리가 세상에 나가 믿지 않는 자와 더불어 살아갈 때 빛을 발해야 합니다. 그들 안에 세상의 영이 있다는 것을 알고 우리는 믿음 안에서 빛을 발하며 살아야 합니다. 성령님께서 "너는 세상의 빛이다"라고 하셨기에 나는 그렇게 믿고 살고 있습니다. 나는 세상의 빛입니다.

내 안에 태양보다 더 큰 빛이신 예수님이 가득합니다.

예수를 믿을 때 각종 박해로 인한 어려움이 닥칩니다. 그럴 때마다 하나님의 말씀을 붙잡고 믿음을 잃지 않고 이겨내야 합니다.

"하나님께로부터 난 자는 다 범죄하지 아니하는 줄을 우리가 아노라. 하나님께로부터 나신 자가 그를 지키시매 악한 자가 그를 만지지도 못하느니라"(요일 5:18)고 했습니다. 그렇습니다.

하나님이 당신을 지키시므로 악한 자가 손도 대지 못합니다.

모든 고통과 고난은 믿음으로 다 이겨낼 수 있습니다.

히브리서 5장 8절에 "그가 아들이시면서도 받으신 고난으로 순종함을 배웠다"고 했습니다. 예수님도 고난을 통하여 순종함을 배웠다 했으니 우리인들 어떻겠습니까? 고난을 받을 때 하나님의 말씀을 묵상하면 꿀송이보다 더 달게 느껴집니다. 당신도 고난을 받고 있다면 하나님의 말씀을 읽고 묵상하기 바랍니다.

고난이 오면 요셉처럼 하나님만 믿고 의지하라

당신은 고난이 오면 어떻게 합니까?

원망과 불평, 좌절과 낙심하지 않습니까?

나는 요셉처럼 하나님을 의지합니다. 나는 모든 것이 내 힘과 능으로 되지 못함을 하나님 앞에 정직하게 고백합니다. 그래서 내 안에 예수의 인격과 능력을 가지고 오인 성령님을 의지합니다.

하나님은 성령님을 내 안에 보내셔서 문제가 있을 때마다 기도하게 하시고 성령님의 인도하심을 따라 살아가게 하셨습니다. 이 세상천지는 변할지라도 성령님은 하나님의 뜻대로 살아가는 자를 보호하시고 축복하시고 믿음을 주시고 도우신다는 것을 믿습니다. "이와 같이 성령도 우리의 연약함을 도우시나니 우리는 마땅히 기도할 바를 알지 못하나 오직 성령이 말할 수 없는 탄식으로 우리를 위하여 친히 간구하시느니라"(롬 8:26)고 했습니다.

당신도 순간마다 성령님께 도움을 구하기 바랍니다.

투덜대지 말고 모든 일에 억만 번이나 감사하라

당신은 조금만 힘들어도 투덜대지 않습니까?

나는 기도할 때마다 하나님 앞에 감사를 많이 합니다.

먼저 나를 구원해 주심에 감사, 내게 믿음 주심에 감사, 성령을 주심에 감사, 건강을 주심에 감사, 응답을 주심에 감사, 나를 축복하심에 감사, 승리하게 하심에 감사 등 세어 보면 감사할 일이 너무나 많습니다. 당신도 받은 복을 세어보고 감사하십시오.

찬송가 429장에 "받은 복을 세어 보아라"는 가사가 나옵니다.

"세상 모든 풍파 너를 흔들어 약한 마음 낙심하게 될 때에 내려 주신 주의 복을 세어라. 주의 크신 복을 네가 알리라. 세상 근심 걱정 너를 누르고 십자가를 등에 지고 나갈 때 주가 네게 주신 복을 세어라. 두렴 없이 항상 찬송하리라. 세상 권세 너의 앞길 막을 때 주만 믿고 낙심하지 말아라. 천사들이 너를 보호하리니 염려 없이 앞만 보고 나가라. 받은 복을 세어 보아라. 크신 복을 네가 알리라. 받은 복을 세어 보아라. 주의 크신 복을 네가 알리라."

당신도 그동안 받은 복을 세어 보면 엄청 많을 것입니다.

없는 것 한두 가지를 놓고 원망하지 말고 받은 복을 세어 보며 억만 번이나 감사하십시오. 감사할 일이 정말 많습니다.

세상에 태어나지도 못하고 유산된 아기도 있는데 태어났으니 얼마나 감사합니까? 태어나도 병원에서 죽는 아기도 많은데 100일, 돌까지 잘 자랐으니 얼마나 감사합니까? 어릴 때 병으로 죽는 아이도 많은데 10세, 20세까지 컸으니 얼마나 감사합니까? 결혼도 못한 사람이 많은데 결혼했으니 얼마나 감사합니다. 아기를 못 낳는 사람도 많은데 아기를 낳았으니 얼마나 감사합니까?

그동안의 모든 것이 억만 번이나 감사할 뿐입니다.

"더러운 말과 어리석은 말과 상스러운 농담은 성도들에게 어울리지 않는다. 성도들은 감사에 찬 말을 해야 한다."(엡 5:4)

하루 종일 감사에 가득 찬 말만 하며 살기 바랍니다.

제발 투덜대는 것을 멈추십시오. 투덜대는 사람은 밑도 끝도 없이 억만 번이나 투덜댑니다. '투덜이'가 되지 말고 '감돌이'가 되십시오. 자나 깨나 먹으나 마시나 감사하십시오.

감사하는 사람은 모든 일에 억만 번이나 감사합니다.

하나님은 범사에 감사하라고 하셨습니다. "항상 기뻐하라. 쉬지 말고 기도하라. 범사에 감사하라. 이것이 그리스도 예수 안에서 너희를 향하신 하나님의 뜻이니라."(살전 5:16~18)

첫째, 슬퍼하지 말고 억만 번이나 기뻐하십시오.

둘째, 비난하지 말고 억만 번이나 기도하십시오.

셋째, 투덜대지 말고 억만 번이나 감사하십시오.

다시 말합니다. 억만 번이나 기뻐하고 억만 번이나 기도하고 억만 번이나 감사하십시오. 그러면 안 될 것 같지만 하나님이 모든 것을 합력하여 선을 이루십니다. "우리가 알거니와 하나님을 사랑하는 자 곧 그의 뜻대로 부르심을 입은 자들에게는 모든 것이 합력하여 선을 이루느니라"(롬 8:28)고 했습니다.

감사하면 당신의 삶에 매일 기적이 일어날 것입니다.

성령님과 함께 직장 생활을 하라

당신은 성령님과 함께 직장 생활을 하고 있습니까?

나는 매일 성령님과 함께 직장에서 맡겨진 일을 잘 감당하고 있습니다. 김해 강남요양병원으로 일터를 옮겼는데 집도 가깝고 새로 신축한 건물이라 깨끗합니다. 전에 있던 곳과는 환경적으로 비교가 되지 않을 정도로 좋아졌지만 일은 더욱 힘든 곳입니다.

내가 근무하는 곳은 6층인데 환자가 65명입니다.

낮 12시간은 요양사 3명이 근무하고 밤에는 2명이 합니다. 일부는 노는 날 들어가고 해서 근무자는 총 7명입니다. 치매 환자와 섞여 있다 보니 밤에는 심하게 발작하는 환자들을 대해야 합니다. 그런 경우 담대한 마음으로 제압하지 않으면 일하기 어렵습니다.

나는 성령 충만한 가운데 담대하게 말의 권세로 그분들을 제압하며 일합니다. 12시간씩 주야로 계속 돌아가고 급여가 작고 감당하기 힘들다 보니 일하려는 사람이 많지 않습니다. 하지만 나는 감사하며 일합니다. 육신의 생각을 초월해서 마음에 자유를 가지고 일합니다. 두려운 생각을 하나님의 말씀으로 바꾸며 담대하게 일합니다. 성령님과 함께 모든 역경을 잘 이기고 있습니다.

"주의 영이 계신 곳에는 자유가 있다"(고후 3:17)고 했으니 나는 나 자신의 환경과 문제에 매이지 않고 성령님과 함께 자유롭고 행복하게 일합니다. 사람에게 보이기 위해 일하지 않고 하나님 앞에서 하루하루 성실하게 일하며 승리의 삶을 살고 있습니다.

이 또한 하나님 앞에 억만 번이나 감사합니다.

믿음의 선한 싸움을 싸우라

당신은 믿음의 선한 싸움을 싸우고 있습니까?

나는 하나님의 택함 받은 자로서 피 흘리기까지 믿음의 선한 싸움을 싸우고 있습니다. 하나님 앞에서 영육 간에 "죽으면 죽으리라"는 믿음으로 내게 맡겨진 모든 일을 감당하며 살아갑니다.

사도 바울은 "나는 선한 싸움을 싸우고 나의 달려갈 길을 마치고 믿음을 지켰다"(딤후 4:7)고 고백했습니다. 그리고 믿음의 아들 디모데에게도 믿음의 선한 싸움을 싸우라고 했습니다. "믿음의 선한 싸움을 싸우라. 영생을 취하라. 이를 위하여 네가 부르심을 받았고 많은 증인 앞에서 선한 증언을 하였도다."(딤전 6:12)

우리가 이 땅에서 사는 동안에는 '믿음의 선한 싸움'을 계속 해야 합니다. 믿음의 선한 싸움은 무엇일까요? 기도하고 구한 것을 받았다고 믿고 그것이 나타날 때까지 의심과 싸우는 것입니다.

"기약이 이르면 하나님이 그의 나타나심을 보이신다"(딤전

6:12)고 했습니다. 기약이 이르면 하나님은 반드시 그의 나타나심을 보이십니다. 그러므로 하나님께만 소망을 두어야 합니다.

"기약이 이르면"이라는 말은 '하나님이 정한 때가 되면'이라는 뜻입니다. 모든 것이 성취되는 때와 기한은 하나님께 있습니다. 세상 모든 사람과 환경은 변하지만 하나님은 변하지 않으십니다. 그러므로 하나님만 바라보며 그분께만 소망을 두어야 합니다.

"하나님은 복되시고 유일하신 주권자이시며 만왕의 왕이시며 만주의 주시요 오직 그에게만 죽지 아니함이 있고 가까이 가지 못할 빛에 거하시고 어떤 사람도 보지 못하였고 또 볼 수 없는 이"(딤전 6:12~13)라고 했습니다. 그분이 우리와 함께 계십니다.

"그에게 존귀와 영원한 권능을 돌릴지어다. 아멘."

예수를 믿는다고 가정을 소홀히 하지 마라

당신은 예수를 믿는다고 가정을 소홀히 하지 않습니까?

나는 예수를 믿는다고 해서 가정을 소홀히 하지는 않습니다.

가정에도 최선을 다하고 자녀들에게도 최선을 다합니다. 모든 일을 기도와 믿음으로 최선을 다하고 그 이상은 하나님께 맡깁니다. 인생사가 인간의 힘으로 능으로 되지 않고 하나님의 능으로 된다고 했으니 나는 순간마다 하나님을 의지할 뿐입니다.

당신은 마음에 어떤 소원이 있습니까?

성령님은 내 마음에 소원을 두고 행하신다고 하셨습니다.

"너희 안에서 행하시는 이는 하나님이시니 자기의 기쁘신 뜻을 위하여 너희에게 소원을 두고 행하게 하시나니"(빌 2:13)라는 말씀대로 성령님은 내 마음에 소원을 두고 행하고 계십니다. 그동안 내 마음에 많은 소원을 주셨고 그것을 다 이루어 주셨습니다.

또한 성령님은 내게 소망 중에 즐거워하고 환난 중에 참고 항상 기도에 힘쓰라고 하셨습니다. "소망 중에 즐거워하며 환난 중에 참으며 기도에 항상 힘쓰며……."(롬 12:12)

어떻게 이것이 가능할까요? 성령님과 함께 일하면 됩니다.

성령님과 함께 일하면 소망 중에 즐거워하며 환난 중에 참으며 기도에 항상 힘쓸 수 있습니다. 나는 매일 그렇게 살고 있습니다.

"나의 성령님, 사랑합니다."

성령이 임한 사람은 권능도 함께 받았다

당신은 예수를 구주로 믿고 있습니까?

예수를 구주로 믿는 사람은 성령을 받았습니다.

성령이 임한 사람은 원자력적인 권능도 함께 받았습니다.

"오직 성령이 너희에게 임하시면 너희가 권능을 받고 예루살렘과 온 유대와 사마리아와 땅 끝까지 이르러 내 증인이 되리라 하시니라"(행 1:8)고 했는데 여기에 보면 "성령이 너희에게 임하시면 너희가 권능을 받고"라고 되어 있습니다. 성령이 임한 사람은 권능도 함께 받았다는 말씀입니다. 이해되십니까?

당신 안에 성령님이 강물처럼 가득히 계신다는 사실을 믿어야 합니다. 그리고 그분의 권능도 가득하다는 것을 믿으십시오.

나는 성령님과 함께 날마다 귀신을 쫓아 내고 새 방언을 말하고 병든 자에게 손을 얹습니다. 그렇게 손을 얹을 때 병 낫기를 위해 기도합니다. 그러면 하나님이 역사하십니다. 나는 믿음으로 의로워진 '의인'이므로 내 기도에 힘이 있다는 것을 압니다.

"믿음의 기도는 병든 자를 구원하리니 주께서 그를 일으키시리라. 혹시 죄를 범하였을지라도 사하심을 받으리라. 그러므로 너희 죄를 서로 고백하며 병이 낫기를 위하여 서로 기도하라. 의인의 간구는 역사하는 힘이 큼이니라."(약 5:15~16)

여기에 신유 기도의 비결이 담겨 있습니다.

첫째, "믿음의 기도는 병든 자를 구원하리니"라고 했습니다.

믿음의 기도가 무엇일까요? 기도하고 구한 것을 '받았다'고 믿는 것입니다. 소망의 기도는 받았다고 믿지 않고 '받을 줄'로 믿습니다. 소망의 기도에는 하나님이 역사하지 않습니다. 하나님은 믿음의 기도에만 역사하십니다. 그러므로 믿음의 기도를 해야 합니다. 시간과 공간을 초월해 성령 안에서 이미 나았다는 믿음으로 병든 사람에게 손을 얹어야 주님께서 역사하십니다.

"믿음의 기도는 병든 자를 구원하리니……."

누가 일으키십니까? 당신이 일으키는 것이 아닙니다.

"주께서 그를 일으키시리라"고 했습니다. 주님께서 일으키신다는 것을 조금도 의심하지 말고 믿어야 합니다. 당신이 믿음의 기도를 하면 주님께서 병든 그 사람을 치료하시고 일으키십니다.

둘째, "혹시 죄를 범하였을지라도 사하심을 받으리라"고 했습니다. 그러므로 죄와 상관없이 병든 자를 위해 믿음의 기도를 해야 합니다. 그 사람의 죄는 예수님이 십자가에서 다 짊어지고 피 흘려 죽으셨기 때문에 예수 이름으로 기도하면 병이 낫습니다.

셋째, "그러므로 너희 죄를 서로 고백하며 병이 낫기를 위하여 서로 기도하라. 의인의 간구는 역사하는 힘이 큼이니라"고 했습니다. 죄를 서로 고백하며 병이 낫기를 위하여 서로 기도하는 것이 하나님의 뜻입니다. 어떤 교회는 병이 낫기를 위해 서로 기도하는 것은 잘못되었다고 가르치는데 그건 사람의 생각입니다. 병이 낫기를 위해 서로 기도하는 것은 하나님이 기뻐하시는 일입니다.

넷째, "의인의 간구는 역사하는 힘이 큼이니라"고 했습니다.

율법의 행위로 의로워질 육체는 세상에 단 한 사람도 없습니다. 더 많은 기도와 금식, 고행과 도를 닦음, 훈련과 프로그램으로 의로워지는 것이 아닙니다. 오직 예수 그리스도를 믿음으로 의로워집니다. 나는 예수를 믿고 있으므로 그리스도 안에서 의인입니다. 의인의 간구는 역사하는 힘이 크다고 했으니 내가 기도할 때마다 주님께서 크게 역사하십니다. 당신도 그렇습니다.

나는 어떤 일이 생기면 항상 하나님을 먼저 생각한다

당신은 어떤 일이 생기면 무엇을 먼저 생각합니까?
문제가 생기면 사람, 사건, 사물 등 많이 것이 떠오릅니다.

하지만 거기에는 문제 해결책이 없습니다. 어떻게 해야 할까요? 어떤 일이 생기면 항상 하나님을 먼저 생각해야 합니다.

나는 항상 하나님을 먼저 생각합니다. 먼저 성령님께 묻고 그분이 내게 주신 말씀을 떠올립니다. 내 생각과 감정을 버리고 하나님의 말씀에 사로잡혀 그 말씀으로 내 생각과 감정, 내가 겪는 모든 문제를 다스립니다. 그 말씀을 붙들고 기도하고 꿈꿉니다.

그러면 얼마 있지 않아 기적적으로 모든 문제가 해결됩니다.

내 안에 가득히 계신 성령님이 이 모든 것을 하게 하십니다.

내 안에 가득히 계신 성령님은 인격적으로 나를 인도하십니다.

나는 하나님의 자녀로서 권세를 가지고 살아갑니다. 하나님의 자녀답게 모든 것을 명령하며 다스립니다. 나는 하나님의 종으로서 사람의 말이 아닌 하나님의 말씀을 따라 삽니다. 순간마다 하나님께 기도하며 믿음으로 세상과 환경을 정복하며 살아갑니다.

나는 이 책을 보는 모든 영혼들이 먼저 하나님 앞에 무릎 꿇고 살아 계신 예수 그리스도를 체험하게 되기를 바랍니다.

그리고 우리의 생각과 하나님의 생각이 다르다는 것을 알고 우리의 얕은 생각을 내려놓아야 합니다. 우리의 얕은 생각을 감히 하나님의 생각인 하나님의 말씀에 비교할 수 없습니다. 오직 하나님 말씀에 붙들려 믿음으로 살아가야 합니다.

나는 당신이 하나님의 말씀에 붙들린 사람이 되기를 간절히 바라는 마음으로 이 책을 씁니다. 당신이 하나님 앞에 믿음으로 바로 설 때 하나님께서 당신에게 백배의 복을 주십니다.

당신은 예수를 구주로 영접했습니까? 그렇다면 하나님의 자녀가 되었습니다. "영접하는 자 곧 그 이름을 믿는 자들에게는 하나님의 자녀가 되는 권세를 주셨으니 이는 혈통으로나 육정으로나 사람의 뜻으로 나지 아니하고 오직 하나님께로부터 난 자들이니라"(요 1:12~13)고 했습니다. 하나님께로서 난 하나님의 자녀는 혈통의 뜻과 육정의 뜻과 사람의 뜻을 따라 살지 말아야 합니다. 그런 작은 뜻을 과감히 포기하고 더 큰 뜻인 하나님의 말씀을 따라 살아야 합니다. 살든지 죽든지 성령님의 인도하심을 따라 살아야 합니다. 그래야 이 땅에서도 백배의 복을 받습니다.

성령님의 인도를 따라 산 이삭은 농사를 지어 백배를 얻었습니다. "이삭이 그 땅에서 농사하여 그 해에 백배나 얻었고 여호와께서 복을 주시므로 그 사람이 창대하고 왕성하여 마침내 거부가 되어 양과 소가 떼를 이루고 종이 심히 많아졌다."(창 26:12~14)

이 책을 읽는 당신도 반드시 백배의 복을 받게 될 것입니다.

백배의 복을 기대하십시오. 어떻게 하면 될까요?

"베드로가 여짜와 이르되 보소서 우리가 모든 것을 버리고 주를 따랐나이다. 예수께서 이르시되 내가 진실로 너희에게 이르노니 나와 복음을 위하여 집이나 형제나 자매나 어머니나 아버지나 자식이나 전토를 버린 자는 현세에 있어 집과 형제와 자매와 어머니와 자식과 전토를 백배나 받되 박해를 겸하여 받고 내세에 영생을 받지 못할 자가 없느니라."(막 10:28~30)

첫째, 예수님과 및 복음을 위하여 살아야 합니다.

둘째, 예수님과 및 복음을 위하여 집이나 형제나 자매나 어머니나 아버지나 자식이나 전토를 버린 자는 현세에 있어 집과 형제와 자매와 어머니와 자식과 전토를 백배나 받는다는 사실을 인정하고 믿어야 합니다. 죽어서가 아닌 현세에 백배를 받습니다.

셋째, 시기하는 자들로부터 박해를 받는다는 것을 알아야 합니다. 이삭도 복을 받았기 때문에 박해를 겸하여 받았습니다.

"이삭이 그 땅에서 농사하여 그 해에 백배나 얻었고 여호와께서 복을 주시므로 그 사람이 창대하고 왕성하여 마침내 거부가 되어 양과 소가 떼를 이루고 종이 심히 많으므로 블레셋 사람이 그를 시기하여 그 아버지 아브라함 때에 그 아버지의 종들이 판 모든 우물을 막고 흙으로 메웠더라. 아비멜렉이 이삭에게 이르되 네가 우리보다 크게 강성한즉 우리를 떠나라. 이삭이 그 곳을 떠나 그랄 골짜기에 장막을 치고 거기 거류하며……."(창 26:12~17)

박해를 받더라도 현세에 백배의 복을 받아야 합니다.

넷째, 내세에 영생을 받지 못할 자가 없다고 했습니다.

현세에서 백배의 복을 받아 누린다고 죽어서 지옥에 가는 것이 아닙니다. 어떤 이는 "이 땅에서 다 받아 누리면 천국에 가서 하나도 못 누린다. 이 땅에서 가난하고 병들고 고생해야 천국에 가서 이 땅에서 못 누렸던 복을 받아 누린다"고 말하는데 그렇지 않습니다. 이 땅에서도 백배의 복을 받고 내세에도 영생을 얻습니다. 하나님의 뜻은 한 가지가 아닌 두 가지입니다.

우리는 순교자의 신앙을 가지고 피 흘리기까지 죄와 싸우고 예수를 바라보며 믿음의 선한 싸움을 계속 싸워야 합니다. "믿음의 주요 또 온전하게 하시는 이인 예수를 바라보자. 너희가 죄와 싸우되 아직 피 흘리기까지는 대항하지 아니하고……."(히 12:2~4)

그럴 때 당신을 통해 당신의 가정이 온전히 주님께로 돌아오고 또 세상의 많은 영혼들이 하나님 앞에 돌아오게 될 것입니다.

　당신의 믿음을 통해 자손 천대까지 하나님의 축복과 구원을 받게 될 것입니다. 그렇게 되었다고 믿고 기도하는 마음으로 이 글을 마칩니다. 하나님, 감사합니다.

음성을 따라 살면 백배의 복을 받는다

성령님의 음성 한 마디는 10억보다 귀하다

당신은 365일 뜨거운 아메리카노를 마십니까?

나는 365일 뜨거운 아메리카노를 마십니다. 이렇게 여름에도 뜨거운 아메리카노를 마신지 12년이나 되어 갑니다.

얼마 전 하나님께서 내게 '절약 대통령'이라는 이름을 주셨습니다. 절약에 있어 전 세계 사람들의 롤모델로 세우신 것입니다.

나는 365일 거의 매일 텀블러를 들고 카페에 갑니다.

나는 성령님의 음성을 듣고 내게 주신 돈을 씁니다. 텀블러를 가져가면 500원 할인을 받습니다. 또한 나만의 텀블러로 먹기 때문에 위생적입니다. 내가 돈을 쓰는 게 아닙니다. 나를 통해 내 안에 살아 계신 성령님께서 돈을 쓰십니다.

추운 겨울에는 워밍(warming, 따뜻하게 하기)을 좀 더 오래 해달라고 직원에게 부탁합니다. 예전에 부탁을 안했더니 겨울이라 미지근했습니다. 그래서 다시 직원에게 음료를 부탁했습니다.

"미지근하네요. 뜨겁게 다시 부탁합니다."

무료로 다시 해줬습니다. 나는 아주 뜨거운 아메리카노를 좋아합니다. 성령님을 향한 나의 사랑도 마찬가지입니다. 나는 아주 뜨겁게 성령님을 사랑합니다. 온전한 복음을 깨닫고 12년 동안 성령님을 향한 뜨거운 사랑이 한결같습니다. 얼마 전에 김열방 목사님께서 주일 예배 시간에 이렇게 말씀하셨습니다.

"자기 자리를 지키고 있는 사람은 복된 사람입니다."

그 순간 성령님께서 내게 하신 말씀이라고 하셨습니다. 나는 그동안 많은 연단을 받았지만 내 자리를 굳게 지켰습니다. 주위에 나보다 물질의 복을 더 빨리 더 많이 받은 사람들이 있었습니다. 하지만 나는 그분들과 나를 비교하지 않았습니다. 나는 하나님께 "그분들에게 더 많은 복을 주세요"라고 축복했습니다. 그리고 나는 오직 하나님의 얼굴만 바라보고 내 자리를 지켰습니다.

나는 내 주위에 있는 사람들이 나보다 복을 더 빨리 받았다고 시기 질투하지 않습니다. 오히려 더 많이 주시라고 마음을 다해 간절히 기도합니다. 내가 기도하는 것이 아닙니다. 내 안에 살아 계신 주님이 나를 통해 기도하시는 것입니다. 이런 내게 하나님께서 주의 종인 김열방 목사님을 통해 칭찬하신 것입니다.

당신도 주위 사람과 비교하지 말고 그들을 축복하십시오.

"먼저 된 자가 나중 되고 나중 된 자가 먼저 된다"는 말씀처럼 하나님의 복이 내게도 많이 임했습니다. 나는 역대 사람들 중에 가장 큰 복을 받았습니다. 그것이 무엇일까요? 하나님의 음성입니다. 인생을 사는데 돈이 소중하지만 그것이 다가 아닙니다. "사람이 떡으로만 사는 것이 아니라 하나님의 입에서 나오는 모든 말씀으로 산다"고 했습니다. 돈보다 하나님의 음성이 더 큰 재산입니다. 나는 역대 사람들 중에 하나님의 음성을 가장 잘 듣는 사람이 되었습니다. 하나님의 음성은 돈보다 빌딩보다 땅보다 억만 배나 더 크고 귀한 재산입니다. 하나님의 음성 한 마디는 1억, 10억보다 더 귀합니다. 사실 하나님의 음성이 가장 큰 재산입니다.

돈이나 땅, 빌딩보다 하나님의 음성을 더 사모하십시오.

나의 미래를 다 아시는 하나님께서 얼마 전에 내게 '돈 대통령'이라는 이름을 주셨습니다. 하나님이 맡기신 돈에 대한 청지기라는 뜻입니다. 나는 지금까지 내게 주신 모든 돈을 나의 돈이 아닌 주님의 돈으로 인정하고 살았습니다. 성령님께 십 원짜리 하나도 다 묻고 썼습니다. 봉투 하나 살 때도 묻고 썼습니다. 사라고 하시면 사고 사지 말라고 하시면 안 샀습니다. 나의 자아가 그리스도 안에서 완전히 죽었고 만물의 주인님이신 하나님이 내 안에 실제로 살아 계시기 때문에 그렇게 사는 것이 당연합니다.

하나님은 나의 주인님이시고 나는 그분의 종입니다.

나는 다른 것에는 돈을 아끼지만 자기 계발을 위해서는 돈을 아끼지 않고 투자합니다. 나는 매일 성령님과 함께 카페에 가서 책을 읽고 생각하며 깨달음을 얻습니다. 돈이 없을 때나 돈이 많을 때나 나는 오직 주님만 뜨겁게 사랑했습니다. 주님이 나를 이렇게 만드셨습니다. 주님께 맡긴 내 삶은 참으로 복된 삶입니다.

주님께 자신을 맡긴 사람은 어떤 복을 받을까요?

첫째, 내가 할 게 하나도 없습니다. 복의 근원이신 주님이 다 하시기 때문입니다. 나는 영원히 복 받은 자의 삶을 삽니다.

둘째, 내 삶이 너무나 평온합니다. 평온한 중에 모든 꿈과 소원이 이루어지고 모든 복을 다 받아 누리는 최고의 삶을 삽니다.

셋째, 나는 온전한 복음을 누리고 전하기 위해 하나님께 택함을 받았습니다. 지옥같이 살던 나를 찾아오신 주님께 매일 뜨거운 눈물을 흘리며 억만 번이나 감사합니다. 온전한 복음 앞에 엎드리고 또 엎드립니다. 내게 엄청난 복을 주시려고 온전한 복음을 깨닫게 해주신 주님께 모든 영광을 돌립니다.

온전한 복음을 깨닫고 내 인생을 완전히 주님께 맡겼더니 복된 삶으로 바뀌었습니다. 당신은 하나님께 이런 큰 선물을 받았습니까? 이 책을 읽고 예수를 구주로 믿으십시오. 그러면 당신에게도 하나님의 큰 복이 임합니다. 천국같이 살다가 천국으로 갑시다.

성령님의 음성 한 마디는 100억보다 귀하다

당신은 성령님과 함께 행복한 추억을 남기고 있습니까?

나는 성령님을 만남으로 매일 행복한 추억만 잔뜩 남기고 있습니다. 〈아름다운 여인이여〉라는 내가 쓴 시집에 성령님을 만남으로 행복해진 내 삶을 자세히 남겼습니다. 꼭 읽어보십시오.

나는 내 책에 성령님을 만남으로 인해 행복해진 삶의 내용을 많이 남기고 있습니다. 아직 출간되지 않는 글과 시가 엄청나게 많습니다. 한 권씩 계속 출간되고 있습니다.

하루는 성령님께서 내가 쓴 책 〈생각하라, 그러면 억만장자가 되리라〉에 내가 원하는 꿈과 소원을 다 적으라고 하셨습니다. 나는 평생 천 권의 책을 출간했다는 믿음의 꿈을 적었습니다.

"평생 시집 500권과 단권 500권을 출간했음."

그만큼 내 인생에는 행복한 추억이 많다는 말입니다. 왜 그럴까요? 온전한 복음을 깨닫고 내 인생이 바뀌었기 때문입니다.

사실 온전한 복음을 깨닫기 전에는 행복했던 추억이 없습니다.

2년 전에 하나님께서 내게 충격적인 말씀을 하셨습니다.

"태어나서 나를 만나기 전까지는 네가 행복했던 날이 다섯 손가락 안에 든다. 그 정도로 너는 불행했다."

나는 그때 엄청난 충격을 받고 생각했습니다. '정말 30년 동안 행복했던 날이 다섯 손가락에 들 정도밖에 없었던가?'

그런 내가 지금은 완전히 달라졌습니다. 매일 성령님과 행복한 추억을 만들며 삽니다. 전 세계 사람들 중에 가장 행복한 사람이 되었습니다. '만나고 싶은 행복한 사람 1순위'가 되었습니다.

나는 온전한 복음을 깨닫고 즉시 내 안에 계신 성령님과 대화를 나눴습니다. 나는 일방적으로 성령님께 많은 말을 했습니다. 그러던 어느 날부터 성령님께서 나보다 더 많은 말씀을 하기 시작하셨습니다. 이제는 시냇물처럼 줄줄 서로 대화를 주고받습니다.

성령님의 음성은 내게 있어 가장 큰 행복입니다.

나는 성령님과 단 둘이 있는 걸 억만 번이나 좋아합니다.

온전한 복음을 깨닫고 즉시 그랬습니다. 세상에서 가장 외로움이 많던 내가 성령님을 만남으로 즉시 외로움과 이별했습니다.

이미 하나님은 다 알고 계셨습니다. 하나님은 나의 과거와 현재와 미래를 다 아시는 전지전능한 분이십니다. 성령님께서 때가 차매 나를 찾아오신 것입니다. 나는 이제 목마름이 전혀 없습니다. 성령님을 만나기 전에 내가 가장 원한 건 외로움을 해결하는 것이었습니다. 성령님이 오시므로 외로움이 다 해결되었습니다. 내 배에서 생수가 흘러나오니 다른 것들은 다 티끌 같습니다.

나는 오직 성령님만으로 영원히 행복합니다.

성령님께서 내게 종종 말씀하십니다.

"내가 너를 만든 것이다."

성령님은 내가 온전한 복음을 깨달으면 완전히 미칠 걸 이미 아셨습니다. 예수님께만 영원히 미쳐 살 것을 아셨습니다.

나는 하나님의 작업하심에 나를 완전히 맡겼습니다.

3년 전, 하나님은 가끔 나 자신에 대한 정죄로 인해 고통스러워할 때 충격적인 한 마디로 내가 정신을 차릴 줄도 이미 아셨습니다. 그분이 내게 말씀하셨습니다. "네 얼굴 꼴도 보기 싫다."

그 후에 나 자신에 대한 정죄를 완전히 끊게 되었습니다.

모두가 주님의 은혜입니다. 그 날 이후로 나는 매일매일 웃었습니다. 매일매일 억만 번이나 행복하게 웃었습니다. 매일매일 억만 번이나 감사하며 웃었습니다. 매일매일 기뻐 뛰었습니다.

이제는 아예 습관이 되어 영원히 감사와 행복과 기쁨의 눈물만 흘리고 있습니다. 나는 매일 성령님과 함께 춤추며 삽니다.

"하나님 아빠, 억만 번이나 감사해요. 내 목마름의 해결자, 내 가슴의 주인님, 내 마음의 주인님, 주님만 생각하면 감사해서 뜨거운 눈물만 나옵니다. 주님, 사랑합니다. 영원히……."

나는 천국 가는 날까지 성령님과 함께 행복한 추억을 남기게 되었습니다. 어떻게 이런 기적이 가능했을까요?

첫째, 나의 자아가 완전히 죽었기 때문입니다.

자아가 죽은 사람은 천국같이 행복하게 살게 됩니다.

둘째, 성령님이 나의 행복이기 때문입니다.

셋째, 성령님의 음성이 가장 큰 행복입니다.

내 인생을 바꾸는 성령님의 음성은 돈으로 바꿀 수 없는 귀한 것입니다. 성령님의 음성 한 마디는 100억보다 귀한 재산입니다.

성령님과 주고받는 대화 속에 행복한 추억만 남습니다.

나는 3대째 불신자 집안에 태어나 30년 동안 성령을 몰랐습니다. 하지만 하나님의 은혜로 성령님을 만났고 역대 사람들 중에 하나님의 음성을 가장 잘 듣는 사람이 되었습니다.

당신도 성령님의 음성을 뜨겁게 사모하십시오.

성령님의 음성을 가장 큰 재산으로 여기십시오.

비교를 전혀 하지 않는 왕이 된 이야기

당신은 다른 사람과 자신을 비교하지 않습니까?

나는 영원히 비교하지 않기로 결심했습니다. 하나님이 가장 싫어하시는 것은 '남과 비교하는 것'입니다. 비교하면 좌절하고 낙심하게 됩니다. 비교하면 불행해지고 비참해집니다. 비교하면 정죄하고 책망하게 됩니다. 비교하면 원망하고 불평하게 됩니다.

얼마 전 하나님께서 내게 '비교를 전혀 하지 않는 왕'이라는 이름을 주셨습니다. 그것이 지금의 내 삶이라고 하셨습니다.

예수님을 믿는 사람은 누구나 왕 같은 제사장입니다. 그의 택한 백성입니다. 우리 안에 만왕의 왕이신 예수님이 살아 계십니다. 우리는 세상에서 왕 노릇해야 합니다. "은혜와 의의 선물을 넘치게 받은 자들은 한 분 그리스도를 통하여 생명 안에서 왕 노릇하리로다. 그들은 땅에서 왕 노릇하리로다."(롬5:17, 계 5:10)

당신은 그리스도 안에서 모든 것을 다스리는 왕입니다.

나는 세상에 부러운 사람이 전혀 없습니다. 그건 바로 나의 자아가 완전히 죽고 내 안에 주님만 살아 계시기 때문입니다.

나는 어릴 때부터 가까운 주위 사람과 비교를 당했습니다.

30년 동안 그랬습니다. 하지만 나는 비교 대상인 그 사람을 항상 사랑했습니다. 더 주고 싶은 마음만 있었습니다.

그런 내가 왜 불행했을까요? 나 자신을 정죄했기 때문입니다.

남에 대한 시기와 질투와 미움은 없었지만 나 자신에 대한 정죄로 인해 지옥 같이 불행한 삶을 살았던 것입니다. 그런 내게 성령님이 찾아 오셨습니다. 나는 범사에 내 안에 살아 계신 성령님만 인정했습니다. 내가 뭘 한다고 설친 적이 없습니다. 그러자 성령님께서 나 자신에 대한 정죄를 영원히 끊게 해주셨습니다.

"그러므로 이제 그리스도 예수 안에 있는 자에게는 결코 정죄함이 없나니 이는 그리스도 예수 안에 있는 생명의 성령의 법이 죄와 사망의 법에서 너를 해방하였음이라"(롬 8:1~2)는 말씀처럼 그리스도 예수 안에 있는 자에게는 결코 정죄함이 없습니다.

왜 자꾸 자신을 정죄하게 될까요? 남과 비교하기 때문입니다.

'하나님 앞에 단독자'로 살면 비교하지 않게 됩니다. 하나님이 가장 싫어하는 게 비교입니다. 나는 이제 남과 비교하지 않고 나 자신을 있는 그대로 억만 번이나 사랑합니다. 하나님께서 얼마 전에 내게 '존귀한 대통령'이라는 이름을 주셨습니다. 존귀하게 사는 것에 있어 전 세계 사람들의 롤모델로 세우셨습니다.

자존감이 높은 사람은 다른 사람과 비교하지 않습니다.

오직 존귀하신 주님만 사랑하기 때문입니다. 그리고 자기 자신을 그리스도 안에서 존귀한 사람으로 생각하기 때문입니다.

존귀한 여인이여

너는 내가
만든 걸작 중 걸작
최고 중에 최고

그건 바로
네가 네 안에 살아 있는
나만 인정하고 살기 때문

자아가 완전히 죽어
펄펄 날리는 먼지처럼
다 타 버린 재처럼 훨훨 날지
성령의 바람을 타고

존귀한 여인이여
네 안에 나만 살아 있다

나는 내 안에 살아 계신 주님만 영원히 인정하고 존중합니다.
주님을 인정하는 나의 삶은 어떤 걸까요?
첫째, 나는 12년 동안 이렇게 살았습니다.
나는 이런 삶이 억만 번이나 좋습니다.
둘째, 주님께서 나를 이렇게 살도록 만드셨습니다.
그분이 내가 모든 일에 주님만 인정하고 살도록 내 마음과 생
각을 만지셨습니다. 내게서 난 것은 하나도 없습니다.
셋째, 온전한 복음을 깨닫고 12년 동안 주님이 다 하셨습니다.
나는 주님께서 들려주시는 음성을 따라 모든 일을 했습니다.
지금까지 내가 한 것이 하나도 없습니다.
당신도 주님을 인정하고 존중하십시오.
"너는 범사에 그를 인정하라."(잠 3:6)

나는 투덜대지 않고 감사하는 감사 대통령이다

당신은 주님께 사랑받고 사는 걸 억만 번이나 감사합니까?

나는 주님께 사랑받고 사는 걸 억만 번이나 감사합니다. 그래서 뜨거운 눈물을 흘리며 날마다 주님께 사랑을 고백합니다.

"쓰레기같이 취급하던 저를 사랑해 주셔서 억만 번이나 감사합니다. 육체의 남편과 비교할 수도 없는 한없는 당신의 사랑에 억만 번이나 감사합니다. 당신을 영원히 사랑합니다."

나는 매일 내 앞에 서 계신 주님께 이렇게 말합니다.

"당신이 나의 남편인 게 억만 번이나 자랑스럽습니다. 당신은 억만 번이나 황홀한 분입니다."

나는 하루 종일 주님께만 푹 빠져 삽니다.

내 인생은 주님 때문에 영원히 행복합니다.

온전한 복음을 깨닫고 나는 하나님께 완전히 미쳤습니다.

"아, 내 안에 하나님 아빠가 살아 계신다. 행복해."

하나님은 나의 삶속에 한없는 사랑을 나타내 보이십니다.

세상에 태어나 하나님의 사랑을 받고 살게 된 것이 얼마나 놀라운 은혜인지요. 억만 번이나 감사할 뿐입니다. 하나님은 사랑이십니다. 그분은 온 천지 만물을 한없이 사랑하십니다. 하지만 나는 이 사실을 30세까지 몰랐습니다. 온전한 복음을 깨닫고 나서야 하나님의 한없는 사랑을 깨닫고 받아들이게 되었습니다.

예수님이 육체를 입고 이 땅에 오신 나의 하나님 아빠란 걸 알게 되었습니다. 지금은 그분이 내 안에 영으로 살아 계십니다.

나는 하나님 아빠가 억만 번이나 좋아 미쳤습니다.

"나의 아빠가 나를 위해 십자가에서 죽으신 예수님이구나. 아빠. 사랑해요."

나는 하나님 아빠를 한없이 사랑하게 되었습니다. 그래서 시키는 모든 일에 즐겨 순종하기로 마음먹었습니다. 또 죽도록 충성하기로 맹세했습니다. 나의 하나님 아빠가 온전한 복음을 깨닫고 행복한 나를 통해 몇 달 만에 엄마와 오빠, 친척들을 전도하게 하셨고 그들이 예수님을 구주로 영접했습니다. 나는 엄마를 구원해 주신 하나님 아빠의 은혜가 억만 번이나 감사했습니다. 그래서 뜨거운 눈물을 펑펑 흘리며 이렇게 고백했습니다.

"아빠, 죽도록 충성할게요. 감사합니다."

지금도 그때를 생각하면 뜨거운 눈물이 내 눈가에 고입니다.

얼마 전 하나님께서 내게 '항쉬범 대통령'이라는 이름을 주셨습니다. 전 세계 사람들의 항쉬범 롤모델로 세우셨습니다. 항쉬범이 뭐냐고요? '항상 기뻐하고 쉬지 않고 기도하고 범사에 감사한다'는 말을 줄인 것입니다. 주님께서 내게 말씀하셨습니다.

"너는 항상 기뻐한다. 쉬지 않고 기도한다. 범사에 감사한다. 항상 기뻐하고 쉬지 않고 기도하고 범사에 감사하는 사람들이 많지만 너는 그들 중에서도 최고다. 잘하고 있다."

나는 항쉬범 대통령이 되었습니다.

항쉬범 대통령의 삶은 어떤 것일까요?

첫째, 나는 내게 일어나는 모든 일에 대해 항상 기뻐합니다. 좋은 일이든 나쁜 일이든 주님의 얼굴만 보고 항상 기뻐합니다.

둘째, 나는 쉬지 않고 기도합니다.

기도는 하나님과의 대화입니다. 나는 눈뜰 때부터 잠들 때까지 하나님과 대화합니다. 나는 쉬지 않고 하나님과 대화합니다.

나는 역대 사람 중에 하나님의 음성을 가장 잘 듣는 사람이고 역대 사람 중에 하나님께 가장 말을 많이 하는 사람입니다.

셋째, 나는 범사에 감사합니다.

나는 내게 일어나는 모든 일에 대해 감사합니다. 인생을 억만 번이나 감사함으로 즐깁니다. 투덜대지 않고 감사합니다.

나는 감사하기 위해 태어난 사람이다

당신은 불편을 뛰어넘어 억만 번이나 감사를 찾습니까?

나는 불편을 뛰어넘어 억만 번이나 감사를 찾아서 감사합니다.

때론 생활에 불편함이 있어도 억만 번이나 감사하며 기뻐 뛰며 춤을 춥니다. 나의 지난 삶은 칠흑같이 어둡고 힘든 삶이었습니다. 나는 어둠이 가득한 삶을 산 대표적인 인물이었습니다. 나 자신에 대한 정죄를 30년 동안 거의 매일 하다시피 했습니다. 그런 내게 성령님이 찾아 오셨습니다. 성령님은 나 자신에 대한 정죄를 끊게 해주신 한없이 사랑이 많으신 분입니다. 그 누구도 할 수 없는 일을 내 안에 실제로 살아 계신 성령님께서 하셨습니다.

온전한 복음을 깨닫고 나는 완전히 변화되었습니다.

첫째, 나는 감사 대통령이 되었습니다.

몇 년 전에 하나님께서 내게 남편이 사업에서 진 빚을 다 처리하고 잠실로 이사하라고 하셨습니다. 집 얻을 돈을 성령님의 음성에 따라 지인들에게 부탁했지만 아무도 도와주지 않았습니다. 이삿짐 내릴 돈도 없이 아침에 무작정 이삿짐을 실었고 부천을 떠나 잠실로 왔습니다. 주님의 손길만 기다려야 했습니다.

하나님께서 쓰러져 가는 두 개짜리 지하방을 주셨습니다.

밤 11시쯤에야 겨우 짐을 내렸습니다. 잠실에 도착해서 짐을 내릴 때까지 이삿짐 직원과 사장의 핀잔에 피가 마를 정도였습니다. 그들은 "도대체 짐을 어디다 내려요?"라며 다그쳤습니다.

나는 그때 주님께 불만 불평 한 마디 하지 않았습니다. 내 마음에 '이미 하나님께서 돈을 주셨어'라고 믿었기 때문입니다.

나는 쓰러져 가는 지하방에서도 감사를 찾았습니다. 찢어지게 가난한 집안에 태어났었지만 이렇게 힘들게 살기는 처음이라는 생각이 들었습니다. 화장실이 밖에 있었습니다. 샤워도 밖에 있는 화장실에서 해야 했습니다. 추운 겨울 창문 사이로 매서운 바람이 숭숭 들어왔습니다. 샤워하면서 추워서 운 것은 처음이었습니다. 너무너무 추워 바닥에 쪼그리고 앉아 울었습니다. 우리 가족은 매일 샤워하는 습관이 있어서 추워도 샤워해야 했습니다.

밖에 둔 세탁기가 얼어서 작동을 안했습니다. 밖에서 빨래하고 난 후에 짜는 건 주인집에 부탁했습니다. 한번은 해 주더니 그 다음엔 눈치를 줬습니다. 못된 주인이 아니라 착한 주인을 만나 한 번이라도 세탁기를 쓰게 해준 게 억만 번이나 감사했습니다.

성령님께서 남편에게 빨래방에 다녀오도록 부탁하라고 하셨습니다. 그래서 일주일에 한 번 빨래방에 맡겼습니다. 내가 감사하며 사니 성령님께서 6개월 만에 일층으로 이사하게 하셨습니다.

세탁기 때문에 힘들었던 일이 참 많았습니다. 다시 이사한 집에서 세탁기가 겨울에 고장 났습니다. 두꺼운 파카를 빨고 소쿠리에 널어 말렸습니다. 빨래할 때마다 한 아이와 빨래 양쪽 끝을 잡고 돌리며 짰습니다. 그때는 성령님께서 세탁기를 고치라는 말씀을 하지 않으셨고 빨래방에 맡기라고 하지도 않으셨습니다.

나는 그때도 감사했습니다. 그랬더니 아예 다 말려서 나오는 드럼 세탁기를 주셨습니다. 또 세계적인 전자 회사를 인수하라는 꿈을 주셨습니다. 그걸로 끝이 아닙니다. 5년 지난 뒤 또 세탁기 때문에 고생했습니다. 일주일간 세탁기를 못 쓰게 되어 힘들었는데 일주일 더 세탁기를 못 쓰게 되었습니다. 부품이 고장 났기 때문입니다. 나는 그때 기뻐 뛰며 춤을 췄습니다. 억만 번이나 감사했습니다. 한 아이씩 데리고 빨래방에 함께 갔습니다. 그 시간은 내 평생 잊지 못할 억만 번이나 행복한 추억의 시간이었습니다.

나는 세계적인 전자회사 사장이 된 사람처럼 생각했습니다.

'습기에 강한 세탁기를 만들자.'

'밖에 두어도 얼지 않는 세탁기를 만들자.'

나는 오히려 내게 많은 깨달음을 주신 하나님께 억만 번이나 감사했습니다. 세탁기를 통해 아이들과 더 많은 시간을 보내게 해주신 것도 억만 번이나 감사했습니다. 당신도 감사하십시오.

둘째, 나는 행복 대통령이 되었습니다.

어둠만 가득하던 내 삶이 빛이 가득한 삶이 되었습니다. 내 안에 살아 계신 주님으로 인해 억만 번이나 행복한 삶을 살게 되었습니다. 전 세계 사람 중에 가장 행복한 사람이 되었습니다.

얼마 전 하나님께서 내게 '행복 대통령'이라는 이름을 주셨습니다. 나를 전 세계 사람들의 롤모델로 세우셨습니다.

내 안에 행복의 근원이신 성령님이 나를 통해 나타나십니다.

내 얼굴은 행복 자체입니다. 자아가 완전히 죽은 자는 영원히 행복한 얼굴로 천국같이 살다가 천국에 갑니다.

"나를 만드신 주님의 능력에 억만 번이나 감사드립니다. 모든 영광을 주님께 드립니다."

영원히 내가 사랑하는 온전한 복음

당신은 누군가의 희망입니까?

나는 전 세계 사람들의 희망입니다.

희망이란? '어떤 일을 이루거나 하기 바란다'는 뜻입니다.

얼마 전에 하나님께서 내게 '희망 대통령'이라는 이름을 주셨습니다. 나를 전 세계 사람들의 롤모델로 세우셨습니다.

나는 전 세계 사람들에게 꿈과 희망을 주는 사람입니다.

내가 쓴 시집 〈아름다운 여인이여〉의 프로필 소개에도 이렇게 쓰여 있습니다. "그는 마음의 행복과 여유로움을 만끽하면서도 세상 모든 사람에게 커다란 꿈과 희망을 불어넣는 아주 역동적인 시인이자 동기부여가다." 그렇습니다. 내 인생은 바뀌었습니다.

나는 공부를 못했습니다. 반에서 꼴찌에서 2등 했던 나였습니다. 3대째 불신자 집안에서 태어나 성령도 몰랐습니다. 가난으로

생을 마감할 나였습니다. 외모에 대한 자신감은 바닥이었습니다.

날마다 나 자신에 대한 정죄로 인해 미칠 정도였습니다.

그런 내게 하나님이 찾아오셨습니다.

"넌 의인이야. 나는 너를 정죄하지 않는다."

"넌 천재야. 네 안에 지혜가 가득하다."

"넌 예쁘고 부요해. 생수의 강이 흐르고 있다."

"넌 당당하고 자신감이 넘쳐. 잘하고 있다."

"넌 성경을 꿰뚫고 있어. 성경에서 나만 본다."

하나님의 음성이 내게 희망이었습니다. 나는 하나님의 말씀을 들을 때 한 치의 의심도 하지 않았습니다. 하나님의 음성이 다 믿어졌습니다. 이 모든 것이 내게 믿음을 주신 하나님의 은혜입니다. 믿음은 하나님의 선물입니다. 당신도 믿으십시오.

온전한 복음을 깨닫기 전에 나는 주위 사람들에게 절망만 주던 자였습니다. 이런 내가 전 세계 사람들에게 희망을 주는 사람이 되었습니다. 내 인생이 확 바뀌었습니다. 지혜가 임했습니다.

나는 천재시인협회 회장이 되었습니다.

나는 여성책쓰기협회 회장이 되었습니다.

나는 이 시대 최고의 복음 전도자가 되었습니다.

나는 전 세계 사람들이 부러워하는 사람이 되었습니다.

내 안에 천재적인 기름 부음이 흐르고 있습니다.

하나님은 나 잘났다고 설치는 사람을 쓰지 않습니다. 나는 온전한 복음을 깨닫고 한 번도 나 잘났다고 설친 적이 없습니다. 오직 예수 그리스도의 온전한 복음만 자랑했습니다.

"다 하나님의 은혜입니다. 다 내 안에 실제로 살아 계신 주님이 하셨습니다. 주님의 음성을 듣고 순종한 결과입니다."

나는 영원히 주님만 높이고 주님께만 입 맞춥니다. 하나님께서 내게 영원히 주님만을 뜨겁게 사랑하는 마음을 주셨습니다. 그건 바로 내 마음이 주님의 마음이 되었기 때문입니다. 내 자아는 그리스도 안에서 그리스도와 함께 죽었습니다.

완전한 자아 죽음은 내 마음을 하나님의 마음으로 만들었습니다. 나는 일초도 주님께 시선을 떼지 않고 삽니다. 내 삶은 주님께로부터 와서 주님께로 갑니다. 주님이 나의 전부이십니다.

"예수님이 십자가에서 다 이루었다"(요 19:30)는 온전한 복음이 내 인생을 바꾸었습니다. 어떻게 바뀌었을까요?

첫째, 온전한 복음을 깨닫기 전에는 내가 죽은 상태였습니다.

서울목자교회로 와서 김열방 목사님을 통해 온전한 복음을 깨닫기 전에는 내 영과 육이 완전히 병든 상태였습니다. 그때 정신병원에 갇힌 나는 이미 죽음을 맞이한 사람이었습니다. 그런 나를 살리신 분이 바로 나의 하나님이십니다. 예수 그리스도 온전한 복음으로 내 생명을 살린 하나님께 억만 번이나 감사드립니다.

둘째, 내 삶에 주어진 모든 것이 내게서 난 것이 하나도 없습니다. 다 주님께로부터 온 것입니다. 내 삶의 주관자이신 주님이 억만 번이나 좋습니다. 얼마 전 우리 집에서 키우는 고양이 별이를 보고 웃으며 이렇게 말했습니다.

"별이는 주인 잘 만나서 좋은 것만 먹고 편안하게 자고 사랑 듬뿍 받고 사네."

한 아이가 웃으며 내게 말했습니다.

"아하하하하, 별이가 엄마 많이 닮았어요. 얼굴도 동그랗고 눈도 땡글땡글하고 엄청 예뻐요."

예전에 내가 별이를 보며 생각했던 걸 아이가 말한 것입니다.

"별이가 나 닮은 것 같아."

나는 매일 별이를 따뜻하게 안고 사랑한다고 말해 줍니다.

"사랑해."

마구 뽀뽀합니다. 세상에서 가장 예쁜 고양이라고 억만 번이나 축복합니다. 고양이는 내가 한 축복을 받았습니다. 내 안에 계신 주님이 나를 통해 고양이를 축복하신 것입니다. 하나님은 고양이도 사랑하십니다. 하물며 당신은 얼마나 더 사랑하시겠습니까?

하나님은 당신을 외아들처럼 사랑하십니다.

"자기 아들을 아끼지 아니하시고 우리 모든 사람을 위하여 내주신 이가 어찌 그 아들과 함께 모든 것을 우리에게 주시지 아니하겠느냐? 누가 능히 하나님께서 택하신 자들을 고발하리요? 의롭다 하신 이는 하나님이시니 누가 정죄하리요? 죽으실 뿐 아니라 다시 살아나신 이는 그리스도 예수시니 그는 하나님 우편에 계신 자요 우리를 위하여 간구하시는 자시니라. 누가 우리를 그리스도의 사랑에서 끊으리요? 환난이나 곤고나 박해나 기근이나 적신이나 위험이나 칼이랴? 기록된 바 우리가 종일 주를 위하여 죽임을 당하게 되며 도살당할 양 같이 여김을 받았나이다 함과 같으니라. 그러나 이 모든 일에 우리를 사랑하시는 이로 말미암아 우리가 넉넉히 이기느니라. 내가 확신하노니 사망이나 생명이나 천사들이나 권세자들이나 현재 일이나 장래 일이나 능력이나 높음이나 깊음이나 다른 어떤 피조물이라도 우리를 우리 주 그리스도 예수 안에 있는 하나님의 사랑에서 끊을 수 없으리라."(롬 8:32~39)

능력의 심히 큰 것이 하나님께 있다

당신은 미술관을 인수하겠다는 꿈이 있습니까?

나는 세계적인 미술관을 인수하겠다는 꿈이 있습니다.

3년 전에 나는 세계적인 미술관을 인수하겠다는 꿈을 꿨습니다. 사실 나는 학교 다닐 때 미술과는 담을 쌓고 살았습니다.

나는 중학교 때 순정 만화책 보는 걸 아주 좋아했습니다. 그래서 만화 속에 나오는 공주들을 그리곤 했습니다. 하지만 그림에 재능이 없었기에 매일 똑같은 포즈만 그렸습니다.

나는 남편과 연애 시절에 호암아트홀 등 여러 미술관을 다녔습니다. 하지만 그림을 보는 눈이 없어 그냥 대충 봤습니다. 이런 내게 지혜와 총명의 신이 임했습니다. 재능의 신이 임했습니다. 하나님께서 얼마 전에 내게 '재능 대통령'이라는 이름을 주셨습니다. 나를 전 세계 사람들의 롤모델로 세우셨습니다.

나의 재능이 아닙니다. 내 안에 실제로 살아 계신 주님의 재능입니다. 나의 자아는 완전히 죽었습니다. 내 머리를 통해, 내 손을 통해 주님이 재능을 나타내며 일하십니다.

나는 온전한 복음을 깨닫고 다 믿었습니다. 전지전능한 하나님을 완전히 믿었습니다. 그동안 내가 꾼 꿈은 500가지가 넘습니다. 한 번도 의심하지 않았습니다. 그건 주님이 내게 주신 믿음입니다. 나를 통해 하고 싶은 일을 마음껏 하기 위해서입니다.

나는 언제나 나를 부인합니다. 원래 없었던 것이 내게 임했기 때문입니다. 나는 날이 갈수록 더 젊어집니다. 그건 매일 새로운 꿈을 꾸기 때문입니다. 매일 성령님과 교제를 나누기 때문입니다.

내 눈은 샛별처럼 반짝반짝 빛납니다. 밥이 아닌 꿈을 먹고 살기 때문입니다. 시체처럼 살던 내가 완전한 변신했습니다.

변신이란? '몸 모양이나 태도 따위를 바꾼다'는 뜻입니다.

온전한 복음을 깨닫고 나의 몸 모양이 완전히 바뀌었습니다. 태도가 완전히 바뀌었습니다. 일자 몸 모양에서 에스 라인으로 바뀌었습니다. 태도도 아주 품위 있게 왕비처럼 바뀌었습니다.

없던 재능도 주시는 성령님입니다. 미술관 인수는 내가 꿈꾼게 아닙니다. 나는 미술에 관심도 없었습니다. 하지만 온전한 복음 전파를 위해 내게 성령님께서 꿈을 불어넣어 주셨습니다.

나는 '꿈 대통령'입니다. 꿈 대통령답게 영원히 꿈꾸는 삶을 살며 항상 눈빛이 빛납니다. 날이 갈수록 더 젊어집니다. 3년 전의 내 사진을 봤는데 오히려 지금의 내가 훨씬 더 젊어 보입니다.

매일 웃는 연습을 한 지 3년이 넘었습니다. 거울을 보면 지금의 웃는 모습이 3년 전보다 훨씬 더 자연스럽고 예쁜 것 같습니다. 물론 3년 전이나 지금이나 나는 똑같이 행복합니다. 내 안에 넘치는 생수의 강으로 인해 행복이 가득하기 때문입니다.

하지만 동양인은 가만히 있으면 입 꼬리가 처지기 때문에 나는 매일 입 꼬리를 올리는 연습을 했습니다. 처음에는 하루에 3분 정도 거울을 보며 웃는 연습을 했습니다. 그러다가 성령님께서 "그만 하자" 하시면 즉시 멈췄습니다. 지금은 더 짧게 합니다. 하루 종일 웃을 일이 너무나 많아졌기 때문입니다.

얼마 전에 세계적인 전시회가 있어 잠실의 올림픽공원에 있는 '소마 미술관'에 다녀왔습니다. 나는 성령님께 부탁했습니다.

"제 눈을 통해 꼭 봐야 할 것만 보게 해주세요. 부탁합니다."

한 조각상 앞에 섰습니다. 그 조각상에 담긴 마음이 내게 느껴졌습니다. 큰 아픔과 고통을 느꼈습니다. 성령님께서 내게 보여준 작품마다 작가가 화폭에 담은 마음을 느낄 수 있었습니다.

나도 작가의 마음이 담긴 그림과 조각을 하고 싶습니다.

첫째, 억만 번이나 행복한 그림을 그리고 싶습니다.

둘째, 십자가에 달린 예수님의 한없는 사랑을 마음껏 표현하고 싶습니다. 셋째, 내 안에 실제로 살아 계신 억만 번이나 행복한 주님의 모습을 그리고 싶습니다.

당신에게도 하나님의 영이 충만하게 부어졌습니다.

하나님이 당신을 통해 천재적인 재능을 나타내실 것입니다.

"여호와께서 모세에게 말씀하여 이르시되 내가 유다 지파 훌의 손자요 우리의 아들인 브살렐을 지명하여 부르고 하나님의 영을 그에게 충만하게 하여 지혜와 총명과 지식과 여러 가지 재주로 정교한 일을 연구하여 금과 은과 놋으로 만들게 하며 보석을 깎아 물리며 여러 가지 기술로 나무를 새겨 만들게 하리라."(출 31:1~5)

나는 말하는 습관을 완전히 고쳤다

당신은 말하는 습관을 완전히 고쳤습니까?

나는 말하는 습관을 완전히 고쳤습니다.

온전한 복음은 나로 하여금 제 2의 인생을 살게 만들었습니다. 내가 가장 원하던 삶을 살게 해줬습니다. 어떤 삶일까요?

첫째, 의로운 삶을 살게 해줬습니다.

결혼 후 아이를 집 옆에 있는 어린이 집에 보냈습니다.

교회에서 운영하는 어린이 집이었습니다. 아이의 기록 카드를 보고 교회에 다니는 한 분이 우리 집을 찾아왔습니다. 그 계기로 율법주의 행위를 가르치는 교회에 5년 정도 다녔습니다. 그때 주일 예배에 나간 건 1년에 열 손가락 안에 들었습니다.

그러다 어느 날 뜨거운 성령을 체험했습니다. 그 후에 나는 내가 원하거나 기도한 적이 없었던 놀라운 행동을 하기 시작했습니다. 하나님께서 내 마음을 변화시키셨습니다. 나는 매주 주일에 배를 드렸습니다. 십일조와 감사헌금. 선교헌금 등을 성실하게 잘했습니다. 매주 담임 목사님이 강대상에서 칭찬하셨습니다.

"여러분, 박미혜 집사님을 본받으세요."

나의 의를 드러낸 게 아니라 성령을 체험하고 한없이 하나님이 좋아서 뭐든지 다 드리고 싶어 드린 것이었습니다. 이때는 경기도 부천에 살았고 아직 서울목자교회로 오기 전이었습니다.

나는 사람들에게 자신 있게 말합니다.

"사람의 마음을 움직이는 건 하나님이시다. 내게서 난 것이 하나도 없다. 모두 하나님이 하셨다."

성령을 체험하기 전에는 선교헌금은커녕 십일조도 한 번 안했습니다. 그런 나의 마음을 주님이 만지신 것입니다.

나는 그 후에 지인들에 대한 생각을 바꿨습니다.

"지금은 저 사람이 저렇게 행동해도 내가 기도한 대로 이미 다 되었어. 마음을 떡 주무르듯 하시는 하나님을 나는 완전히 믿어."

초신자 때는 예수님을 믿는다고 하면서도 주위 사람과 나 자신에 대해 날마다 믿음 없는 말만 내뱉었습니다.

나 자신을 매일 저주했습니다.

"아, 죽고 싶어. 난 왜 이럴까? 나 같은 건 죽어야 해."

그리고 외로움을 달래기 위해 거의 매일 술을 마셨습니다.

그리스도인의 빛 된 삶을 살지 못했습니다. 믿음으로 의로운 삶을 살지 못했습니다. 그런 내가 성령을 체험하고 단방에 술을 끊었습니다. 외로움이 사라졌습니다. 서울목자교회로 와서 온전한 복음을 깨닫고 12년 동안 성령의 술에 취해 살고 있습니다.

"포도주는 거만하게 하는 것이요 독주는 떠들게 하는 것이라. 이에 미혹되는 자마다 지혜가 없느니라"(잠 20:1)고 했습니다.

술이 아닌 성령에 취해 살면 지혜롭고 부요해집니다.

성령에 취한 나는 진정한 천재요 억만장자입니다. 내 안에 지혜와 부요함이 넘칩니다. 나는 날마다 입버릇처럼 말합니다.

"넘치고 넘친다."

얼마 전 냉장고가 뼈를 드러냈습니다. 나는 그런 현상과 상관없이 아이들에게 내가 원하는 것만 믿음으로 말했습니다.

"먹을 게 천지다."

그런데 며칠 뒤에 냉장고가 터질 정도로 꽉 찼습니다. 베란다까지 꽉 찼습니다. 하나님이 기뻐하시는 말은 '믿음의 말'입니다.

"없다, 없다" 하지 말고 "넘친다, 넘친다"고 말하십시오. "힘들다, 힘들다" 하지 말고 "행복하다, 행복하다"고 말하십시오. 그러면 그대로 됩니다. 나는 하루 종일 입버릇처럼 이렇게 말합니다.

"아, 억만 번이나 행복하다."

이 말은 영원히, 천국에 갈 때까지 내 입에 줄줄 나오는 말입니다. 아는 사람이 3년 전에 내게 이렇게 말했습니다.

"여자들은 남자보다 환경에 따른 감정의 기복이 더 많습니다."

나는 그 말을 듣고 딱 한 번 이렇게 기도했습니다.

"나는 감정 기복이 없음, 억만 번이나 감사합니다."

지금 나는 주님의 마음이 되었습니다. 자아가 완전히 죽어 오직 주님의 마음만 나타납니다. 영원히 의로운 삶을 삽니다.

둘째, 생수가 영원히 터집니다.

"아, 주님 때문에 억만 번이나 행복합니다."

지금 나는 정말 내가 간절히 원했던 행복한 삶을 살고 있습니다. 나는 주님을 만났습니다. 나의 진정한 행복은 주님입니다. 나는 주님 때문에 억만 번이나 행복합니다. 내 배에서 생수가 터집니다. 영원히 목마름이 없습니다. 행복과 만족과 기쁨이 넘칩니다. "그 날에 생수가 예루살렘에서 솟아나서 절반은 동해로, 절반은 서해로 흐를 것이라. 여름에도 겨울에도 그러하리라"(슥 14:8)고 했습니다. 인생은 여름도 있고 겨울도 있습니다. 하지만 나는 여름에도 겨울에도 변함없이 행복합니다. 내 안에서 넘치는 생수의 강 때문입니다. 내 안에 생수의 강이 한강처럼 흐릅니다.

내가 하루 중에 가장 많이 하는 말은 "억만 번이나 행복합니다. 주님, 사랑합니다"입니다. 나의 주님은 내게 참된 삶이 무엇인지 깨닫게 해주신 전지전능한 나의 참 남편입니다. 그분이 따뜻한 손으로 내 턱을 치켜 올리고 "사랑해" 하고 내 입술에 키스하시면 내 눈에서는 뜨거운 눈물이 솟구칩니다. 내 앞에 서 계신 주님의 불타는 눈을 나는 마음으로 생생하게 느낍니다. 주님의 눈은 볼 수 없지만 내 눈 앞에는 활활 타는 불이 보입니다. 내 사진을 보면 내 눈에도 주님을 바라보는 활활 타는 불이 보입니다.

나는 한없이 하나님을 의지하며 산다

당신은 한없이 하나님을 의지합니까?

나는 하나님을 한없이 의지합니다. 나는 역대 사람 중에 하나님을 가장 많이 의지하는 사람입니다. 하나님께서 그렇다고 나를 인정하셨습니다. 나는 온전한 복음을 깨닫고 즉시 하나님께 뜨겁게 사랑을 고백했습니다. "아빠, 사랑해요. 죽도록 사랑해요."

온전한 복음을 깨닫고 내 안에 살아 계신 하나님 아빠에게 완전히 미쳤습니다. 이런 나를 하나님은 뜨거운 불구덩이에 던졌습니다. 주님께 사랑을 고백하는 자를 단련하기 위함이었습니다.

나는 칠흑 같은 어둠의 터널을 지나야 했습니다. 너무나 고통스러워 매일 눈물로 하나님 앞에 엎드렸습니다. 나를 단련하기 위해 내 주위의 가장 가까운 사람들로부터 10년 동안 매일 비난을 받았습니다. 그때 내가 한 건 바로 주님께 묻는 것이었습니다.

"주님, 어떻게 할까요? 주님, 도와주세요."

나는 주님을 한없이 의지했습니다. 10년간의 단련의 기간이 지나자 나는 정금같이 되었습니다. 바로 완전한 자아 죽음입니다.

나는 날마다 평온이 넘칩니다. 완전한 믿음으로 주님을 기쁘게 해 드립니다. 자아가 완전히 죽은 자는 나처럼 날마다 기쁨이 충만합니다. 2017년의 마지막 날 성령님께 "새해엔 어떻게 할까요?"라고 물어봤습니다. 성령님께서 내게 말씀하셨습니다.

"더도 말고 올해처럼만 하렴."

그리고 내게 또 이렇게 말씀하셨습니다.

"너는 365일 하루도 웃지 않은 날이 없었다. 정말 너 때문에 내 마음이 억만 번이나 행복한 한 해였다. 수고했다."

나는 다이어리가 있는 노트에 매달 첫째 날에 이렇게 적으며 성령님께 물어봅니다.

"성령님, 이번 달에 제게 원하시는 게 뭔지요?"

성령님께서는 매달 이렇게 말씀하셨습니다.

"지난달처럼만 하렴."

내 안에 가득히 계신 성령님으로 인해 하루하루가 억만 번이나 행복합니다. 어떻게 하면 당신도 나처럼 행복할 수 있을까요?

첫째, 나의 행복의 근원은 바로 주님입니다. 나의 자아는 죽었고 주님이 내 안에 실제로 살아 숨 쉬고 계십니다.

둘째, 나는 사랑 대통령이기 때문입니다. 나는 전 세계 사람들 중에 하나님을 가장 사랑하는 사람입니다. 며칠 전 성령님께서 내게 이렇게 말씀하셨습니다. "사랑 대통령답다."

하나님을 뜨겁게 사랑하면 하루하루가 억만 번이나 행복합니다. 내게 하나님을 뜨겁게 사랑하는 가슴을 주신 하나님께 모든 영광을 돌립니다. 내게 하나님을 한없이 의지하는 마음을 주신 하나님께 모든 영광을 돌립니다. 원래 내게 없었던 것을 주신 건 하나님입니다. 나의 자아가 완전히 죽고 나를 통해 하나님만 나타나게 된 것에 대해 억만 번이나 감사합니다.

나는 하나님께 백배의 행복을 받은 사람입니다.

당신도 백배의 행복을 받아 누리기 바랍니다.

고정관념을 버리면 백배의 복을 받는다

당신은 날마다 복을 받고 있다고 믿고 있습니까?

나는 날마다 복을 받고 있다고 믿습니다. 물론 처음부터 그렇게 믿지는 않았습니다. 그때는 복음이 무엇인지 몰랐기 때문입니다. 오래 전에 사모하는 마음으로 서울목자교회 성령세미나에 참석한 적이 있습니다. 첫 시간에 김열방 목사님께서 모두 합심으로 기도하자고 하셨습니다. 합심 기도가 끝날 즈음에 성령님께서 목사님을 통해 이런 예언의 말씀을 주셨습니다.

"너희는 잘못된 고정관념을 버려라."

백배의 복을 받으려면 고정관념을 버려라

"예언을 멸시하지 말라"(살전 5:20)는 말씀처럼 나는 예언을 통해 나에게 말씀하시는 성령님을 믿습니다. 그날 성령님께서는 김열방 목사님을 통해 내게 "고정관념을 버려라"고 말씀하셨습니다.

나는 깜짝 놀랐고 조금 의아했습니다. 왜 하나님께서 내게 고정관념을 버리라고 말씀하시는지 이해할 수 없었기 때문입니다.

하지만 잠시 시간이 지나고 나니 성령님께서 '예수님이 십자가에서 다 이룬 복음'이 무엇인지 김열방 목사님을 통해 정확히 깨닫게 해주셨고 내가 그것을 믿을 수 있도록 도와주셨습니다. 지금은 잘못된 고정관념을 버리고 예수 그리스도 온전한 복음을 받아들여 잘 믿고 있습니다. 그때만 해도 하나님이 보시기에 나의 고정관념 때문에 예수님이 십자가에서 다 이룬 복음을 받아들이지 못할 것을 아시고 그렇게 말씀하셨나 봅니다. 나의 고정관념을 깨트려 주신 성령님께 억만 번이나 감사드립니다.

나는 그때 그 기억을 통해 '때로는 우리의 잘못된 고정관념이 복음을 받아들이지 못하게 막는구나'라는 생각을 했습니다.

잘못된 고정관념은 쉽게 말하면 '잘못된 믿음'이 아닐까요?

그렇습니다. 나는 잘못된 믿음을 가지고 있었습니다. 당신도 혹시 나처럼 잘못된 고정관념으로 복음을 받아들이지 못하고 있지 않습니까? 고정관념을 버리게 해 달라고 성령님께 도움을 구하십시오. 성령님께서 당신 안에 가득히 거하고 계십니다.

나는 예수님을 믿는 믿음이 무엇인지 잘 이해하지 못한 채 시간 채우기 기도에 익숙해져 있었고 교회에서 하는 프로그램에 열심히 동참해서 따라 하는 것이 신앙생활의 전부였습니다. 그런데

성령님의 도우심으로 서울목자교회에서 '내 안에 실제로 살아 계
신 예수님을 믿는 믿음'이 무엇인지 배웠고 김열방 목사님의 책을
통해 많은 것을 깨달았습니다. 모든 것이 하나님의 은혜입니다.

나는 믿음으로 의인이 되었다

당신은 복음이 무엇이라고 생각하십니까?

내가 깨달은 복음은 '예수님을 믿는 믿음'이 전부였습니다.

예수님을 믿는 믿음으로 나는 의인이 되었고 더 이상 죄인이
아니었습니다. 나는 예수님 안에 거하면서도 내가 죄인인 줄 알
았습니다. 성경 말씀을 깨닫지 못했기 때문입니다. 예수님을 믿
는 우리 모두는 의인이라는 복음을 듣지 못했기 때문입니다. 당
신은 의인입니까? 죄인입니까? 예수님을 영접하고 믿으면 죄인이
아닌 의인이 됩니다. "의인이 믿음으로 살리라"고 했습니다.

주일에 아이들과 함께 시어머니가 섬기는 동네 시골 교회에서
예배한 적이 있습니다. 말씀을 듣는 중에 "예수님을 믿는 우리는
의인이 아닌 죄인이다"라는 내용을 짧게 들었는데 그때 내 마음이
너무나 안타까웠습니다. 그리스도 밖에서는 모두 죄인이지만 그
리스도 안에서는 모두 의인입니다. 당신도 의인입니다.

그리스도 안에 있는 우리가 왜 의인일까요?

첫째, 하나님이 당신을 의롭다고 인정하셨기 때문입니다. "또
미리 정하신 그들을 또한 부르시고 부르신 그들을 또한 의롭다 하

시고 의롭다 하신 그들을 또한 영화롭게 하셨느니라."(롬 8:30)

둘째, 율법으로는 의롭다 하심을 얻지 못했는데 예수를 믿음으로 말미암아 우리 모두 의롭다 하심을 얻었습니다. "또 모세의 율법으로 너희가 의롭다 하심을 얻지 못하던 모든 일에도 이 사람을 힘입어 믿는 자마다 의롭다 하심을 얻는 이것이라."(행 13:39)

셋째, 율법의 행위로는 의롭다 하심을 얻을 육체가 세상에 한 명도 없습니다. "사람이 의롭게 되는 것은 율법의 행위로 말미암음이 아니요 오직 예수 그리스도를 믿음으로 말미암는 줄 알므로 우리도 그리스도 예수를 믿나니 이는 우리가 율법의 행위로써가 아니고 그리스도를 믿음으로써 의롭다 함을 얻으려 함이라. 율법의 행위로써는 의롭다 함을 얻을 육체가 없느니라."(갈 2:16)

넷째, "의롭다 하심을 얻을 것이다"가 아닌 "의롭다 하심을 얻었다"고 과거형, 현재 완료형으로 말했습니다. "죄에서 벗어나 의롭다 하심을 얻었음이라."(롬 6:7) 당신은 의인이 되었습니다.

다섯째, 당신을 택하여 의롭다고 말씀하신 분은 사람이 아닌 하나님이십니다. "누가 능히 하나님께서 택하신 자들을 고발하리요? 의롭다 하신 이는 하나님이시니……."(롬 8:33)

여섯째, 예수님이 부활하신 것은 우리를 의롭다 하시기 위해서였습니다. "예수는 우리가 범죄한 것 때문에 내줌이 되고 또한 우리를 의롭다 하시기 위하여 살아나셨느니라."(롬 4:25)

일곱째, 예수 믿는 자는 예수님처럼 의롭습니다. "곧 이 때에 자기의 의로우심을 나타내사 자기도 의로우시며 또한 예수 믿는 자를 의롭다 하려 하심이라."(롬 3:26)

나는 믿음으로 성령 충만한 자가 되었다

당신은 목이 말라 견딜 수 없는 고통을 겪고 있지 않습니까?

우리는 예수님을 믿는 믿음으로 말미암아 성령 충만한 자가 되었습니다. 성령 충만한 자가 되었기 때문에 여기저기 다니며 더욱 성령 충만해지기 위한 내 땀과 피와 눈물을 흘리는 육체의 행위를 할 필요가 없습니다. 내가 이 복음을 깨닫지 못했을 때는 매일 골방에 앉아 눈을 꼭 감고 40분에서 한 시간 정도의 기도 시간을 채우기 위해 노력했었고 또 어떻게든 은혜를 받겠다며 부흥 집회를 다니는 것도 좋아하며 다른 사람들을 따라다녔습니다.

진정한 은혜는 무엇일까요? 눈물 흘리며 우는 것이 아닙니다. '내 안에 실제로 살아 계신 예수 그리스도'가 곧 은혜입니다.

요한복음 1장 14절에 "말씀이 육신이 되어 우리 가운데 거하시매 우리가 그의 영광을 보니 아버지의 독생자의 영광이요 은혜와 진리가 충만하더라"고 했습니다. 말씀이 육신이 되어 우리 가운데 거하신 분 곧 예수 그리스도가 충만한 은혜입니다.

그분은 부족한 은혜가 아닌 '넘치는 은혜'입니다.

요한복음 1장 16절에 "우리가 다 그의 충만한 데서 받으니 은혜 위에 은혜러라. 율법은 모세로 말미암아 주어진 것이요 은혜와 진리는 예수 그리스도로 말미암아 온 것이라"고 했습니다.

예수님이 부족한 은혜라면 우리가 행위로 채워야 합니다. 하지만 예수님은 부족한 은혜가 아닌 넘치는 은혜입니다. 예수 그리스도 한 분만으로 충분하며 우리의 잔이 넘칩니다. 복음은 어떤 원리나 이론이나 사상이나 철학이 아닌 '하나님 자신'입니다.

　나는 예전에 영성 훈련도 배웠습니다. 하지만 지금은 그렇게 영성에 매여 살지 않습니다. 기독교 신앙은 '영성'이 아닌 '믿음'입니다. "의인이 영성으로 살리라"고 하지 않았고 "의인이 믿음으로 살리라"고 했기 때문입니다. 하나님께서 내게 예수님이 십자가에서 다 이룬 최고의 복음을 깨닫고 믿게 하셨는데 이 귀한 복음을 가볍게 여기지 말고 정말 귀하게 여기고 살아야 한다는 마음을 주셨기에 과거의 삶은 다시 살지 않기로 다짐했습니다.

　내 안에 살아 계신 예수님을 가볍게 여기고 돌아다니며 음행하면 안 됩니다. "야곱이 떡과 팥죽을 에서에게 주매 에서가 먹으며 마시고 일어나 갔으니 에서가 장자의 명분을 가볍게 여김이었더라. 음행하는 자와 혹 한 그릇 음식을 위하여 장자의 명분을 판 에서와 같이 망령된 자가 없도록 살피라."(창 25:34, 히 12:16)

　내 안에 있는 예수 그리스도와 언약의 피, 은혜의 성령을 소중히 여겨야 합니다. "모세의 법을 폐한 자도 두세 증인으로 말미암아 불쌍히 여김을 받지 못하고 죽었거든 하물며 하나님의 아들을 짓밟고 자기를 거룩하게 한 언약의 피를 부정한 것으로 여기고 은혜의 성령을 욕되게 하는 자가 당연히 받을 형벌은 얼마나 더 무겁겠느냐? 너희는 생각하라."(히 10:28~29)

　나는 복음을 깨닫고 성령 충만에 대한 고민이 해결되었습니다.

　당신도 예수님을 믿는 믿음으로 말미암아 성령 충만할 수 있습니다. 예수님이 하신 말씀을 그대로 믿으면 되는 것입니다. "명절 끝날 곧 큰 날에 예수께서 서서 외쳐 이르시되 누구든지 목마르거든 내게로 와서 마시라. 나를 믿는 자는 성경에 이름과 같이 그 배에서 생수의 강이 흘러나오리라 하시니 이는 그를 믿는 자들이 받을 성령을 가리켜 말씀하신 것이라."(요7:37~38)

이 구절만 보아도 예수님을 믿는 믿음이 전부입니다.

나는 깨달았습니다. 그래서 믿음으로 성령 충만해졌습니다.

당신도 그리스도 안에서 이미 성령 충만합니다. 그렇다면 성령 충만한 사람답게 살아야 합니다. 성령님과 함께 산책하면서 마음으로 성령님을 부르고 그분과 인격적으로 교제하면 됩니다. 수시로 성령님과 이야기하면 됩니다. '성령님, 어떻게 할까요?'

나는 믿음으로 건강하고 부요하고 지혜로운 사람이 되었다

그리고 예수님이 나의 모든 질병을 십자가에서 담당하셨으므로 나는 건강한 자가 되었습니다. 아픈 증상과 질병은 예수 이름으로 명령하면 됩니다. 물론 때로는 병원에도 가고 약도 먹습니다. 어쨌든 나는 시간과 공간을 초월해 "다 나았다"고 믿습니다.

나의 가난의 저주도 예수님이 십자가에서 다 담당하셨습니다. 그러므로 나는 예수님을 믿는 믿음으로 부요한 자가 되었습니다. 또 예수님을 믿는 믿음으로 미련하고 어리석었던 내가 지혜롭고 총명한 자가 되었습니다. 그래서 나는 천재입니다.

나는 이 복음을 성령님의 도우심으로 받아들이고 믿었습니다.

내 행위로 열심히 기도를 많이 하고, 헌금을 많이 하고, 봉사를 많이 한다고 해서 성령 충만해지고 복을 많이 받는다는 것은 '율법 마인드'라는 것을 깨달았습니다. 이러한 율법 마인드는 예수님의 존재와 행위를 드러내는 것이 아닙니다. 자신의 존재와 행위를 드러내는 것이며 하나님의 은혜를 짓밟고 대적하는 것입니다. 이것은 오뚝이를 거꾸로 세우려는 것과 같고 계속 넘어집니다.

복음은 반대입니다. 예수님이 십자가에서 다 이루었다는 온전한 복음을 믿음으로 의로워지고 성령 충만해지고 복을 받습니다. 그리고 믿음으로 말미암아 모든 복을 받았기 때문에 행복해서 기도하고 찬송하고 예배하고 헌금하고 봉사합니다. 오뚝이는 저절로 계속 세워집니다. 의인은 일곱 번 넘어져도 저절로 다시 일어섭니다. "대저 의인은 일곱 번 넘어질지라도 다시 일어나려니와 악인은 재앙으로 말미암아 엎드러지느니라."(잠 24:16)

나는 율법 마인드가 예수님의 행위보다 내 행위를 드러내는 것을 더 좋아한다는 걸 깨달았습니다. 당신도 예수님을 믿는 복음 마인드가 아닌 율법 마인드에 젖어 있다면 그러기가 쉽습니다.

이러한 내 행위의 율법 마인드는 그리스도의 십자가의 원수로 행하는 것과 같다고 하나님께서 김열방 목사님을 통해 내게 말씀하셨습니다. 나는 이 말씀을 듣고 절대로 그리스도의 십자가의 원수로 행하는 자가 되지 않기로 결심했습니다.

아주 오래전 섬겼던 교회에서 기도원을 간 적이 있습니다. 매년 겨울이 되면 꼭 기도원 집회를 3박 4일로 다녀오곤 했습니다. 기도원에서는 오전, 오후로 두 번 집회가 있었기 때문에 눈뜨면 성도들과 함께 찬양하고 말씀 듣고 기도에 집중할 수 있어서 기도원에 있는 시간들이 너무 좋았습니다. 그때 어린 아들을 데리고 갔었는데 나는 그 3박 4일 기도원 생활이 마냥 좋기만 했습니다. 기도원을 내려오고 싶지 않았습니다.

마지막 날이 되었습니다. 기도원 목사님께서는 "양을 이리 가운데로 보냄과 같도다"라는 성경 말씀을 하시면서 기도원을 내려가서도 시험에 들지 말고 예수님을 잘 믿으라고 신신당부하셨습니다. 나는 갑자기 덜컥 겁이 났습니다. 걱정도 되었습니다.

그동안 기도원에서 열심히 기도 생활을 했는데 기도원을 떠나서 이리떼가 득실한 세상으로 내쳐지는 듯한 기분이 들었고 또 신앙생활을 더 열심히 해야 한다는 마음의 부담 때문에 기도원을 떠나는 것이 무섭고 싫었습니다. 목사님의 말씀이 끝나고 마지막으로 기도원에 계시던 많은 성도들과 함께 합심 기도를 하는 시간이었습니다. 그때 기도하는데 순간 머릿속으로 말씀 한 구절이 번득 떠올랐습니다. "내가 세상을 이기었노라." 할렐루야!

그때 나는 참 신기하기만 했습니다. 전혀 생각지도 못했던 말씀이 떠올라서 '이게 뭐지?'라는 생각이 들었습니다. 그런데 지금은 이해가 됩니다. "예수님이 십자가에서 다 이루었으므로 믿음으로 의성건부지평생의 온전한 복음을 누리며 사는 것이 복음이다"라는 걸 내가 깨달으므로 바로 "예수님을 믿는 믿음이 세상을 이길 수 있다"는 것을 이해하게 된 것입니다. 예수님께서 세상을 이겼으므로 '나도 이미 세상을 이겼다'는 것입니다. 정말 나와 당신에게 진정으로 필요한 것은 '예수님을 믿는 믿음'입니다.

"나의 의인은 믿음으로 말미암아 살리라. 또한 뒤로 물러가면

내 마음이 그를 기뻐하지 아니하리라."(히 10:38)

나는 이렇게 복음을 깨닫고 내 안에 살아 계신 예수 그리스도로 말미암아 날마다 복을 받고 있습니다. 환경이 어떠하던지 믿음으로 말미암아 누리는 복입니다. 예전에 김열방 목사님이 신앙생활은 '감정'이 아닌 '믿음'이라고 하신 말씀이 생각납니다.

"그러므로 믿음은 들음에서 나며 들음은 그리스도의 말씀으로 말미암았느니라"(롬 10:17)고 했습니다. 당신도 나처럼 율법주의 설교가 아닌 예수 그리스도 복음의 말씀을 듣다 보면 감정이 아닌 믿음으로 살게 될 것입니다. 때로는 환경과 현상을 봄으로 마음이 힘들 때도 있었습니다. 하지만 성령님께서 목사님을 통해 말씀 테이프를 듣게 하시고 내 마음의 중심을 바르게 잡아 주셨습니다. 믿음이 연약해지고 힘들어질 때 말씀을 듣게 하시고 깨닫게 하신 성령님께 억만 번이나 감사드립니다.

나는 믿음의 기도를 통해 백배의 복을 받았다

당신은 '믿음의 기도'를 하고 있나요?

믿음의 기도는 소망의 기도와 다릅니다. 소망의 기도는 '받을 줄로 믿는 것'이고 믿음의 기도는 '받은 줄로 믿는 것'입니다. 예수님은 제자들에게 "너희가 무엇이든지 기도하고 구한 것은 받았다고 믿어라. 그러면 너희에게 그대로 되리라"고 하셨습니다.

정확하게 알고 싶으면 마가복음 11장 24절을 암송하십시오.

"그러므로 내가 너희에게 말하노니 무엇이든지 기도하고 구하는 것은 받은 줄로 믿으라. 그리하면 너희에게 그대로 되리라."

나는 최근에 받은 기도 응답으로 억만 번이나 기쁘고 감사했습니다. 너무 신기했습니다. 몇 달 전에 내가 기도한 대로 친정 부모님을 모시고 형제들과 어린 조카들과 우리 네 가족이 함께 제주도 여행을 다녀왔습니다.

몇 년 전에 기도 노트에 "친정 부모님 모시고 친정 가족들과 제주도 여행 다녀오기"라고 소원을 적고 "기도 응답 받았음" 하고 적었던 기억이 있습니다. 그때 그 소원을 적으면서 '정말 이 소원이 이루어질 수 있을까?'라는 생각을 했는데 정말 놀랍게 하나님께서 응답해 주셨습니다. 정말 신기하고 꿈만 같았습니다.

나는 제주도에 여행가고 싶어 하시는 친정 부모님이 늘 마음에 걸렸습니다. 나와 남편은 아이들과 함께 제주도 여행을 다녀왔지만 여러 가지 상황들로 인해 제주도 구경을 한 번도 못하신 부모님이 항상 마음에 걸렸습니다. 그래서 친정 형제들과 함께 부모님을 모시고 다녀오는 것이 나의 간절한 소원 중에 하나였습니다.

물질적인 문제도 하나님께서 남편을 통해 많이 공급해 주셔서 부담이 많이 안 되게 3박 4일 제주도 여행을 잘 다녀왔습니다. 친정 쪽에 마음을 써 준 남편이 고마웠습니다. 친정 부모님을 모시고 형제들과 함께 한 여행이 처음이라 아쉬운 부분도 몇 가지 있었지만 하나님의 은혜와 기도 응답으로 그렇게 잘 다녀온 것을 참 감사하게 생각합니다. 당신도 믿음의 기도를 하면 응답받습니다.

성경에 "무엇이든지 기도하고 구한 것은 받은 줄로 알라"고 말씀하셨지만 나는 기도 응답이 더디 이루어지는 것만 같아 "하나님, 이 기도 응답은 언제 받아요? 도대체 언제 이루어지나요?"라고 자꾸 되묻곤 했습니다. 환경과 현상을 보면서 힘들어 할 때가 많았습니다. "마음에 의심하지 않으면 그대로 된다"고 했습니다.

"예수께서 그들에게 대답하여 이르시되 하나님을 믿으라. 내가 진실로 너희에게 이르노니 누구든지 이 산더러 들리어 바다에 던져지라 하며 그 말하는 것이 이루어질 줄 믿고 마음에 의심하지 아니하면 그대로 되리라."(막 11:22~23)

당신도 한 번 기도하고 구한 것은 시간과 공간을 초월해 반드시 성령님의 능력으로 이루어진다고 믿고 의심하지 마십시오. 그러면 진짜 그대로 됩니다. 하나님이 당신의 기도에 응답하십니다.

내 기도 노트에는 내 힘으로 할 수 없는 불가능한 소원들을 많이 적어 놓았습니다. 여러 가지 기도 응답들이 이루어지는 과정들을 겪고 보니 다시금 하나님의 말씀을 믿는 믿음과 인내가 필요하다는 걸 깨닫게 되었습니다. 오직 믿음으로 구하고 조금도 의심하지 말아야 합니다. "오직 믿음으로 구하고 조금도 의심하지 말라. 의심하는 자는 마치 바람에 밀려 요동하는 바다 물결 같으니 이런 사람은 무엇이든지 주께 얻기를 생각하지 말라. 두 마음을 품어 모든 일에 정함이 없는 자로다."(약 1:6~8)

어떻게 하면 기도 응답을 받을 수 있을까요?

첫째, 예수 그리스도를 십자가에 내어 주기까지 나를 사랑하신 하나님의 사랑을 믿어야 합니다. 둘째, 우리의 기도에 응답하시는 하나님을 믿어야 합니다. 셋째, 예수 이름으로 구하는 것들은 다 받을 수 있다는 것을 믿어야 합니다.

예수님은 제자들에게 "내 이름으로 무엇이든지 내게 구하면 내가 행하리라"(요 14:14)고 약속하셨습니다. 나는 이 말씀을 믿습니다. 기도 응답의 때와 기한은 하나님께 완전히 맡기고 받았다는 믿음으로 살아가면 되는 거였습니다. 내가 처한 환경보다 하나님의 말씀을 더 크게 믿으면 되는 거였습니다. 때로는 인내하며 받았다고 믿고 감사하며 생활하면 되는 거였습니다.

당신과 나는 하나님의 말씀을 믿고 인내해야겠습니다.

하나님은 만물보다 억만 배나 크신 분이다

당신은 만물보다 크신 하나님을 믿고 있습니까?

나는 만물보다 크신 하나님 아버지를 믿고 있습니다.

그동안 성령님께서는 김열방 목사님을 통해 내가 꼭 들어야 할 말씀들을 듣게 하셨습니다. 어떤 예기치 못한 문제 때문에 고민하거나 때로는 길을 잃고 제멋대로 질주하는 자동차처럼 달릴 때 설교 말씀을 통해 나를 멈추게 하시고 깨닫게 하셨습니다. 잘못된 마음의 중심을 바로잡아 주셨습니다. 나를 사랑하셔서 인도하시고 깨닫게 해주시는 성령님께 억만 번이나 감사합니다.

나는 잠시 알바를 한 적이 있습니다. '하루 종일 집에서 살림만 하는 것보다 알바라도 몇 시간 해서 생활비를 벌면 어떨까?'라는 생각에 시작하게 되었습니다. 오래 전에 자동차 운전 면허증을 따서 가지고 있었지만 장롱 면허가 되어 쓸 수 없는 상황이라 집 근처에 다니기로 하고 교차로를 뒤졌습니다.

정말 감사하게도 내가 살고 있는 아파트 주변의 한 떡 가게에 알바 자리가 나와 있었습니다. 거리도 5분이고 시간도 너무 좋아 기쁜 마음으로 면접을 보고 일을 시작했습니다.

나는 아침에 떡 가게로 출근해서 기계로 인절미를 만들었습니다. 하얀 인절미, 쑥 인절미 등을 만들어 팔았는데 재미있었습니다. 그리고 바람 떡, 꿀 떡 종류의 떡을 포장도 하고 진열대에 놓고 팔기도 했습니다. 한 줄 한 줄 떼어 가래떡을 포장하고 파는 일도 재미있었습니다.

알바를 하면서 떡 가게 사장님이 시루떡을 만들고 내놓은 떡 틀 설거지가 내가 해야 하는 일 중에 가장 힘든 일이었습니다. 처음에는 그 설거지를 해야 한다는 걸 모르고 들어갔는데 떡 틀을 보고 깜짝 놀랐습니다. 나는 설거지 때문에 떡 가게 알바가 후회됐지만 일하는 시간과 거리가 좋아 꾹 참고 다니기로 했습니다.

그렇게 몇 개월이 흘렀습니다. 언제부터인가 떡 가게 알바 일을 마치고 집에 돌아오면 목이 아프기 시작했는데 너무 아프고 불편했습니다. 하지만 계속 알바를 하고 싶은 마음에 다른 알바 일을 찾았습니다. 그래서 집근처에 있는 도시락 알바를 하기 시작했는데 그 일도 어깨와 손목이 점점 불편하고 아파 오기 시작했습니다. 그리고 열심히 잘할수록 사장님의 요구 사항이 더 많아지면서 몸도 마음도 더 지치고 피곤하고 고단했습니다.

건강한 몸으로 계속 일하고 싶어 도시락 알바를 시작했는데 더 안 좋아졌습니다. 여기 일은 퇴근 시간이 될 때까지 쉬지 않고 계속 몸으로 일해야 했기 때문에 떡집 알바 일보다 몇 갑절이나 힘들었습니다. 몸이 힘드니 일하고 싶은 마음이 점점 사라져 갔습니다. 예전의 나의 평범한 주부 일상이 그리워졌습니다. 그 시간들이 얼마나 귀하고 감사했는지 다시 생각하게 되었습니다.

그 알바 경험을 통해 집밖에서 돈을 벌기 위해 일하는 주부들의 고통을 조금이나마 헤아릴 수 있는 마음을 갖게 되었고 그분들이 정말 대단하다고 느껴졌습니다. '어디를 가든지 거기서 일하는 직원들을 따뜻하게 대해야겠다'는 생각을 하게 되었습니다.

점점 도시락 알바가 힘들다고 느껴질 때 아들 도균이가 대상포진으로 아파서 내 후임자도 구하지 못한 채 급하게 알바를 그만두게 되었습니다. 내가 알바를 할 때 남편도 가족도 좋아하는 눈치여서 솔직히 알바를 그만 두는 것이 내 마음의 짐이었습니다.

그런데 '이런 부담이 내게만 있는 것이 아니라 알바하며 일하는 다른 주부들에게 똑같이 있겠구나'라는 생각이 들었습니다.

어떤 일을 시작하기도 어렵지만 멈추는 것은 더 어렵습니다. 시작하는 것도 멈추는 것도 큰 용기가 필요합니다. 나는 매달 받는 알바비가 필요했기 때문에 일이 힘들다고 쉽게 그만두고 싶지는 않았습니다. 내가 버틸 수 있을 때까지 버티고 싶었습니다.

겨우겨우 힘들게 일하는 중이라 성령님께 이런저런 하소연을 하며 도움을 구했습니다. 오직 나를 도와주실 분은 성령님이시라는 걸 알고 있기 때문에 마음으로 성령님을 간절히 의지했습니다.

'성령님 저를 도와주세요.'

나는 가까이 있는 남편에게조차 내 무거운 마음을 털어 놓을 수 없었습니다. '남편이 나의 이런 마음을 얼마나 알아줄 수 있을까?'라는 마음 때문에 말할 수 없었습니다. 그때 '진정한 나의 참 남편은 내 안에 살아 계신 예수님이구나'라는 생각을 했습니다.

당신도 성령님께 하소연을 하면 문제가 해결될 것입니다. 마음의 무거운 짐을 성령님께 말씀드리면 그분이 합력하여 선을 이루어 주실 것입니다. 내 몸은 점점 망가지는 것 같았고 마음이 무척 고단했습니다. 그러는 중에 아이가 아팠고 이를 계기로 나의 본업인 행복한 가정주부로 다시 돌아왔습니다. 나는 깨달았습니다.

'내게 주어진 매일 똑같아 보이는 평범한 주부의 일상이 정말 감사한 것이구나. 성령님을 모시고 사는 주부가 행복한 주부이구나. 가정과 아이들을 돌볼 수 있다는 것이 정말 감사한 일이구나.'

이것은 내 인생에 있어 매우 큰 깨달음이었습니다.

평범한 일상 중에 성령님과 책 읽고 산책하고 아이들과 함께 지내는 것이 세상에서 가장 소중한 시간이었던 것입니다. 왜 많은 사람들이 죽어라고 일합니까? 왜 몸이 부서질 정도로 뛰어다니며 사업을 합니까? 왜 직장에서 하루 종일 있습니까?

결국은 행복한 가정을 꾸리기 위해서입니다.

그러므로 일한다고 가정을 희생하면 안 됩니다. 가정은 하나님이 주신 궁궐이며 자녀 한 명은 100조 원 이상의 재산 가치가 있습니다. 엄마로서 100조 원짜리 대기업과 같은 자녀 한 명을 믿음으로 잘 양육하는 것이 얼마나 큰일인지 잘 알아야 합니다.

지금 내가 집에서 아이들과 이야기하고 맛있는 집밥을 해 먹는 것, 성령님과 함께 동네를 산책하고 카페에 가서 책을 읽는 것, 아늑한 집에서 따뜻한 물에 샤워하고 침대에 누워 잠자는 것, 이런 일상들이 얼마나 럭셔리하고 귀한 것인지 알아야 합니다.

사람들은 자기에게 있는 것보다 없는 것을 보며 기웃거립니다.

가장 귀한 것은 모두 집밖이 아닌 집안에 다 있습니다.

집밖이 아닌 집안에서 행복을 찾아야 합니다.

집밖이 아닌 집안에서 가치를 찾아야 합니다.

집밖이 아닌 집안에서 만족을 찾아야 합니다.

나는 늘 알바가 하고 싶었습니다. 혼자 길을 걸을 때도 알바생을 구한다는 문구를 보면 마음이 흔들리고 술렁거렸습니다. 집밖에 나가 일하면서 돈을 벌고 싶었습니다. 물론 그렇게 일한다는 것은 좋은 것이고 그런 건강이 있다는 것도 감사한 일입니다.

하지만 시간이 지나 생각해 보니 내게는 그런 육체적인 노동보다는 내가 있는 이 자리에서 하나님이 내게 원하시는 것을 믿음으로 감당하는 것이 더 잘하는 일이라고 생각되어졌고 무엇보다 하나님과 나 자신에 대한 믿음을 지켜야 한다는 생각이 들었습니다.

각자의 삶이 다른 것처럼 하나님께서 각자에게 원하시는 것이 있다고 생각됩니다. 모든 알바 일을 정리하고 난 후에 성령님께서 주일 설교 말씀 테이프를 들으라고 하셨습니다. 그래서 말씀 테이프를 틀어 놓고 들었는데 모두 나를 위한 말씀 같았습니다.

정말 내 마음과 생각을 꿰뚫고 내게 하시는 말씀이었습니다.

하나님은 그 말씀을 통해 내 생각, 내 고집대로 밀고 나가려는 잘못된 중심을 바로 잡아 주셨고 나는 다시 마음의 안정을 찾을 수 있었습니다. 나는 지금 하나님의 일을 많이 하고 있습니다.

하나님의 일은 무엇일까요? 육체적인 노동을 많이 하는 것이 아니라 하나님이 보내신 이를 믿는 것입니다. 믿음이 일입니다.

"그들이 묻되 우리가 어떻게 하여야 하나님의 일을 하오리이까? 예수께서 대답하여 이르시되 하나님께서 보내신 이를 믿는 것이 하나님의 일이니라 하시니……."(요 6:27~28)

하나님이 가장 기뻐하시는 일은 '믿음'입니다. 무엇을 믿어야 한다고요? 하나님이 보내신 이를 믿어야 합니다. 하나님이 보내신 이는 누굴까요? 예수 그리스도입니다. 2천 년 전에 인간의 몸을 입고 오신 예수 그리스도,가 지금은 영으로 내 안에 실제로 살아 계십니다. 이것을 믿는 것이 가장 크고 귀한 일입니다.

나는 '믿음'이 아닌 '육체적인 노동'을 해야 한다는 생각에 사로잡혀 있었던 것 같습니다. '어떤 알바 일을 하면 좋을까? 나도 남들처럼 전문적인 일을 배워서 하면 어떨까? 나만의 사업을 하면 어떨까? 하나님께서 내게 이런저런 재능을 주셨다고 하는데 한번 배워서 해볼까?'라며 일에 대한 온갖 잡생각을 하곤 했습니다.

그렇게 나름대로의 재능을 따라 일하는 사람들이 부러웠습니다. 그렇게 일하는 사람들을 늘 동경했습니다. 밖에 나가서 자기 사업을 하는 사람들이 좋아 보였습니다. 그래서 여러 가지 일자리를 찾기 위해 알아보기도 했는데 설교를 통해 "모든 만물을 티끌처럼 작게 여겨라. 만물은 티끌처럼 작다"고 하신 하나님의 말씀이 내 마음을 흔들었습니다. 내 안에 살아 계신 예수 그리스도가 크신 분이고 사업, 돈, 재능 또한 만물이며 그러한 것들은 작은 것이고 하루 만에도 하나님께서 다 주신다는 거였습니다.

물론 하나님이 나를 어떤 자리에서 두고 일하게 하신다면 즐거운 마음으로 일해야 합니다. 그렇지 않고 내가 나서서 자꾸 뭔가를 하려고 하면 하나님이 주신 존귀한 위치에서 떨어지게 된다는 말입니다. 나는 하나님이 기름 부어 세운 왕과 왕비인데 왕이 아닌 노예의 위치, 왕비가 아닌 하녀의 위치로 떨어지게 됩니다. 그러면 비옥한 삶이 아닌 비참한 삶을 살게 됩니다. 기억하십시오.

내게 귀한 말씀을 보내 주시고 깨닫게 해주신 성령님께 억만 번이나 감사합니다. 말씀을 통해 성령님과 함께하는 럭셔리한 생활로 다시 인도해 주신 하나님께 감사드립니다.

나는 이제 눈에 보이는 만물보다 내 안에 살아 계신 예수 그리스도를 크고 가장 귀하게 여기며 살아갈 것입니다. 당신도 모든 만물을 티끌처럼 작게 여기고 당신의 모든 죄와 저주를 담당하신 예수 그리스도를 가장 크고 귀하게 여기며 살아가기 바랍니다.

나의 꿈, 나의 재능, 나의 경영, 내가 받은 모든 복보다 억만 배나 더 크신 분이 바로 내 안에 살아 계신 예수 그리스도라는 걸 나는 깨달았습니다. 그래서 한없이 자유롭고 행복합니다.

"자녀들아, 너희는 하나님께 속하였고 또 그들을 이기었나니 이는 너희 안에 계신 이가 세상에 있는 자보다 크심이라."(요일 4:4)

백배의 복을 받으려면 의심하지 말고 인내하라

당신은 계속 하나님께 복을 받고 있습니까?

나는 십자가에서 나의 죄목병가어징죽(죄와 목마름, 병과 가난, 어리석음과 징계와 죽음)의 저주를 다 담당하신 예수 그리스도를 믿음으로 말미암아 계속 복을 받고 있습니다. 또한 "예수님이 십자가에서 내 대신 땀과 피와 눈물을 흘리며 값을 지불하고 다 이루었다"는 온전한 복음을 깨닫고 믿으면 내 노력, 내 힘, 내 경험이 아니더라도 계속 복을 받을 수 있다는 것을 깨달았습니다.

물론 어떤 일은 내 노력이나 경험이 도움 될 때도 있지만 그런 내 노력과 경험만으로는 한계에 부딪힐 때가 더 많습니다.

예수님을 믿는 하나님의 자녀들은 "오직 나의 의인은 믿음으로 말미암아 살리라"는 말씀처럼 오직 믿음으로 살면 계속 복을 받을 수 있습니다. 나는 그렇게 해서 날마다 복을 받고 있습니다.

나는 믿음으로 말미암은 복을 받으려면 인내해야 한다는 걸 깨달았습니다. '믿음'이란 동전의 뒷면에는 '기다림'이 있습니다.

예수님은 "너희가 기도하고 구한 것은 받았다고 믿어라"고 하신 다음에 "마음에 의심하지 않으면 그대로 되리라"고 하셨습니다. 이것은 곧 '의심하는 어느 정도의 기간이 있다'는 의미입니다.

왜 의심이 생길까요? 눈에 보이는 현상과 현실 때문입니다.

현상과 현실은 실상이 아닌 허상입니다. 현상과 현실은 1초마다 지나가며 눈앞에서 계속 바뀝니다. 그러므로 눈에 보이는 현실과 현상을 믿지 말고 마음의 눈으로 '기도하고 구한 것을 받았다는 실상'을 보고 믿어야 합니다. 허상을 보며 속지 마십시오.

믿음은 '바라는 것'이 아닙니다. 바라는 것은 '소망'입니다.

많은 사람들이 소망을 믿음으로 착각하고 있습니다. 믿음은 '바라는 것들의 실상'입니다. 믿음은 마음의 눈으로 실상을 보는 것입니다. 실상은 '바라는 것들을 이미 가졌다는 확신'입니다.

"내가 기도하고 구한 것을 시간과 공간을 초월해 이미 내 손에 가졌다"라고 말하는 것이 진정한 믿음입니다. 그것이 현실과 현상으로 드러나는 데는 '인내하는 시간'이 필요합니다. 어떤 것은 1초 만에, 또 어떤 것은 10년, 100년이 걸리기도 합니다. 때와 기한은 하나님께 있습니다. 아브라함은 75세에 큰 민족을 이룬다는 약속을 받았지만 25년을 기다린 후에야 아들 이삭을 낳았습니다.

이삭은 40세에 결혼해서 20년이 지난 60세에 쌍둥이 아들을 낳았고 야곱은 거부가 되기까지 20년을 기다렸습니다. 요셉은 위대한 지도자가 된다는 꿈을 꾼 후에 13년을 기다렸습니다.

내 경우에도 상황에 따라 급한 것은 하나님께서 금방 응답하신 것이 있지만 큰 꿈과 소원에 대해서는 어느 정도 시간과 기한이 필요하다는 걸 경험했습니다. 그동안 참고 인내해야 합니다.

몇 달 전에 나의 가정은 더 넓은 아파트로 이사했습니다.

아주 좋은 고급 아파트로 이사했습니다. 나는 이사가 정말 하고 싶었습니다. 하지만 내 뜻대로 빨리 진행되지 않아 너무 속상했고 남편을 탓하기도 했습니다. 남편에 대해 '미래에 이사 계획도 없이 사나?'라는 생각을 하니 기분이 언짢아졌던 것입니다.

남편은 성실하고 부지런한 사람입니다. 처음에는 안 들어 줄 것같이 말하지만 결국은 내가 원하는 건 다 들어주는 좋은 사람입니다. 그런데 자라나는 아이들을 보면 빨리 이사해야 하는데 먼

발치에서 구경만 하고 기한도 없이 기다려야 한다는 것이 내 마음을 답답하게 했습니다. '도대체 우리는 언제 이사 가나?' 하는 마음으로 기다리며 살았습니다. 이삿짐 차만 봐도 그렇게 부러울 수가 없었습니다. 그런데 감사하게도 큰아들 도균이가 중학생이 되기 전에 이사를 하게 되어 너무너무 감사하고 기쁩니다.

지금도 꿈만 같습니다. 오래전 집에 대한 기도 제목이 있었는데 내가 기도한 대로 하나님께서 다 응답하셨습니다. 나는 인테리어를 안 하고 그냥 살 수 있는 좋은 집을 원했고 붙박이장은 슬라이딩을 원했습니다. 수납공간도 많으면 좋겠다고 성령님께 구했고 아이들 학교도 가까운 곳이면 좋겠다고 성령님께 말씀드리고 기도 노트에는 "받았음. 억만 번이나 감사합니다"라고 적어 놓았습니다. 그런데 정말 그런 집을 주셨습니다. 주방 베란다까지 수납장이 짜인 집을 보여주시고 안방은 슬라이딩 붙박이장이며 인테리어도 할 필요 없는 지은 지 얼마 되지 않은 아파트입니다.

나는 지금 우리 집 거실이 참 좋습니다. 이사하겠다고 부동산을 끼고 여기저기 돌아다녔는데 몇몇 아파트는 우리 부부가 구입하기에는 액수도 만만치 않은데다가 아파트가 한가운데 있어서 창살만 보이고 나뭇가지 하나 보이지 않는 답답한 집이었습니다. 그런데 하나님께서는 내가 기도한 대로 답답하지도 않고 한쪽으로는 경치가 좋은 집을 주셨습니다. 예전에 쓰던 살림살이도 다 정리하고 새것으로 바꾸었습니다. 아이들 초등학교와 중학교도 집과 가깝습니다. 이처럼 나는 성령님의 인도하심으로 멋진 집으로 이사할 수 있었습니다. 모든 것이 하나님의 은혜입니다.

김열방 목사님은 "하나님께서는 하루 만에도 복을 주신다. 하루 만에도 기도 응답이 쏟아진다"고 하셨습니다. 나는 이번 이사를 통해 더욱 하나님께서 하루 만에도 복을 주시고 기도 응답이 쏟아진다는 걸 믿게 되었습니다. 하나님은 정말 좋은 분이십니다.

어느 날 남편이 갑자기 집을 알아보라고 했고 이틀 만에 살던 집이 팔렸습니다. 예전에 이사에 대한 마음의 소원을 갖고 여러 군데 집을 보았는데 그때마다 남편은 거절했습니다. 그래도 집을 알아보는 것이 재미있어 남편 몰래 집을 보러 다니곤 했는데 지금 돌이켜 보면 '내 노력, 내 힘을 들이지 않아도 하나님이 응답하실 때는 결국 복을 받아 이사하게 되는구나!'라는 생각을 합니다.

내가 발버둥 치지 않고 가만히 있어도 기도하고 받았다고 믿고 인내하기만 하면 하나님께서 기도한 것들에 대해 모두 응답하신다는 걸 깨달았습니다. 기도하고 구한 것은 받았다는 믿음과 함께 인내해야 합니다. 인내가 필요합니다. 인내하는 중에 환경을 보면 참 답답하기도 하고 마음이 피곤해지기도 하지만 그래도 인내해야 한다는 걸 깨닫고 배웠습니다. 믿고 인내하는 자만이 결국 열매를 따 먹습니다. 어떻게 인내해야 할까요?

첫째, 엄청난 환난을 당했을 때 욥처럼 인내해야 합니다. 결국 욥은 갑절의 복을 받았습니다. "보라, 인내하는 자를 우리가 복되다 하나니 너희가 욥의 인내를 들었고 주께서 주신 결말을 보았거니와 주는 가장 자비하시고 긍휼히 여기시는 이시니라."(약 5:11)

둘째, 당신이 서두르지 않고 인내하면 하나님께서 모든 것이 부족함이 없도록 넘치게 채워 주십니다. 하나님께 시간을 드리면 그분이 다 채워 주십니다. "인내를 온전히 이루라. 이는 너희로 온전하고 구비하여 조금도 부족함이 없게 하려 함이라."(약 1:4)

셋째, 씨앗을 뿌렸으면 인내해야 백배를 거두게 됩니다. "좋은 땅에 있다는 것은 착하고 좋은 마음으로 말씀을 듣고 지키어 인내로 결실하는 자니라. 더러는 좋은 땅에 떨어지매 혹 백배, 혹 육십배, 혹 삼십배의 결실을 하였느니라."(눅 8:15, 마 13:8)

넷째, 이삭도 농사를 지을 때 인내하므로 백배를 거두었습니다. "이삭이 그 땅에서 농사하여 그 해에 백배나 얻었고 여호와께서 복을 주시므로 그 사람이 창대하고 왕성하여 마침내 거부가 되어 양과 소가 떼를 이루고 노복이 심히 많아졌다."(창 26:12~14)

농사를 짓는 사람이 인내하지 않으면 거둘 수 없습니다.

이사하기 전 남편은 직장에서 마음이 힘든 일을 겪었습니다.

나는 그것도 모르고 퇴근하는 남편 얼굴을 보며 내심 힘들어했습니다. 전혀 웃음기 없는 얼굴과 무거운 표정으로 일관하는 남편이 이해되지 않았습니다. 남편은 내게 이런저런 말을 하지 않기 때문입니다. 나중에야 직장에 문제가 생겨 남편이 힘들어했다는 걸 알게 되었습니다. 남편은 많은 고민을 했습니다.

나의 소원은 하루 빨리 이사하고 싶은 마음뿐인데 남편의 불투명해질 것 같은 직장 문제로 이사 계획이 물거품이 될 것 같았습니다. 이때 내 마음은 살짝 무너져 내리는 것만 같았습니다.

남편의 직장 문제로 이사하려던 마음이 가라앉기도 했지만 성령님이 계시기에 나는 '성령님께 맡겨야 겠다'는 생각으로 남편의 직장과 이사 계획에 대한 도움을 구했습니다. 그러자 하나님의 응답하심으로 지금은 남편이 예전보다 더 크고 더 번창하는 좋은 회사로 옮기고 해외 파트에 들어가 인도에서 일하고 있습니다.

놀랍고 신기하게도 같은 시기에 하나님께서 직장과 이사 문제를 동시에 해결해 주셔서 이사까지 할 수 있었습니다. 이사도, 남편의 직장 문제도 모든 것이 하나님의 놀라운 은혜였습니다.

현재 남편의 직장은 신혼 시절에 광주에서 다녔던 전기회사인데 점점 번성하여 해외에까지 뻗어 나간 회사입니다. 전부터 회사에서는 해외 경험도 있고 일을 믿고 맡길 수 있는 사람을 찾다가 남편에게 "함께 인도에 가서 일하자"고 연락한 것입니다.

남편도 그 회사로 이직하면 인도에 나가서 근무를 해야 한다는 걸 이미 알고 있었기에 큰 고민 없이 가장의 책임감을 갖고 인도에 나가게 되었습니다. 하지만 내게는 남편이 또 인도에 가서 일해야 한다는 사실이 마음에 큰 부담으로 다가왔습니다. 커 가는 아이들을 볼 때 마음이 복잡해지기도 하고 남편의 빈자리가 크게 느껴져 두렵기도 했습니다. 그래서 잠깐 의심하기도 했습니다.

'정말로 남편이 인도에 가야 하는 걸까?'

나는 이 문제에 대해 성령님께 도움을 구했습니다.

"성령님, 남편이 인도를 간다고 하는데 성령님의 인도하심이라면 가게 하시고 아니면 국내에서 일할 수 있도록 도와주세요. 성령님께서 남편을 인도해 주세요. 부탁합니다."

이미 남편의 출국 날짜까지 잡혀 있는 상태였습니다.

집 이사를 하고 열흘 정도 지나 남편이 출국했는데 곰곰이 생각해 보니 하나님께서 가장 좋은 길로 남편과 가정을 이끌어 주셨다는 것이 깨달아졌습니다. 남편의 직장 문제가 해결이 되지 못했다면 이사할 수 없었는데 하나님께서 점점 번성하는 회사로 옮겨 주셨기에 가능했고 남편에게는 또 한 번의 해외 경험이 큰 밑거름이 될 거라 생각되었습니다.

나는 남편이 신혼 시절 광주에서 일했던 회사가 해외에까지 나가 일한다는 소식을 듣고 놀랍기도 했지만 반가운 소식이었습니다. 이 회사가 앞으로 하나님의 복을 많이 받도록 축복합니다. 나는 하나님께 남편도 사업을 할 수 있도록 오래전에 구했습니다.

간절하게 꿈꾸고 기다렸던 이사를 하고 보니 "한 번 기도하고 구한 것은 받은 줄로 믿으라"고 하신 말씀이 더 크게 다가왔습니다. 믿고 인내하면 기도 응답은 반드시 현실로 나타납니다.

이처럼 남편도 하나님의 때에 사업을 할 거라 믿습니다.

예수님께서 십자가에서 모든 값을 지불하셨기에 나는 망설이지 않고 무엇이든지 하나님께 구합니다. 어느 날 설교 테이프를 듣다가 "버티는 것도 믿음이라고" 하신 말씀을 들었습니다.

나도 간절히 원하는 것들이 빨리 응답으로 나타나지 않을 때, 받았다고 믿고 인내하고 또 인내하며 기다리는 시간이 점점 길어질 때, 버티는 것조차도 지치고 힘들다고 느껴질 때가 한두 번이 아니었습니다. 그때마다 마음은 답답하고 많은 생각이 듭니다.

이럴 때 환경을 보고 나 자신을 보면 더욱 비참해지는 것을 경험했습니다. 이런 경우에는 마음을 잘 다스려야 합니다. 성경 한 구절이라도 의도적으로 떠올리며 하나님의 말씀에 초점을 맞추어야 합니다. 나는 짧고 쉽게 외울 수 있는 말씀을 떠올렸습니다.

"오직 나의 의인은 믿음으로 말미암아 살리라."

그리고 책을 읽는 것도 좋은 방법입니다. 깨달음과 믿음이 가득한 책을 읽으면 내가 깨닫지 못한 것들을 깨닫고 마음이 믿음으로 가득 차 행복해지기도 하고 지혜와 새 힘을 얻게 됩니다.

내가 그랬습니다. 나보다 빨리 믿음으로 물위를 걸었던 믿음의 지도자인 김열방 목사님의 책을 읽으며 내 마음은 행복해졌고 그분의 깨달음을 내 것으로 받아들여 생각을 키웠습니다.

이 모든 것이 다 나의 유익이기에 나는 지금도 그렇게 하고 있습니다. 성령님께 억만 번이나 감사드립니다. 나는 끝까지 믿음의 자리를 지키고 있습니다. 성령님의 인도함을 받고 있습니다. 성령님께서 지금도 나를 인도하고 계십니다.

때로는 한없이 기다려야 할 것 같은 조용한 상황이 있습니다. 그때 성령님께서는 책을 사서 읽으라고 하시고 말씀을 들으라고 하셨습니다. 그것을 통해 순간마다 나의 잘못된 중심을 깨닫게 하시고 하나님이 원하시는 올바른 길로 인도하셨습니다.

내가 백배의 복을 받은 것은 성령님의 음성에 순종한 결과입니다. 만약 순종하지 않았다면 귀한 깨달음을 얻지 못하고 믿음의 삶을 배우지 못했을 겁니다. 깨닫고 배우기 위해서는 성령님께서 투자하라고 하는 곳에 투자하는 것도 믿음입니다. 당신도 백배의 복을 받기 위해 자신에게 투자하기 바랍니다.

인생은 꿈대로 믿음대로 다 됩니다.

억만 번이나 감사하면 백배의 복을 받는다

하나님이 주시는 복을 걷어차지 마라

당신은 하나님이 주시는 복을 잘 받아 누립니까?

혹시 하찮게 여기며 발로 걷어차지 않습니까? 나는 하나님이 주시는 복을 소중히 여기며 내 삶 전반에 걸쳐 잘 받아 누리는 지혜로운 사람입니다. 하나님은 인간에게 복을 주시는 분입니다.

"하나님이 복의 근원이다"라고 성경에 분명히 나와 있습니다.

민수기 6장 24~27절에 보면 "여호와는 네게 복을 주시고 너를 지키시기를 원하며, 여호와는 그의 얼굴을 네게 비추사 은혜 베푸시기를 원하며, 여호와는 그 얼굴을 네게로 향하여 드사 평강 주시기를 원하노라"고 하시며 복을 주기를 원하신다고 하셨습니다. 그런데 안타깝게도 많은 사람들이 하나님이 주신 복을 발로 걷어차고 제대로 받아 누리지 못하고 있습니다.

가만히 생각해보면 인간은 참으로 어리석을 때가 많습니다.

억만 번이나 감사하고 감격하라. 그러면 더 받는다

당신은 지금까지 하나님께 어떤 복을 받았습니까?

나는 하나님께 많은 복을 받았습니다. 내가 세상에 태어나서 지금까지 가장 잘한 게 몇 가지 있다면 첫째, 예수님을 구주로 믿고 하나님의 자녀가 된 것이고 둘째, 딸을 둘이나 낳아 키우는 것이며 셋째, 내 삶과 깨달음이 담긴 책을 써낸 것입니다.

당신도 예수님을 믿고 예쁜 자녀를 낳고 책을 써내십시오.

나는 아이를 둘 낳아 기르고 있습니다. 부모인 내가 아이들에게 좋은 것을 주고 싶을 때 과연 어떤 아이에게 줄까요? 당신은 어떤 아이에게 더 주고 싶나요? 감사하고 감격하는 자녀입니다.

내가 뭔가를 줄 때 그것을 하찮게 여기는 것이 아니라 감사 감격하며 그것을 소중히 여겨야 억만 번이라도 더 주고 싶을 것입니다. 하나님도 마찬가지라는 생각이 들었습니다. 당신이 하나님이라면 뭔가를 자꾸 더 주고 싶은 자녀가 있지 않을까요?

사람도 마찬가지입니다. 내가 집에 좋은 것이 있어 누군가에게 주고 싶은 맘이 생길 때 나는 이렇게 생각합니다.

'이렇게 좋은 것을 누구에게 주면 좋을까?'

그때 진짜로 주고 싶은 사람이 생각났는데 그것은 곧 내가 뭔가를 주었을 때 감사하고 감격하는 사람이었습니다.

"와, 좋다. 저에게 주셔서 정말 감사해요. 너무 행복해요."

당신도 복을 주시는 하나님과 선물 주는 사람에게 이렇게 표현해야 합니다. 아무리 작은 것이라도 그냥 받는 사람이 아니라 감사하고 감격하고 그것을 소중히 여기는 사람에게 주고 싶습니다.

얼마 전에 나는 누군가에게 내 가방을 선물로 주었습니다.

그 가방이 예뻤지만 나는 다른 가방이 있어 필요가 없기에 성령님께 묻고 누군가에게 주었습니다. 그랬더니 주일날 그분이 그 가방을 멋지게 메고 오면서 너무나 기뻐하고 좋아하고 고마워하는 것이었습니다. 그리고 다음 주 그 다음 주에도 메고 오는 것이었습니다. 그럴 때 나는 '잘 주었구나. 다른 좋은 것이 있으면 저분에게 또 주어야겠다'는 생각이 들었습니다.

하나님도 마찬가지입니다. 감사 감격하는 자에게 더 주십니다.

하나님은 우리의 아버지이십니다. 예수님은 "자녀가 떡을 달라는데 돌을 주고 생선을 달라는데 전갈을 주는 부모는 없다"고 하셨습니다. 하물며 세상의 통치자이시며 모든 것을 다 가진 우리 하나님 아버지께서 당신에게 못 주실 게 무엇이 있겠습니까?

그런데 많은 사람들이 하나님께 제대로 받아 누리지 못하는 것은 그분이 주신 것을 소중히 여기지 않기 때문입니다.

한 부부가 열심히 일해서 넓은 아파트를 장만했습니다.

그 부부는 넓고 좋은 집을 소유했지만 너무나 일이 많고 바빠 그 집에서 편히 쉬고 누리지 못했습니다. 어느 날 외출하고 돌아오니 세상에나 그 집 파출부가 청소를 깨끗하게 해 놓고 커피 한 잔을 하며 유유자적하게 넓은 집을 누리고 있는 것을 보고 충격을 받았다고 했습니다. 당신은 지금 어떻게 살고 있습니까?

당신도 하나님이 주신 복을 누리지 못하면 하나님은 당신에게 더 이상 주고 싶은 마음이 없을 겁니다. 그리고 안 주십니다.

나는 하나님이 작은 거 하나라도 주시면 너무 감사하게 생각합니다. 지금도 그렇습니다. 예전에 내가 갑상선암으로 두 번째 수술을 할 때가 기억이 납니다. 그때 많은 사람이 병원에 다녀갔는데 그 중 가난하게 사는 한 권사님이 봉투에 만 원을 넣어 내게 주고 담임 목사님과 함께 기도하고 얘기하다가 갔습니다.

그 권사님의 형편을 알기에 나는 눈물이 나며 너무 고마웠습니다. 지금도 나는 그 권사님을 보면 뭔가 많이 드리고 싶습니다.

정말 작든 크든 나는 모든 것을 감사함으로 받으며 내가 줄 것이 없다면 그분들을 위해 기도해 드립니다.

어떤 분은 내가 줘도 줘도 더 달라고 하며 다른 사람을 주면 자기는 왜 안 주냐고 질투까지 하는 사람도 있습니다. 그럴 때는 사실 준 것도 빼앗고 싶은 맘이 들 때가 있습니다. 나는 있으나 없으나 감사합니다. 즐겁거나 슬프거나 억지로라도 감사합니다.

담임 목사님께서 단상에서 늘 말씀하시는 게 그것입니다.

"감사하는 자가 되어라. 사탄이 모든 사람을 건드릴 수 있지만 절대로 건드리지 못하는 사람이 있다. 그것은 바로 감사하는 사람이다"라고 하셨습니다. 맞습니다. 범사에 감사해야 합니다.

나도 예전에는 감사보다는 불평이 더 많은 사람이었습니다. 특히나 예수를 믿지 않을 때는 모든 것을 불평했습니다. 나 자신에게 불평하고 세상을 향해서도 불평했습니다.

세상을 내 힘으로 바꿔 보겠다며 저항도 많이 했습니다.

그러나 지금은 그렇지 않습니다. 내가 변화된 것입니다. 그동안 내가 살면서 깨달은 점은 "나 자신을 이기는 것만큼 쉬운 일은 없다. 남 탓하지 말고 나 자신을 변화시키자"입니다. 예수 믿은 지금은 세상 탓도 사람 탓도 안하고 오직 감사만 합니다.

감사하지 못할 환경에 처할 때는 억지로라도 감사합니다.

나는 오랜 기간 간호사로 일했습니다. 지금은 소음성 난청으로 보청기를 끼고 생활합니다. 2006년부터 10년이 넘었습니다. 이는 간호사로서 치명적인 일이며 결국은 야간 당직 간호사로 밀려나야 했습니다. 그래도 괜찮습니다. 때로 우리는 인생의 어두운 터널을 지날 때가 있습니다. 심지어 화장실에서 볼일을 보면서 혼자 꺼이꺼이 울기도 많이 울었습니다.

수간호사까지 되었지만 그 문제가 불거져서 내 생애 처음으로 힘겨운 고난을 많이 겪어야 했습니다. 암수술보다 더한 상처였고 더 큰 아픔이었습니다. 하지만 지금은 괜찮습니다.

오히려 그것이 요양병원에서 일하는 나로서는 늙어서 귀가 안 들리는 어르신들의 아픔을 더 잘 이해하는 좋은 계기가 되었습니다. 그리고 청각 장애인들은 얼마나 힘들까 하면서 그들의 치유를 위해 기도하게 되었습니다.

눈이 안보이면 안경 끼듯이 보청기 하는 게 꼭 나쁜 것도 아닙니다. 그리고 듣기 싫은 소리는 안 들려서 오히려 좋을 때가 있습니다. 층간 소음이나 떠드는 아이들 때문에 아파트 주민들과 다툴 일도 없습니다. 그래서 나는 지금 비록 야간 당직을 하지만 한 달에 15일만 일합니다. 오히려 감사합니다. 노는 날에는 더 많이 생각하고 책도 쓰게 되었습니다.

아침에 남들이 출근할 때 나는 퇴근을 합니다.

이른 아침 맑은 공기를 마시며 감사합니다.

얼마나 맑은 공기입니까?

해가 막 떠오르는 것을 보며 감사합니다.

얼마나 아름다운 빛이요 자연인가요.

다 하나님이 주신 것입니다.

차를 몰고 올라치면 봄에는 길가에 벚꽃이 아름드리 피어 있는 것을 보며 너무나 아름다워 감사합니다.

집들이, 아파트가, 비록 겹겹이 쌓인 성냥갑 같지만 내가 살 수 있는 집과 이웃이 있음에 감사합니다.

대학 시절에 나는 사서 고생한다고 세상을 바꿔 보겠다고 데모를 하며 하라는 공부는 하지 않고 스스로 집을 나와 자취한 적이 있습니다. 후배 집에 얹혀살다가 도저히 안 되어 운동권 사무실에서 가까운 자취방을 얻어 월세 10만 원에 생활한 적도 있습니다. 그 월세를 내기 위해 비 오는 날 이 작은 체구로 신문 배달을 하며 잘 밟히지도 않는 자전거 페달을 밟으며 달리는데 우비 입은 옷이 흠뻑 젖곤 했습니다. 레스토랑에서 아르바이트를 하면서 큰 접시 두세 개를 양손에 나르기도 하고 분식집에서 무거운 돌솥판도 날라도 보고 미술 학원에서 청소를 하기도 했습니다.

마지막으로 간호사 공부를 할 때는 도시락을 사서 도서관을 다니며 공부했는데 늦은 밤 별빛을 보면서 집으로 돌아올 때는 '저 수많은 집들 중에 미래에 내가 거할 집이 과연 있을까?'라고 생각한 적도 있습니다. 그것에 비하면 지금 사는 것은 정말이지 백배의 복을 받은 것입니다. 억만 번이나 행복합니다.

내가 20평 아파트에서 신혼 생활을 할 때는 30평대로 옮기는게 꿈이었는데 하나님께서 이루어 주셨고 최근에는 아는 권사님을 통해 소액이지만 땅도 투자하게 해주셨습니다.

나의 꿈은 자꾸 커져만 갑니다.

첫 번째 책을 내고 책쓰기학교도 등록하고 계속 이렇게 두 번째 책을 내고 있으며 '이삭출판사'도 세웠고 나중에는 단독으로 책을 출간할 것이며 내 대에서 가난을 끝내고 부자의 꿈도 이룰 것입니다. 성령님께서 김열방 목사님을 통해 100권의 책을 써낼 것이라며 예언도 해주셨습니다. 나는 천재 작가입니다.

김열방 목사님은 내가 〈20대에 하지 않으면 안 될 50가지〉의 저자인 나카타니 아키히로(Nakatani Akihiro)보다 글을 더 잘 쓴다고 칭찬하셨습니다. 그는 29세 때 첫 책을 낸 후 20년 동안 800권이나 정식으로 출간했고 매년 250만부가 팔리고 있습니다.

얼마 전에는 우리 새소망교회에 미국에 계신 나이트 데이빗 목사님으로부터 "이제껏 네가 받지 못한 조건을 다 제거하고 이제 너에게 신령한 것을 부어 주리라"는 예언도 받았습니다.

이 모든 것이 예수 믿고 행복해졌기 때문입니다.

당신도 예수 믿고 행복해지기 바랍니다.

내가 예전에 개인 사업을 할 때 성공한 사장님이 강연장에서 한 말이 생각납니다. 그분은 군중들에게 이렇게 외쳤습니다.

"예수 믿어서 나쁠 게 없는데 왜 당신들은 예수를 안 믿느냐? 나는 예수님을 믿어 행복해졌고 성공한 사람이 되었다."

물론 그때는 나도 예수님을 믿지 않았을 때였습니다.

그 당시에 나는 지금의 친정집 같은 교회인 새소망교회 바로 앞 아파트에서 신혼 생활을 하면서 6살인 큰딸 한솔이를 아파트 내의 파랑새유치원에 보냈습니다. 그 교회 집사님이 우리 딸의 선생님이셨는데 3년 동안 나를 위해 기도하며 손에 과자를 들고 전도하러 오곤 했습니다. 올 때마다 그분을 집 앞에서 내쫓으면서 "나는 유물론자니까 이런 것 들고 오지 마세요. 다시는 우리 집에 오지 말고 우리 아이도 교회에 데리고 가지 마세요"라고 했습니다. 맞습니다. 그랬던 내가 지금은 예수를 믿고 행복해졌고 온전한 복음을 깨닫고 부요 믿음으로 살고 있습니다.

이 책을 쓰기 전에 김열방 목사님이 쓰신 〈존귀하게 사는 비결〉이란 책을 읽었습니다. 그 책을 읽고 숱한 것을 깨달았지만 그 중에 가장 귀한 것은 "나는 무슨 일이 있어도 성령님을 의지하고 끝까지 성령님과 교제하며 천국을 누리며 살겠다"고 다짐한 것입니다. 그리고 무엇보다도 "사랑으로 옷 입자"고 결심했습니다.

외모로 예쁜 옷을 입고 누리는 것도 중요하지만 오직 성령님의 사랑의 옷을 입는 게 제일임을 알게 되었습니다. 그럴 때 아무 두려움이 없습니다. 요한1서 4장 18절에 "사랑 안에 두려움이 없고 온전한 사랑이 두려움을 내쫓나니"라고 했기 때문입니다.

평생 성령님이 나의 애인이 되어 나와 함께 하신다면 무엇이 두렵겠습니까? 지금은 퇴근하고 집에 왔습니다. 휴일이어서 아이들과 남편이 방에서 곤히 자고 있습니다. 하룻밤에 무슨 일이 생길지 모르는데 온 가족이 무사하다는 게 얼마나 감사합니까?

"하나님, 억만 번이나 감사합니다."

잔다고 아무도 나를 반겨 주지 않지만 거실의 식물과 고목에서 싹을 틔운 행운목이 나를 반겨 주고 있습니다. 너무 감사합니다.

살아가는 이 모든 순간이 감사합니다. 때로 나는 나 자신을 축복합니다. 칭찬도 해줍니다. 내가 당직 서는 동안 나이 많은 어르신들이 아무 탈 없이 잘 주무시고 평안했습니다. 같이 일하는 동료들과도 잘 지내고 얘기도 많이 했습니다. 너무 감사합니다.

김열방 목사님은 감사에 대해 이렇게 말했습니다.

"한 번이 아니라 억만 번이라도 감사하라."

나는 매일 감사합니다. 사소한 것에도 감격합니다.

나는 매달 시어머님께 용돈을 보내드립니다.

시어머님은 항상 고맙다고 말씀하십니다.

"네가 용돈을 보내 줘서 너무 고맙다."

시어머님은 80이 넘은 연세로 혼자 시골에서 사시는데 허리가 아파 땅에 닿을 듯 걸어 다니십니다. 그래서 얼마 전에는 작은 안마기를 하나 사 드렸습니다. 전화할 때마다 "네가 사준 안마기 덕분에 허리가 시원하다"고 고마워하시며 좋아하십니다.

나도 늘 기쁘고 감사합니다. 살아 계실 동안 더 잘해 드리고 싶습니다. 내가 전화할 때마다 고맙다고 하십니다. 혼자 사시는데 얼마나 외롭고 적적하시겠습니까? 그런데도 때로 바쁘다는 핑계로 전화를 자주 하지 못할 때가 많습니다. 가끔 전화하더라도 어머님은 항상 고맙다고 하십니다. "왜 이렇게 전화를 늦게 했냐?"고 책망치 않으시고 오히려 고맙다고 하실 때 나는 더 감사하고 더 자주 해야겠다는 생각을 합니다. 이렇듯 감사하고 고마워하고 감격하는 사람에게 하나님도 더 많은 복을 주십니다.

그렇지 않습니까? 당신도 감사하고 고마워하는 사람에게 더 많은 것을 주고 싶지 않습니까? 성경에도 아브라함, 이삭, 야곱, 요셉, 다윗, 솔로몬, 욥이 다 하나님께 복을 받았다고 했습니다.

당신도 넘치도록 감사하여 그 복을 다 받아 누리기 바랍니다.

하나님이 말씀하시면 투덜대지 말고 순종하라

당신은 순종의 자녀입니까? 불순종의 자녀입니까?

나는 순종의 자녀입니다. 최근에 하나님이 당신에게 말씀하셨을 때 순종한 적이 있습니까? 나는 순종했습니다. 그렇게 순종해서 많은 복을 받았습니다. 그중에 한 가지가 바로 책 쓰기입니다.

3년 전 어느 날, 하나님께서 내게 책을 쓰라고 하셨습니다.

책 쓰기는 나의 간절한 소원이며 꿈이기도 했습니다. 그래서 나는 하나님께 책을 쓰게 해 달라고 늘 기도했습니다. "하나님, 저는 평생 책을 쓰고 여행하며 복음을 전하고 싶습니다."

그랬는데 우연찮게도 〈내 인생을 바꾼 만남의 축복〉이란 책을 접한 후 김열방 목사님을 알게 되었고 책을 쓰고자 하는 마음이 내 안에서 불같이 일어났습니다. 하나님께서 내 꿈에 도달하시어 손을 내미신 것인데 그때 나는 순종하지 못했습니다. 왠지 맘에 불안함이 앞서고 하나님께서 하라고 하시는데도 겁이 났습니다.

그랬더니 어떤 무거운 짐 같은 게 내 맘을 짓눌렀습니다.

그런데 올해는 하나님이 말씀하실 때 즉각 순종했습니다.

순종하고 나니 내 맘이 너무 평안하고 기뻤습니다.

그래서 내 생애 첫 번째 책인 〈부자 아빠 하나님〉이란 책이 탄생했습니다. 책을 쓰고 난 후 내 인생은 참으로 많이 달라졌습니다. 꿈이 더 많이 생겼고 낮았던 자존감이 회복되었습니다.

그리고 이렇게 두 번째 책도 쓰게 하셨습니다. 하나님께서 너무나 쉬운 방법으로 일을 착착 진행하신 것입니다. 당신도 성령님의 음성을 듣고 즐겁게 순종하십시오. 그러면 성령님께서 다 알아서 하십니다. 순간마다 성령님께 도움을 구하십시오.

너무도 신기합니다. 내가 글을 쓰는데 머리에서 계속 시상이 떠올랐습니다. 저절로 줄줄 써지면서 내가 쓴 글을 읽고 내가 감동하는 것이었습니다. 그리고 많은 책을 써낸 천재멘토 김열방 목사님이 시키는 대로 하니까 책 쓰기가 더 쉽고 잘 되었습니다.

내 글을 읽으신 김열방 목사님이 칭찬을 해주시며 내가 쓴 글을 살짝 업그레이드시켜 주셨습니다. 그 업그레이드시켜 준 글을 읽는데 어찌나 기쁘고 감동이 되는지 "성령님, 감사합니다"라는 말이 저절로 나왔습니다. 정말 좋은 글로 태어났습니다. 내가 처음 쓴 글보다 한층 더 감격스럽고 멋진 글로 태어난 것입니다.

나는 내 힘으로 무언가 하려고 할 때는 안 되던 것이 성령님을 의지하고 믿고 순종하니까 너무 쉽고 잘되는 것을 경험했습니다. 당신도 성령님을 의지하십시오. 그러면 성령님께서 당신에게 천재적인 지혜를 주시고 또한 귀한 만남의 축복을 주실 것입니다.

"너희는 사라져 가는 방백과 사람을 의지하지 말고 오직 알파와 오메가요 영원하신 하나님을 의지하라"고 했습니다. 맞습니다. 하나님을 의지할 때 무슨 일이든지 잘되고 복이 따라옵니다.

오늘도 야간 당직을 하고 퇴근한 시간이지만 컴퓨터 한글을 띄우고 나니 글이 저절로 술술 써집니다. 내 안에 가득한 천재적인 기름 부음이 바로 나타나고 있는 것입니다. 이것은 나와 함께 계신 지혜와 총명의 영이신 성령님을 의지할 때 가능한 일입니다.

"사랑하는 성령님, 지혜를 주셔서 억만 번이나 감사합니다."

나는 물질적인 복과 영적인 복을 함께 받았다

당신은 복이 넘치고 있습니까? 아니면 줄고 있습니까?

나는 하나님이 주신 물질적인 복과 영적인 복이 함께 넘치고 있습니다. 사실 하나님께서는 물질의 복도 주시지만 영적인 복도 주십니다. 영적인 복은 다른 사람의 눈에 보이지는 않지만 너무나 귀중합니다. 내겐 영적인 복이 있습니다. 그 중에서도 일반 사람이 가지지 못한 영적인 복이 있는데 곧 방언입니다.

나는 방언을 할 줄 압니다. 방언이 뭐냐고요?

방언은 사람이 알아듣지 못하는 영적인 언어로 하나님과 교통하는 것입니다. 처음 내가 방언을 받고 성령을 체험한 일이 떠오릅니다. 내가 다니는 새소망교회는 특히 금요철야예배가 뜨거운데 그때 방언을 받은 사람과 치료를 받은 사람이 많습니다.

나는 나와 똑같이 교회를 갔던 나영귀 집사님이 방언을 받았다는 소리를 듣고 나도 하나님께 방언을 달라고 구했습니다. 그 당시 나는 갑상선암으로 치료해 달라고 기도할 때였습니다.

목이 아픈 나였기에 하나님께서는 고함지르며 기도하는 금요철야예배 때가 아닌 조용히 기도하는 새벽기도회 때 다가오셔서 내 혀를 터치하셨습니다. 그때 내 입에서는 알지 못하는 말이 튀어나왔습니다. 하나님께서는 내가 새벽기도 오가는 중에 하늘 색깔이 두 번이나 핑크색과 흰색으로 바뀌는 환상도 보여주셨습니다.

그래서 나는 그것이 성령 체험이라는 걸 알게 되었고 지금은 유창하게 방언을 말합니다. 하나님께서는 내가 방언을 할 때 모든 것을 들으시며 응답하십니다. 내 마음은 딴 데 가 있을지라도 방언을 하게 되면 몸의 기운이 확 살아납니다. 몸이 덜 피곤합니다. 마음속에 어떤 깨달음과 소원이 떠오릅니다. 그리고 그 소원대로 살아가려고 합니다. 그럴 때 하나님께서 자기 이름을 위하여 나를 의의 길을 인도하고 계심을 압니다.

그리고 두 번째는 다른 사람이 가지지 못한 말할 수 없는 평강입니다. 사람들이 나를 보면 평안해 보인다고 합니다. 때론 육체가 곤할 때도 있습니다. 집안에 안 좋은 일이 일어나면 기분이 나쁠 때도 있지만 그럴 때도 교회나 직장에 가면 주위 사람들로부터 얼굴이 좋아졌다는 소리를 듣습니다. 참으로 신기합니다.

나는 늘 맘이 평안합니다. 순간마다 말할 수 없는 평강이 내게 임합니다. 예전에 내가 직장 생활을 하고 예수를 믿지 않았을 때의 일입니다. 한 사람이 내게 누군가를 소개했는데 목사님이라고 했습니다. 그분이 나를 쳐다보는데 너무나도 평온하고 그 미소가 이루 말할 수 없이 부드럽고 인자해 보였습니다. 그때는 '사람이 어떻게 저런 표정을 지을 수 있을까?' 하며 의아했습니다.

그때는 그것이 오히려 부담스럽게 다가왔습니다.

그리고 한번은 같이 일하던 동료였는데 그녀는 예수 믿는 목사님의 딸이었습니다. 피부에 뭔가 나고 너무 붉어져서 좀처럼 낫지 않았습니다. 쉽게 낫지 않는 독한 피부병이었는데 이상하게도 그녀는 병원에 가지 않고 약도 바르지 않았습니다. 그러던 어느 날 깨끗이 나은 게 보여서 내가 물어봤습니다.

"성숙 씨, 어떻게 그렇게 얼굴이 깨끗해졌나요?"

그녀는 아무렇지 않게 하나님께 기도했더니 나았다고 했습니다. 나는 믿을 수가 없어 고개를 갸우뚱했던 기억이 생생합니다.

도무지 믿을 수 없었던 그 일이 지금 생각하니까 자연스럽습니다. 오히려 그때 믿지 못했던 내가 이상하게 느껴질 만큼 이제는 그런 일이 나에겐 익숙하고 일상에서 즐기기까지 합니다.

참으로 우연찮게 일어난 신기한 일들이 얼마나 많은지 모릅니다. 이제는 누굴 만나더라도 평안하고 또 그런 사람이 좋습니다.

'아, 저 사람은 정말 하나님이 사랑하는 사람이구나'라는 생각이 들 정도로 느껴지는 사람이 좋습니다. 늘 긍정적인 사람이 좋습니다. 이것은 내가 먼저 변했기 때문에 세상이 달라 보이는 것입니다. 사람들은 유유상종(類類相從)이라고 하지 않습니까?

성경에도 나옵니다. "좋은 친구는 친구의 얼굴을 빛나게 한다"고 말입니다. 세상에서 가장 좋은 친구는 성령님이십니다.

내 안에 가득히 계시고 또 내 곁에 계신 성령님은 내 얼굴을 빛나게 해주시는 가장 좋은 친구입니다. 나는 성령님을 사랑합니다.

성령님을 가까이 하고 모시고 다닐 때 좋은 얼굴빛이 됩니다.

나는 원래 동안이었지만 암에 걸린 후부터 갑자기 많이 늙었다는 생각을 순간 했습니다. 그런데 지금은 오히려 더 예뻐졌다고 주위 사람들이 말합니다. 나이도 젊어 보인다고 합니다. 나는 그 비결이 바로 내 안에 가득히 계신 하나님, 곧 나의 성령님 때문이라고 생각합니다. 당신 안에도 성령님이 가득히 계십니다.

나는 하루에도 몇 번씩 성령님께 사랑을 고백하며 그분과 함께 행동합니다. 숨도 같이 쉬고 같이 먹고 자고 합니다. 그래서 더 예뻐지는 듯합니다. 나는 아이들에게도 지혜를 가르칩니다. 좋은 책을 읽으라고 권하고 자나 깨나 주의 교훈으로 가르칩니다.

지금은 사춘기고 방황하는 시기일지라도 말을 해 놓으면 언젠가는 바로 잡힌다고 믿습니다. 당신도 그럴 겁니다. 어리고 젊었을 때는 잘 몰랐던 일들이 지금 생각해보면 맞는 게 얼마나 많고 또 부모님의 말씀이 옳았다는 생각이 들지 않습니까?

괜찮습니다. 지금이라도 바로 잡으면 됩니다. 그러면 평강이 임합니다. 무엇보다 하나님의 말씀에 늘 순종해야 합니다. 그렇지 않으면 마음에 평안이 없어지고 불안과 걱정이 앞서게 됩니다.

시편 1편 1~2절에 "복 있는 사람은 악인들의 꾀를 따르지 아니하며 죄인들의 길에 서지 아니하며 오만한 자들의 자리에 앉지 아니하고 오직 여호와의 율법을 즐거워하여 그의 율법을 주야로 묵상하는도다"라고 했습니다. 내가 제일 좋아하는 성경 구절입니다.

당신은 예수를 구주로 믿고 의로워졌으므로 복 있는 사람이 되었습니다. 복 있다는 말은 '행복하다'는 뜻입니다. 그렇다면 행복한 사람답게 살아야 합니다. 행복한 사람은 첫째, 악인들의 꾀를 따르지 않습니다. 둘째, 죄인들의 길에 서지 않습니다. 셋째, 오만한 자들의 자리에 앉지 않습니다. 넷째, 염려하고 근심하기보다는 밤낮 하나님의 말씀을 묵상합니다. 당신도 자아를 따라 염려하고 근심하지 말고 성령을 따라 말씀을 묵상하십시오.

인생은 여행이다. 성령님과 함께 여행하라

당신은 여행하는 것을 좋아합니까?

나는 여행을 하는 것을 아주 좋아합니다.

오늘 나는 여행을 했습니다. 어디를 갔다 왔냐고요?

사실 우체국에 볼일이 있어 다녀왔습니다. 짧은 여행이지요. 가까운 우체국이라서 차를 가져가지 않고 산책 겸 다녀왔습니다.

오늘이 쉬는 날이라서 혼자 산책하고 생각하며 걸어갔습니다.

가을 끝자락의 가로수 가에 낙엽이 예쁘게 물들어 있었습니다.

며칠 전부터 날씨가 추워져서 겨울옷을 두껍게 입고 다녔는데 오늘은 걸어서 가기 때문에 조금 가볍게 입고 나갔습니다.

얇게 입고 갔는데도 올 때는 집에 들어서는데 더웠습니다.

나는 이렇게 걸어 다니는 게 얼마나 좋은지 깨달았습니다.

당신은 혹시 멀리 가는 것만이 여행이라고 생각하지 않습니까?

가까운 곳은 외면하고 자꾸 먼 나라만을 동경하지 않습니까?

나는 세계의 여러 나라 친구들이 한국에 오고 싶어 한다는 기사를 보았습니다. 그렇다면 내가 살고 있는 이곳이야말로 세계에서 가장 좋은 여행지가 아닐까 라는 깨달음이 왔습니다.

나는 결혼하고 지금 이곳 부산 다대포에 살게 된지 10년이 넘습니다. 공기도 맑고 산과 바다를 항상 볼 수 있어 참 좋습니다. 하지만 내가 사는 이곳이 아름다운 여행지라고 생각한 적이 한 번도 없었고 자꾸 다른 나라에 여행하고 싶다는 생각만 했습니다.

그런 내가 어느 날 한 권의 책을 읽었는데 그 책에서는 주인공의 직업이 '여행하는 일'이라고 했습니다. 그런데 그는 멀리 여행 가지 않고 집 가까운 곳에 간다고 했습니다. 동네를 돌면서 동네 사람을 구경하고 주변의 가보지 못한 곳을 가보고 혹시나 안 가본 가게가 있으면 들른다고 했습니다. 그곳이 만약 옷가게라면 들어가서 새 옷을 입어보고 나오면서 미소를 짓는다고 했습니다.

그러면서 너무나 행복해 하는 것이었습니다.

그래서 나도 해보기로 했습니다.

오늘이 절호의 찬스입니다.

왜냐고요? 오늘이 내가 쉬는 날이기 때문입니다.

하루 종일 시간이 많았습니다. 하지만 오늘 내가 할일 다섯 가지를 정한 후에 그 중에 한가지로 우체국 볼 일을 보면서 산책하는 것을 포함시켰습니다. 우리 인생은 짧은 여행입니다.

당신이 원하는 백배의 복에 여행을 포함시키십시오.

여행하면 백배의 풍성한 복을 누리게 됩니다. 왜 그럴까요?

진정한 복은 무엇일까요? 하나님이 만드신 자연 만물을 보고 누리는 것입니다. 모든 걸 내 손안에 꼭 쥐고 있어야만 복이 아닙니다. 수많은 럭셔리한 자연이 내 손 밖에 있습니다. 내 지갑 밖에, 내 차 밖에, 내 집 밖에 있습니다. 집 안에만 있지 말고 성령님과 함께 동네와 가까운 공원을 산책하십시오. 맑은 공기를 마시고 시원한 바람을 피부로 느끼십시오. 소파에 앉아 텔레비전만 보지 말고 일어나서 밖에 나가 성령님과 함께 걸으십시오. 발을 움직이며 한걸음씩 걸으면 두뇌도 건강도 좋아집니다.

오늘부터 동네를 여행하면 어떤 유익이 있을까요?

첫째, 동네를 여행하면 인생을 즐기게 됩니다.

여행은 즐거운 것입니다. 그러므로 여행하면 하루하루 인생이 즐겁습니다. 아주 쉽습니다. 끙끙대던 마음의 고민을 다 내려놓고 성령님과 함께 집을 나서 동네 주변을 산책하면 됩니다.

"성령님, 함께 가시지요"라고 말씀드리며 집을 나서십시오.

나는 혼자 여행하는 것을 평소에 많이 꿈꾸었습니다.

하지만 실제로는 혼자 여행해 본 적이 한 번도 없었습니다.

내가 사람을 좋아하고 얘기하는 것도 좋아하면서 한 번도 혼자 쇼핑을 가거나 영화를 보러 간 적이 없었습니다. 다른 사람들은 혼자서도 잘 다니고 영화를 본다는 게 신기하기만 했습니다.

얼굴도 그다지 잘생긴 것도 아닌데 나는 혼자 가면 괜히 무서웠고 누군가가 나를 데려갈 것만 같아 덜컥 겁이 났습니다.

혼자 다니다가 큰일을 당할까 봐 늘 걱정한 것입니다.

심지어 지금 내 나이가 48세인데도 말입니다.

그런 나지만 가까운 곳에 여행하는 것은 두렵지 않습니다.

그래서 나는 오늘도 가까운 곳에 여행합니다.

당신도 일어나 가까운 곳을 여행하십시오.

둘째, 동네를 여행하면 돈이 들지 않습니다.

가까운 곳은 알던 길이고 걸어서 가니까 돈이 들 이유가 없습니다. 당신이 가진 건강한 두 다리로 일어나 걸으면 됩니다.

다닐로 자넹은 "나는 걷는다. 고로 존재한다"고 말했습니다.

인간이 자연과 맞닿고 모든 걸 느끼는 순간은 걸을 때입니다.

지금 문밖을 나서서 성령님과 함께 걸으면 되는데 쓸데없이 해외 여행한다고 많은 돈을 쓸 필요가 뭐 있겠습니까?

성령님을 존중히 모시고 그분과 함께 걸으십시오.

셋째, 동네를 여행하면 맘껏 혼자 생각할 수 있습니다.

우체국 볼일을 마친 후에 돌아오면서 도서관 앞에 트럭이 한 대 있는 것을 보았는데 사과를 가득 실어 놓고 팔았습니다.

너무 싱싱해 보여서 직접 재배한 거냐고 물으니까 그렇다고 하면서 먹어보라고 샘플 사과를 주셨습니다. 먹어보고 맛있어서 한 보따리 사 들고 왔습니다. 5천 원 주고 사 들고 오면서 낙엽이 한 가득 내려앉은 벤치에 앉아 몰운대 바다를 보며 혼자 생각하면서 올해 마지막 가을을 느껴 보았습니다. 그리고 깨달았습니다.

'나는 이곳에 나그네로 여행을 왔구나. 원래의 내 고향은 천국이 아니던가? 하나님께서 창세전에 나를 택하여 인간으로 태어나게 하시고 남한 땅 그것도 부산 그리고 다대포라는 곳에 살게 하셨구나. 나는 천국에서 여행 온 나그네구나.'

그런 생각에 잠기자 괜히 나도 모르게 감격이 차올랐습니다.

나는 혼자지만 내 안에 계신 성령님과 함께 이 소중한 여행지에 있다는 것이 참 감사했습니다. 또한 예쁘게 물든 낙엽을 보면서 가을을 느낄 수 있음에 감사했습니다. 이렇게 아름다운 바다와 낙엽을 보면서, 이 황홀한 자연을 보면서 아무 감흥이 없다면 인간으로서 허망한 세월을 보낸 것이 아니고 무엇이겠습니까?

성경에 "하나님이 천지 만물을 통해 자신을 나타내 보이셨다"고 말씀했습니다. 위대한 자연은 인간이 결코 만들어 내지도 못할뿐더러 우연히 생긴 것이 아닙니다. 이 천지 만물, 그리고 봄 여름 가을 겨울의 사계절을 주신 분은 하나님이십니다.

우리는 창조주 하나님을 마음에 모셔야 합니다.

요즘은 이런 생각도 가끔 해봅니다.

'나는 지금 예수님을 믿는다. 그런데 왜 진작 믿지 않았을까?'

'내가 직장 다닐 때 함께 일했던 수간호사 선생님을 존경했는데 왜 그분은 나한테 전도하지 않았을까? 내가 너무 세상적이고 완악해서 아직 때가 아니라고 생각해서 그랬을까? 그때 그분이 내게 전도했더라면 얼마나 좋았을까?'

성경은 "때를 얻든지 못 얻든지 복음을 전하라"고 했습니다.

아마 그때 그분이 내게 복음을 전해 주었다면 반항하면서도 믿었을지도 모르겠습니다. 하하하.

이 하루를 감사하며 오늘을 맘껏 누려야겠습니다.

오늘도 천재적인 기름 부음이 온전히 넘쳐 나는 하루입니다.

애들 밥을 챙겨 주고 저녁에 수요 예배를 다녀왔습니다.

부목사님이 설교하셨는데 "한 영혼이 평생 예수를 믿지 않다가 죽음의 기로에서 예수님을 영접했다. 말기 암인데 목사님의 기도를 통해 예수님을 영접하고 천국에 갔다"는 내용이었습니다. 부인의 기도로 그 남편이 결국은 예수님을 믿었고 그 남편이 죽은 후에는 아들 또한 예수를 믿고 교회에 나가게 되었다는 얘기였습니다. 그렇게 예수를 믿지 않고 심하게 핍박했던 사람이 말입니다.

나는 그 말씀이 감동적이기도 했지만 조금은 안타깝기도 했습니다. '인간은 왜 그렇게 어리석은 걸까? 왜 좀 더 일찍 복음을 받아들이지 못한 걸까? 왜 죽음이 찾아왔을 때 겨우 하나님을 찾는 걸까? 좀 더 일찍 하나님을 알고 예수님을 영접했더라면 더 건강하고 행복하고 평강이 그 안에 가득히 임했을 텐데……'

'그분도 어쩜 나처럼 어리석었구나'라는 생각을 하면서 믿지 않는 나의 남편과 대학생이 되더니 교회에 안 가는 딸을 위해 저절로 기도가 나왔습니다. 그리고 이 말씀을 통해 내가 때를 얻든지 못 얻든지 복음 전파자로 살아야 함을 깨닫게 되었습니다.

먼저 믿은 나를 통해 하나님께서 일하실 것을 기대해 봅니다.

오늘은 참으로 행복한 저녁입니다.

당신도 행복을 누리며 살기 바랍니다.

진정한 행복은 영적인 충만함입니다.

내 영혼은 성령으로 충만합니다.

하나님께서 내게 물으실 때와 침묵하실 때

당신은 하나님께 질문을 받아 본 일이 있습니까?

오늘 산책하러 나갔는데 하나님께서 이렇게 물으셨습니다.

"사랑하는 딸 은아야, 네가 원하는 것이 무엇이냐? 소원을 말해 보거라."

느닷없는 질문에 나는 그만 말문이 막혔습니다.

"주님, 저는 지금 모든 것이 평온하고 평탄합니다. 가끔씩 안 믿는 남편과 사춘기 막내딸과 교회 나오지 않는 대학생 딸 때문에 힘들 때도 있지만 괜찮습니다. 하나님께서 제게 너무나 많은 것을 주셨는데 저 같은 사람이 뭘 더 바라겠습니까?"

그렇게 대답했는데도 자꾸만 "너의 형편을 안다"고 하시면서 "모든 것을 들어주겠다. 네 소원을 말하라"고 하셨습니다.

재차 물으시자 바로 나온 나의 대답은 "하나님, 그 누구에게도 빼앗기지 않는 마음의 평강과 기쁨을 내 생애 다하는 날까지, 주님 오시는 그날까지 계속 부어 주십시오. 그러면 더 바랄 것이 없겠습니다"였습니다. 나는 마음의 평강과 기쁨을 구했습니다.

이 기쁨과 평강은 누구도 가져갈 수 없는 것이기에 말입니다.

그랬더니 하나님께서는 그렇게 해주시겠다고 하시면서 솔로몬이 지혜를 구했을 때 부도 구하지 않고 건강도 구하지 않았지만 그 모든 것을 더해 주었듯이 하나님께서 내 대에서 가난을 끊게 해주고 신령한 것을 더 많이 부어 주겠다고 말씀하셨습니다.

너무도 감사했습니다.

나는 지금껏 예수님을 믿었지만 잘한 게 별로 없습니다.

그저 하나님을 사랑한다는 마음 하나로 교회 다닌 것뿐입니다. 다른 사람보다 봉사도 전도도 헌신도 충성도 많이 못했습니다. 하지만 그들과 나를 비교하지는 않습니다. 사랑 없이 기쁨 없이 그 모든 것을 할 수도 있기에 말입니다.

나는 때로 교회에서 열심을 다해 봉사하는 사람을 봅니다.

그들은 본인이 잘한다는 이유로 남을 가끔 정죄하는 것을 보았습니다. 기뻐서 일하기보다는 자기만족과 다른 사람에게 잘 보이기 위해서 일하는 것도 종종 보였습니다. 심지어 식당 봉사하러 갔을 때는 불만을 표시하면서 이렇게 말하기도 했습니다.

"왜 나만 힘들게 일하는 거야? 왜 내 말을 안 듣지? 왜 내 맘을 몰라주지?"라며 혼자 끙끙대며 웃음 없이 억지로 일하는 모습을 본 적이 있습니다. 성경에 나오는 마르다가 그랬습니다.

"그들이 길 갈 때에 예수께서 한 마을에 들어가시매 마르다라 이름하는 한 여자가 자기 집으로 영접하더라. 그에게 마리아라 하는 동생이 있어 주의 발치에 앉아 그의 말씀을 듣더니 마르다는 준비하는 일이 많아 마음이 분주한지라. 예수께 나아가 이르되 '주여, 내 동생이 나 혼자 일하게 두는 것을 생각하지 아니하시나이까? 그를 명하사 나를 도와주라 하소서' 주께서 대답하여 이르시되 '마르다야 마르다야, 네가 많은 일로 염려하고 근심하나 몇 가지만 하든지 혹은 한 가지만이라도 족하니라. 마리아는 이 좋은 편을 택하였으니 빼앗기지 아니하리라' 하시니라."(눅 10:38~42)

그렇게 봉사하는 모습을 과연 하나님께서 기뻐하실까요?

고린도전서 13장을 흔히 '사랑장'이라고 하는데 거기에는 사랑에 대해 잘 나와 있습니다. "내가 내 모든 재산을 나누어 주고 내 몸을 불사르게 내어 준다 하더라도 사랑이 없으면 내가 얻는 것은 아무것도 없다"고 했습니다. 사랑 없이는 천사의 말을 하는 것도 유창하게 방언을 하는 것도 다 소용 없다는 말입니다.

세상에서는 일단 행동하는 것이 중요하다고 하지만 하나님이 보실 때는 그 모든 행동보다 마음이 더 중요한 것입니다.

하나님은 사람을 외모로 보지 않고 중심을 보십니다.

"나 여호와는 중심을 본다"고 말씀하셨습니다. "여호와께서 사무엘에게 이르시되 '그의 용모와 키를 보지 말라. 내가 이미 그를 버렸노라. 내가 보는 것은 사람과 같지 아니하니 사람은 외모를 보거니와 나 여호와는 중심을 보느니라' 하시더라."(삼상 16:7)

세상에는 강한 잡초 같은 사람도 있고 연약한 들풀 같은 사람도 있습니다. 하나님은 누구를 더 좋아하실까요? 사실 하나님은 둘 다 존귀하고 보배롭게 만드셨습니다. 가냘프고 예쁘기만 한 들풀이 볼 때는 강한 잡초가 너무나 부럽습니다. 하지만 강한 잡초가 볼 때는 연약한 들풀이 마음에 들지 않습니다.

하루는 잡초가 들풀을 보며 "맨날 약하고 예쁜 척만 하네. 도대체 네가 잘하는 것이 뭐야? 우리 들판에서 사라졌으면 좋겠어"라고 말했습니다. 그렇게 잡초가 한마디 던진 말이 들풀의 가슴을 후벼 팠고 큰 상처가 되었습니다. 그래서 자신은 이 세상에 아무 필요 없는 존재라고 느끼면서 잡초의 얼굴을 피하기만 했습니다.

그 강한 잡초를 보기만 해도 자신이 너무 초라하게 느껴져서 더 크게 상처받을까 봐 맘이 힘들었기 때문이었습니다. 들풀은 자신이 원래 바람에 잘 흔들리는 연약한 풀인지라 모든 것을 내려 놓고 그저 바람에 흔들거릴 뿐 아무것도 할 수 없었습니다. 발버둥 치면 칠수록 더 힘들었기에 하나님께 기도하며 모든 것을 내려 놨습니다. 그랬더니 어느 날 하나님께서 일하셨습니다.

"나는 네게 흔들릴 수 있는 자유의지를 주었다. 네가 상처를 받고 흔들려 봐야 그 시간 동안 희망을 품을 수 있는 시간들이 주어진다. 그리고 너는 그 시간을 통해 새롭게 비상할 수 있는 힘을 얻을 수 있다"라고 그에게 말씀하신 것입니다.

연약한 들풀은 하나님 안에서 힘을 얻고 마음이 더 강해졌습니다. 그런 사이에 겉으로 강했던 잡초도 하나님께 구했습니다.

"하나님, 왜 저만 힘든 건가요? 왜 저런 연약한 사람들을 저에게 자꾸 붙여 주시나요? 한마디 말만 해도 쉽게 상처받고 쓰러지고 뭐 좀 같이 하자고 하면 온갖 핑계를 대며 물러나니 정말 일하기 힘듭니다. 이제 더 이상은 제 힘이 부쳐서 못하겠습니다."

그는 자신의 강함을 포기하고 몸에서 힘을 다 뺐습니다.

그랬더니 하나님께서 강한 잡초에게도 일하셨습니다.

"너에게 나의 사랑을 부어 준다. 네가 그들을 사랑했기 때문에 가까이 다가가 말을 걸고 함께 일하자고 했지 않느냐? 내가 너의 마음을 다 안다. 이제는 너의 사랑으로 그 연약한 들풀을 안아주고 그의 허물을 덮어 주도록 하라"고 하셨습니다. 정말 맞습니다.

하나님께서 지으신 것은 하나도 버릴 것이 없습니다.

"하나님께서 주신 모든 것은 감사함으로 받으면 하나도 버릴 것이 없다"(딤전 4:4)고 했습니다. 하나님은 연약한 들풀도 쓰시고 강한 잡초도 쓰십니다. 그 둘을 모두 존귀하게 여기십니다.

'형제의 허물이 곧 나의 허물이다'라고 생각하십시오.

나 혼자서는 형제를 사랑할 수 없지만 하나님의 사랑이 내 맘에 부은바 되므로 우리가 소망을 가질 수 있는 것입니다. "소망이 우리를 부끄럽게 하지 않는다"고 했습니다. 하나님의 사랑이 부어진 사람은 소망을 가지고 형제를 이해하고 사랑해야 합니다.

당신은 믿었던 친구에게 배신당한 적이 없습니까?

나는 40평생 한 번도 겪어보지 못했던 정말 맘속까지 다 안다고 생각했던 믿음의 친구로부터 많은 상처와 배신을 경험해 보고서야 하나님이 사랑하시는 그 귀한 믿음의 친구를 내가 미워해서는 안 된다는 사실을 깨달았습니다. 인간이 연약하기에 살다 보면 미움도 생기고 다툼도 생기고 별일 아닌 것에 상처도 받습니다. 형제의 허물이 곧 내 허물인데 그 허물을 덮어 주지 못한 잡초처럼 행동하지는 않았는지 한 번 더 생각해 보았습니다.

그리고 나 자신이 들풀이 되어 보기도 했습니다.

나 스스로 상처받을 때가 종종 있었기 때문입니다.

하지만 그때 그 강한 잡초가 있었기에 나 자신을 한 번 더 돌아보고 강해지고 다시 일어날 힘을 얻었습니다. 그 잡초가 나를 얼마나 사랑했는지도 깨닫게 되었습니다. 당신은 어떻습니까?

마침 카톡 메시지에 좋은 말이 하나 왔습니다.

아가서의 "사랑은 죽음 같이 강하고 질투는 음부보다 잔혹하다"는 말씀입니다. 하나님이 바라시는 사랑은 '거룩한 절정에 이르는 사랑'입니다. 그것은 스치는 바람처럼 살갗에 포근히 닿다 흔적 없이 사라지기보다는 심장에 깊숙이 파고들어 붉은 문신을 찍고 오래도록 머무는 절정의 사랑을 말합니다.

"너는 나를 인 같이 마음에 품고 도장 같이 팔에 두라. 사랑은 죽음 같이 강하고 투기는 음부 같이 잔혹하며 불 같이 일어나니 그 기세가 여호와의 불과 같으니라."(아 8:6)

오늘 이 늦은 가을에 주님의 심장을 달라고 기도하며 다시 한 번 하나님의 그 한없는 사랑에 감사하지 않을 수 없습니다.

네가 책을 써내야 할 명백한 이유가 있다

오늘 난 조용히 나의 성령님께 여쭤 보았습니다.

"하나님, 왜 저에게 책을 쓰라고 하십니까?"

그랬더니 하나님께서는 이렇게 말씀해 주셨습니다.

"네가 잘나고 예뻐서가 아니다. 다만 내가 너를 통해 구원할 영혼이 있고 이미 구원받은 영혼일지라도 아직 온전한 복음을 깨닫지 못하는 자가 있기에 그로 하여금 온전한 복음을 깨닫게 하기 위함이다. 이것이 네가 책을 써내야 할 분명한 이유다."

나는 하나님의 은혜로 구원을 받았고 새소망교회에서 세례를 받고 성령을 체험했습니다. 방언을 받고 각종 은사도 받았습니다.

내게 주신 사명도 깨달았습니다. 하지만 온전한 복음은 아직 깨닫지 못하고 헤매고 있었습니다. 그때 김열방 목사님의 책을 통해 온전한 복음이 무엇인지 확실히 알게 되었습니다. 그 이후로 내 인생이 완전히 바뀌었고 나는 의와 성령 충만, 건강과 부요, 지혜와 평화와 생명을 풍성히 누리게 되었습니다.

"예수님이 십자가에서 다 이루었다"는 온전한 복음을 깨닫고 쓴 나의 첫 번째 책 〈부자 아빠 하나님〉은 너무도 훌륭한 책입니다. 김열방 목사님과 공동 저자로 낸 책이며 나의 '작가의 꿈'을 이루어 준 멋진 책이기도 합니다. 물론 다른 사람들의 글도 아주 훌륭합니다. 당신도 꼭 구입해서 읽어보기 바랍니다.

그리고 두 번째인 이 책을 통해 하나님이 다시 말씀하십니다.

"네가 예수를 믿지 않는다면 너에게 나의 구원을 보일 것이고 네가 예수를 믿는다면 너에게 나의 영광을 나타내 보이겠다."

이 책을 손에 들고 읽고 있는 당신은 엄청난 복을 받은 사람입니다. 그런 당신을 억만 번이나 축복하고 사랑합니다.

나는 순간마다 성령님의 인도하심을 받고 있다

당신은 순간마다 성령님의 인도하심을 받고 있습니까?

나는 순간마다 자아를 부인하고 내 인생의 주인님이신 성령님의 인도하심을 받고 있습니다. 오늘 드디어 김열방 목사님이 쓴

〈성령님의 인도를 받는 비결〉이란 책을 다 읽었습니다.

책의 맨 마지막은 역시 "나의 예수님, 사랑합니다"였습니다.

이 얼마나 멋진 말인가요?

성령님은 하나님 앞에서 온전히 죽은 자아를 통해 일하시는 분이십니다. 그런 성령님을 대할 때 정말 나의 하나님은 대단하고 놀랍고 두려운 분임을 하루하루 피부로 느끼고 있습니다. 이런 귀한 깨달음을 얻는 나는 얼마나 축복받은 인생인지요.

나는 이 책을 읽으면서 '이 책은 정말 엄청난 가치가 있는 귀한 책이구나. 보배 같이 소중한 깨달음이 이 책에 담겨 있구나. 성령님께서 김열방 목사님을 통해 금은보화보다 귀한 놀라운 깨달음을 내게도 허락해 주시는구나. 정말 감사하다'는 생각을 했습니다. 책을 읽는 내내 마음에 평안함이 있었고 내 심장을 깊이 파고드는 뭔가 모를 큰 감동이 전해져 왔습니다. 무조건 빨리 읽을 수 없는 책, 한 번씩 멈추고 한참을 생각하며 읽어야 하는 책, 내용을 음미하며 읽어야 하는 소중한 책이란 생각이 들었습니다.

당신에겐 인생에서 삶의 변화를 가져다주는 그 무엇이 있습니까? 나는 그것이 있습니다. 그것은 곧 돈도 아니고 건물도 아닙니다. 그것은 오직 예수님을 믿고 변화된 내 삶이라고 감히 말하고 싶습니다. 하지만 예수님을 믿고 난 이후에도 끊임없이 내 삶을 내가 이끌고 주관해야 한다는 생각을 하며 달려 온 것 같습니다.

'그런 내 삶에 참된 만족이 있었던가?'

수없이 많은 책을 읽고 도를 닦더라도 인간이 인간 자체를 완성하고 완전한 목적에 다다를 수는 없습니다. 그건 오직 천지 만물을 지으시고 인간을 직접 만드신 창조주 하나님을 알게 될 때 이루어지는 것입니다. 왜 사람들은 일찍 깨닫지 못할까요?

말해 주는 사람이 없기 때문입니다. 전하는 사람이 없는데 누가 들을 것이며 말하는 자가 없는데 누가 깨달을 수 있을까요?

이제부터 그 일을 우리가 해야 합니다.

"예수 믿고 자아가 완전히 죽은 신부들을 통해 영적 대 전쟁이 치러지며 그러한 신부들을 통해 예수님은 구원의 완성과 승리를 이루어 가신다"는 것을 깨달아야 합니다.

당신도 혹시 예수를 구주로 믿는다고 하면서도 아직도 자아가 생생하게 살아서 주인 행세하지 않습니까? 그렇다면 지금이라도 당신의 자아가 완전히 죽고 성령님이 주인이 되게 해야 합니다.

자아가 살아 주인 행세하는 사람에 대해서는 하나님이 환경을 통해 그 자아를 가루처럼 깨부수는 고통을 겪게 하십니다. 당신은 그런 것을 경험한 적이 없습니까? 나는 수없이 많습니다. 큰 사건도 있지만 아주 사소한 부분을 통해서도 많이 겪었습니다.

나는 안 좋은 생각을 하거나 잘못된 행동을 할 때 내 자아가 고통을 겪는 것을 경험합니다. 하나님께서 직접 나를 힘들게 하실 때도 있지만 주변 사람들이 힘들어질 때도 있습니다. 내가 미처 깨닫지 못하고 계속 나쁜 행동을 할 때는 하나님께서 나와 함께한 사람들을 힘들게 하시는 것을 최근에도 경험했습니다.

그럴 때는 정말 '나는 하나님의 자녀인데, 내 삶을 간섭하시고 이끌어 가시는 하나님 앞에서 함부로 잘못 살아서는 안 되겠다'는 생각을 한 게 한두 번이 아님을 고백합니다. 아이들을 통해, 남편을 통해, 그리고 직장 생활을 통해, 또 교회 목사님의 말씀을 통해 권면의 말씀을 들을 때도 있고 책망의 말씀을 들을 때도 있습니다. 그것으로 안 될 때는 하나님께서 육체의 고통을 통해서라도 깨닫게 하십니다. 그런 하나님을 한 시도 놓쳐서는 안 되고 그분의 말씀에 순종할 수밖에 없는 나 자신을 발견하게 됩니다.

이상하게도 연락이 없던 사람이 말씀이 담긴 문자를 보내오기도 하고 뜻하지 않은 일들이 일어나기도 합니다. 그럴 때 무엇보다 성령님을 존중히 모시고 대화하며 '성령님, 어떻게 할까요?'라고 묻는 자세가 필요합니다. 당신도 매순간 성령님께 물으십시오.

'성령님, 어떻게 할까요?'

그러면 성령님께서 세미한 음성으로 당신에게 말씀하실 것입니다. 오늘도 나는 성령님께 모든 걸 묻고 그분의 음성을 듣습니다.

나는 일상생활에 일어난 일들을 친밀한 대화로 성령님과 함께 나눕니다. 성령님께 말씀드리면 그분은 내 마음에 평강을 주십니다. 오늘도 '여호와 살롬, 평강의 하나님'을 기억합니다.

성령님은 주인님이시고 우리는 그분의 종입니다. 그러므로 우리가 진정으로 행복과 평강을 누리려면 삶의 모든 영역에서 자아가 주인 행세하지 말고 주인이신 하나님 앞에서 잠잠해야 합니다.

"여호와 앞에 잠잠하고 참고 기다리라. 자기 길이 형통하며 악한 꾀를 이루는 자 때문에 불평하지 말지어다."(시 37:7)

남편의 변화를 위해 기도했는데 금방 바뀌지 않는 것 같습니까? 그럴 때 당신이 먼저 가장 사소한 것부터 실천해야 합니다.

남편이 회사 갈 때 다정한 모습으로 인사하십시오. 남편이 돌아오면 따뜻한 물이나 차 한 잔을 대접하십시오. 항상 남편을 반갑게 맞이하고 맛있는 식사를 준비하십시오. 남편이 올 시간이 되면 집에 미리 가 있으세요. 가능하면 집에 일찍 들어가세요.

"이는 혹 말씀을 순종하지 않는 자라도 말로 말미암지 않고 그 아내의 행실로 말미암아 구원을 받게 하려 함이니……."(벧전 3:1)

우리가 실천해야 할 부분은 이것입니다.

항상 좋은 향기를 풍기며 깔끔하게 집안일을 하고 사소한 일상을 남편과 나누고 그를 인격적으로 존중하는 것, 애들한테 잘하고 웃음을 잃지 않고 대하는 것, 화를 돋우지 않는 것 등입니다.

성경에도 자기 자녀를 노엽게 하지 말라고 했습니다.

"또 아비들아, 너희 자녀를 노엽게 하지 말고 오직 주의 교훈과 훈계로 양육하라. 아비들아, 너희 자녀를 노엽게 하지 말지니 낙심할까 함이라."(엡 6:4, 골 3:21)

"노엽게 한다"는 말은 '화가 날 만큼 분하고 섭섭하게 하다'는 뜻입니다. 아버지는 자녀가 분하게 느낄 정도로 감정적으로 대하며 때리거나 화내며 꾸짖거나 하지 말아야 합니다. 때로 기분이 안 좋은 일이 있더라도 마음을 가라앉히고 기다려야 합니다.

부모가 왜 자녀에게 짜증내며 화를 낼까요? 또 자녀는 왜 부모에게 짜증내며 화를 낼까요? 각자 자기가 생각하는 기준에 맞지 않기 때문입니다. 자기 기준을 다 내려놓아야 합니다. 그래야 서로 인격적으로 존중하며 좋은 관계를 유지할 수 있습니다.

"나는 저런 모습을 도저히 참고 볼 수가 없어요."

당신도 그런 적이 많았습니다. 당신의 과거를 돌이켜 보십시오. "나는 안 그랬는데요? 절대로 그런 적이 없어요." 아닙니다.

당신이 엄격한 기준을 갖고 있고 그 기준을 따라 완벽하게 살지 못하고 있기 때문에 자녀에게 그런 것을 강요하는 것입니다.

"나는 내가 정한 기준을 따라 완벽하게 살고 있어요. 저 아이는 그렇지 못해요. 내가 돌로 쳐서 정신을 차리게 해줘야 합니다."

예수님은 현장에서 간음하다 잡힌 여인을 돌로 치려던 바리새인들에게 이렇게 말씀하셨습니다. "너희도 그런 죄를 지었다."

[예수는 감람산으로 가시니라. 아침에 다시 성전으로 들어오시니 백성이 다 나아오는지라. 앉으사 그들을 가르치시더니 서기관들과 바리새인들이 음행 중에 잡힌 여자를 끌고 와서 가운데 세우고 예수께 말하되 "선생이여, 이 여자가 간음하다가 현장에서 잡혔나이다. 모세는 율법에 이러한 여자를 돌로 치라 명하였거니와 선생은 어떻게 말하겠나이까?" 그들이 이렇게 말함은 고발할 조건을 얻고자 하여 예수를 시험함이러라. 예수께서 몸을 굽히사 손가락으로 땅에 쓰시니 그들이 묻기를 마지 아니하는지라. 이에 일어나 이르시되 "너희 중에 죄 없는 자가 먼저 돌로 치라" 하시고 다시 몸을 굽혀 손가락으로 땅에 쓰시니 그들이 이 말씀을 듣고 양심에 가책을 느껴 어른으로 시작하여 젊은이까지 하나씩 하나씩 나가고 오직 예수와 그 가운데 섰는 여자만 남았더라. 예수께서 일어나사 여자 외에 아무도 없는 것을 보시고 이르시되 "여자여, 너를 고발하던 그들이 어디 있느냐? 너를 정죄한 자가 없느냐?" 대답하되 "주여, 없나이다" 예수께서 이르시되 "나도 너를 정죄하지 아니하노니 가서 다시는 죄를 범하지 말라" 하시니라. (요 8:1~11)]

예수님이 손가락으로 땅에 무엇을 쓰셨을까요?

성경에 안 나오니 알 수 없습니다. 하지만 구약에 하나님이 돌판에 십계명을 쓰셨다는 내용은 나옵니다. 예수님은 하나님이십니다. 그분은 율법을 폐하러 오신 것이 아니라 완성하러 오셨습니다. 나는 평소에 내가 말하는 것을 책으로 씁니다. 누구나 그렇습니다. 그분도 평소에 입을 열어 가르친 것을 쓰셨을 것입니다.

"또 간음하지 말라 하였다는 것을 너희가 들었으나 나는 너희에게 이르노니 음욕을 품고 여자를 보는 자마다 마음에 이미 간음하였느니라."(마 5:28) 그리고 말씀하길 "이것이 율법이다. 너희중에 죄 없는 자가 먼저 돌로 쳐라"고 하신 것입니다. 그들 중에 마음으로 음욕을 품고 여자를 보지 않은 사람이 한 명도 없었기 때문에 이 말씀을 듣고 양심에 가책을 느껴 다 떠나간 것입니다.

율법으로 심판하면 살아남을 자가 단 한 명도 없습니다.

첫째, 율법을 지키므로 의로워질 자가 한 명도 없습니다.

"너희가 만일 성경에 기록된 대로 네 이웃 사랑하기를 네 몸과 같이 하라 하신 최고의 법을 지키면 잘하는 것이거니와 만일 너희가 사람을 차별하여 대하면 죄를 짓는 것이니 율법이 너희를 범법자로 정죄하리라. 누구든지 온 율법을 지키다가 그 하나를 범하면 모두 범한 자가 되나니 간음하지 말라 하신 이가 또한 살인하지 말라 하셨은즉 네가 비록 간음하지 아니하여도 살인하면 율법을 범한 자가 되느니라."(약 2:8~11)

"네 이웃 사랑하기를 네 몸과 같이 하라 하신 최고의 법을 지키면 잘하는 것이지만." 그렇게 할 사람이 한 명도 없습니다.

이 말씀은 그렇게 완벽하게 행하므로 의로워지라는 것이 아닙니다. "만일 너희가 사람을 차별하여 대하면 죄를 짓는 것이니 율법이 너희를 범법자로 정죄하리라"고 했기 때문입니다.

둘째, 율법주의로 남을 심판하면 자기도 심판받습니다.

"너희는 자유의 율법대로 심판 받을 자처럼 말도 하고 행하기도 하라."(약 2:12) 율법으로 남을 심판하지 말라는 것입니다.

셋째, 율법이 아닌 긍휼을 베푸는 것이 참된 믿음입니다.

"긍휼을 행하지 아니하는 자에게는 긍휼 없는 심판이 있으리라. 긍휼은 심판을 이기고 자랑하느니라. 내 형제들아, 만일 사람이 믿음이 있노라 하고 행함이 없으면 무슨 유익이 있으리요? 그 믿음이 능히 자기를 구원하겠느냐? 만일 형제나 자매가 헐벗고 일용할 양식이 없는데 너희 중에 누구든지 그에게 이르되 평안히 가라, 덥게 하라, 배부르게 하라 하며 그 몸에 쓸 것을 주지 아니하면 무슨 유익이 있으리요? 이와 같이 행함이 없는 믿음은 그 자체가 죽은 것이라."(약 2:13~17)

여기에서 말하는 '행함이 없는 믿음'은 "율법주의자로 율법을 완벽하게 지키며 살라"는 말씀이 아닙니다. 이 말씀은 '율법을 행하는 믿음'이 아닌 '긍휼을 행하는 믿음'을 말합니다.

율법은 사람을 정죄하고 죽이는 것이요 긍휼은 사람을 용서하고 살리는 것입니다. 하나님은 '긍휼의 하나님'이십니다.

율법을 지키므로 의로워질 자가 한 명도 없는 것처럼 긍휼 없이 하나님 앞에서 살아남을 자도 한 명도 없습니다. 그러므로 자기에게도 긍휼을 베풀어야 자기를 구원하고, 남에게도 긍휼을 베풀어야 남도 구원합니다. 하나님이 원하시는 믿음은 '율법을 행하는 믿음'이 아닌 '긍휼을 행하는 믿음'입니다. 이해되십니까?

"그러나 주여 주는 긍휼히 여기시며 은혜를 베푸시며 노하기를 더디 하시며 인자와 진실이 풍성하신 하나님이시오니."(시 86:15)

하나님이 원하시는 믿음이 무엇이라고요? 긍휼을 행하는 믿음입니다. 긍휼(矜恤)은 '불쌍히 여겨 돌봐 준다'는 뜻입니다.

부모 자녀 형제 친척 친구 중에 헐벗고 일용할 양식이 없습니까? 인격적으로나 삶의 모든 면에 있어 부족한 것이 당신의 눈에 보입니까? 긍휼 없이 독한 말을 하며 그들을 심판하지 마십시오.

그를 불쌍히 여기며 은혜로 돌봐 주십시오.

이것이 율법을 완성하는 것입니다. "간음하지 말라, 살인하지 말라, 도둑질하지 말라, 탐내지 말라 한 것과 그 외에 다른 계명이 있을지라도 네 이웃을 네 자신과 같이 사랑하라 하신 그 말씀 가운데 다 들었느니라. 사랑은 이웃에게 악을 행하지 아니하나니 그러므로 사랑은 율법의 완성이니라."(롬 13:9~10)

자녀를 율법으로 대하지 말고 사랑으로 대하십시오. 자녀에게 독한 말을 하지 말고 밝은 표정으로 따뜻한 말을 하십시오. 가까이 다가가서 어깨를 쓰다듬고 사랑과 격려의 말을 해주십시오.

"우리 딸, 잘하고 있다. 나는 너를 좋아한다. 사랑한다."

허물을 보면 너그러운 마음으로 이해하고 품어야 합니다.

예수님은 누가복음 6장 42절에 이렇게 말씀하셨습니다.

"너는 네 눈 속에 있는 들보를 보지 못하면서 어찌하여 형제에게 말하기를 '형제여, 나로 네 눈 속에 있는 티를 빼게 하라' 할 수 있느냐? 외식하는 자여, 먼저 네 눈 속에서 들보를 빼라. 그 후에야 네가 밝히 보고 형제의 눈 속에 있는 티를 빼리라."

부모 자녀 간에 서로를 정죄하고 심판하면 안 됩니다. 서로 낙심하지 않고 하나님의 자녀로서 자신감을 갖고 당당하고 행복하게 살도록 칭찬과 격려, 사랑의 말을 많이 해주어야 합니다.

"하나부터 열까지 다 마음에 안 들어요. 뭐 하나 제대로 하는 게 없어요. 그런데 어떻게 칭찬하며 따뜻한 말을 해주나요?"

하나님은 예수님을 향해 그렇게 말씀하셨습니다.

"이는 내 사랑하는 아들이요 내 기뻐하는 자라."(마 3:17)

이 말씀은 "내가 너를 인정하고 많이 좋아한다"는 의미입니다.

이것은 예수님이 아직 아무 일도 하지 않으셨을 때 하신 말씀입니다. 아직 군중 앞에서 설교도 하지 않았고 병도 고치지 않았고 귀신도 쫓지 않았습니다. 서른 살 되신 예수님이 공생애를 시작하기 위해 요단강에서 세례 받고 올라오실 때 하신 말씀입니다.

"예수께서 세례를 받으시고 곧 물에서 올라오실 새 하늘이 열리고 하나님의 성령이 비둘기 같이 내려 자기 위에 임하심을 보시더니 하늘로부터 소리가 있어 말씀하시되 '이는 내 사랑하는 아들이요 내 기뻐하는 자라' 하시니라."(마 3:16~17)

유대인은 12세에 성인이 되고 30세에 사회적으로 독립합니다.

당신의 자녀가 30세 이전에 아무 일도 하지 않고 집에 있을 수도 있습니다. 그래도 당신의 자녀를 인정하고 좋아하십시오. 아이가 예수를 구주로 믿고 있다면 하나님이 보실 때 '의인'입니다.

의인으로서 항상 존중해 주어야 합니다. 당신의 마음에 들지 않는 행동을 많이 한다 할지라도 당신의 자녀는 의인입니다.

당신의 자녀를 율법으로 판단하고 비판하고 정죄하고 심판하지 마십시오. 그렇게 율법으로 대하면 당신의 자녀는 집안에서 숨을 제대로 쉴 수 없습니다. 숨 막혀서 하루에도 수백 번 죽습니다.

당신 자신도, 당신의 자녀도 결코 정죄하지 마십시오.

"그러므로 이제 그리스도 예수 안에 있는 자에게는 결코 정죄함이 없나니 이는 그리스도 예수 안에 있는 생명의 성령의 법이 죄와 사망의 법에서 너를 해방하였음이라."(롬 8:1~2)

당신과 당신의 자녀는 그리스도 예수 안에 있으므로 결코 정죄함이 없습니다. 서로를 정죄하지 말고 인정하고 존중하십시오.

자아가 주인 행세할 때 남을 비판하고 판단하고 정죄하고 심판하게 됩니다. 자아가 주인의 자리에서 내려오고 주님을 주인으로 인정하고 존중히 모셔야 합니다. 주님은 '주인님'이란 뜻입니다.

당신의 자아는 예수님이 2천 년 전에 십자가에 못 박혀 죽으실 때 함께 죽었습니다. "내가 그리스도와 함께 십자가에 못 박혔나니 그런즉 이제는 내가 사는 것이 아니요 오직 내 안에 그리스도께서 사시는 것이라. 이제 내가 육체 가운데 사는 것은 나를 사랑하사 나를 위하여 자기 자신을 버리신 하나님의 아들을 믿는 믿음 안에서 사는 것이라"(갈 2:20)고 했습니다. 이제는 당신 안에 실제로 살아 계신 예수님을 믿는 믿음으로 살아야 합니다.

"내 자아는 죽었다. 내 안에 예수님이 실제로 살아 계신다. 이제 나는 주인이신 예수님의 마음으로 보고 듣고 생각하고 말한다. 예수님과 함께 숨 쉬고 예수님과 함께 살아간다"고 말하십시오.

이 땅에서의 구원의 완성은 그리스도 안에서 내 자아가 죽었다는 것을 믿고 예수님을 삶의 주인님으로 인정할 때 완성됩니다.

하루 종일 예수님을 주인님으로 모시고 살아가십시오.

"내 인생 모든 것의 주인님이신 예수님, 사랑합니다."

자신에게 투자하면 백배의 복을 받는다

당신은 하나님께 어떤 큰 선물을 받았습니까?

나는 하나님께 가장 큰 선물을 받았습니다. 그것은 곧 나 자신입니다. 온 천하를 주고도 바꿀 수 없는 것이 내 인생입니다.

나의 가장 큰 재산은 1인 기업인 나 자신입니다.

나는 천조 원 이상의 기업 가치가 있다

애플이나 삼성 등 큰 기업들이 있지만 그리스도 안에 있는 나는 천조 원 이상의 기업 가치가 있는 이 세상에서 하나뿐인 가장 귀하고 소중한 존재입니다. 나는 하나님의 최고 걸작입니다.

"모든 일을 그의 뜻의 결정대로 일하시는 이의 계획을 따라 우리가 예정을 입어 그 안에서 기업이 되었으니"(엡 1:11)라는 말씀대로 나와 당신은 그리스도 안에서 하나님의 기업이 되었습니다.

하나님의 기업은 하나님이 책임지고 성공시키십니다.

예전에 나는 나의 가치를 밖에서 찾으려고 노력했습니다.

인맥, 학벌, 재산, 업적 등 내 밖에 있는 것들을 나 자신보다 더 귀하게 생각하며 어떻게든 더 많이 이루고 더 많이 가지려고 애썼습니다. 그러면 더 가치 있는 사람이 되는 줄 알았습니다. 그러던 어느 날 성령님께서 내게 세미한 음성으로 말씀하셨습니다.

"은영아, 나는 네가 참 좋다. 네가 아무것도 하지 않아도, 너를 바라만 봐도 나는 너무 좋다. 더 많이 이루고 더 많이 소유한다고 너의 가치가 높아지는 게 아니다. 무엇인가를 더 보태야 한다는 생각, 부족하다는 생각을 다 내려놓아라. 너는 아무것도 하지 않고 가만히 있어도 내게 있어 대단하고 소중한 존재다. 너는 천조 원 이상의 어마어마한 가치가 있다. 많은 사람들이 자신의 존재 가치를 모르고 업적으로 인정받으려고 정신없이 뛰어 다닌다. 각 사람은 자기 한 사람이 존재하는 것만으로도 천조 원 이상의 가치가 있는 대단하고 귀한 존재임을 알아야 한다. 사람들이 자신의 가치를 모르기 때문에 불행하고 힘들게 산다. 자신의 존재 가치를 깨달으면 자유와 행복을 얻고 인생이 달라질 것이다."

나는 성령님의 음성을 듣고 깨달았습니다.

"맞아, 나는 천조 원 이상의 존재 가치가 있어."

오늘부터 천조 원이 넘는 당신의 존재 가치를 믿으십시오.

당신이 그리스도 안에서 새로운 피조물이 되었기 때문입니다.

예수님이 당신 대신 십자가에서 피와 땀을 흘리며 당신의 죄, 목마름, 병, 가난, 어리석음, 징계, 죽음을 짊어지고 죽으셨습니다. 그리고 부활하셔서 의, 성령 충만, 건강, 부요, 지혜, 평화, 생명을 가지고 당신 안에 들어오셨습니다. 예수 그리스도의 영이신 성령님이 당신 안에 실제로 가득히 들어와 계십니다. 그리스도 안에서 당신은 완전히 새로운 피조물이 되었습니다. 예수님을 믿기 전에는 죄, 목마름, 병, 가난, 어리석음, 징계, 죽음의 저주 가운데 살았으나 예수님을 믿음으로 말미암아 의, 성령 충만, 건강, 부요, 지혜, 평화, 생명의 천국이 당신 안에 임했습니다.

당신은 일곱 가지의 복을 받은 하나님의 자녀입니다.

첫째, 당신은 의인입니다. 그리스도 안에서 의인이기 때문에 저절로 거룩하고 행복한 삶을 삽니다. 의인이기 때문에 행복한 마음으로 책을 쓰고 강연하며 복음을 전합니다. "복음에는 하나님의 의가 나타나서 믿음으로 믿음에 이르게 하나니 기록된 바 오직 의인은 믿음으로 말미암아 살리라 함과 같으니라."(롬 1:17)

둘째, 당신은 성령 충만합니다. 당신은 외롭거나 목마르지 않습니다. 성령님이 당신 안에 가득히 들어와 계십니다. 성령님은 당신을 떠나지도 버리지도 않으십니다. 항상 당신과 함께 계시며 당신을 돕고 인도해 주십니다. "나를 믿는 자는 성경에 이름과 같이 그 배에서 생수의 강이 흘러나오리라 하시니."(요 7:38)

셋째, 당신은 건강합니다. 병이 아닌 건강을 믿으십시오. 예수님이 십자가에서 당신의 모든 병과 슬픔을 담당하셨기 때문입니다. 완벽한 건강을 믿고 말하며 건강한 삶을 사십시오. "이는 선지자 이사야를 통하여 하신 말씀에 우리의 연약한 것을 친히 담당하시고 병을 짊어지셨도다 함을 이루려 하심이더라."(마 8:17)

넷째, 당신은 부요합니다. 우주 재벌 총수이신 하나님이 당신의 아빠이고 당신은 그분의 자녀이기 때문입니다. 하나님께 무엇이든 구하면 다 주십니다. "하나님 아빠가 재벌이니 나도 재벌이야. 나는 부요해"라고 믿고 말하며 부요 믿음으로 생활하면 하나님의 창조적인 부가 나타납니다. 당신의 믿음과 말대로 하나님께서 계속 채워 주시고 넘치게 주십니다. 모든 것에 모든 것이 항상 넘치게 됩니다. "우리 주 예수 그리스도의 은혜를 너희가 알거니와 부요하신 자로서 너희를 위하여 가난하게 되심은 그의 가난함을 인하여 너희로 부요케 하려 하심이니라."(고후 8:9)

다섯째, 당신은 지혜롭습니다. 천재 중에 천재이신 성령님께서 당신과 함께 계시므로 당신은 천재입니다. 천재적인 기름 부음과 천재적인 지혜가 당신 안에 가득합니다. 그래서 모든 일이 쉽고 무엇이든 다 잘할 수 있습니다. 100년 걸릴 일도 성령님께서 도와주시면 하루 만에 할 수 있습니다. 세상에 어려운 것은 아무것도 없습니다. 어렵다는 생각만 있을 뿐입니다. 어렵다고 생각하면 더 어려워집니다. 쉽다고 생각하십시오. "나는 천재다"라고 믿고 말하며 행동하십시오. 그러면 천재적인 인생이 펼쳐집니다. "이는 그가 모든 지혜와 총명을 우리에게 넘치게 하사."(엡 1:8)

여섯째, 당신은 평화를 누립니다. 예수님께서 채찍에 맞음으로 당신이 받아야 할 징계를 대신 짊어지셨습니다. 당신은 하나님과 평화를 누리게 되었고 당신의 인생에 징계와 심판은 절대로 없습니다. 하는 것마다 잘되고 더 잘되고 나날이 잘됩니다. "그가 찔림은 우리의 허물 때문이요 그가 상함은 우리의 죄악 때문이라. 그가 징계를 받으므로 우리는 평화를 누리고 그가 채찍에 맞으므로 우리는 나음을 받았도다."(사 53:5)

일곱째, 당신은 생명을 가졌습니다. 영원한 생명, 큰 생명, 새 생명을 가졌습니다. 당신은 죽지 않고 영원히 삽니다. "진실로 진실로 너희에게 이르노니 믿는 자는 영생을 가졌나니."(요 6:47)

하나님께서 당신에게 주신 가장 큰 재산은 바로 당신의 인생입니다. 당신의 인생을 소중히 여기십시오. 하나님은 당신을 위해 독생자 예수님을 십자가에 매달아 당신의 모든 저주를 대신 담당하게 하셨습니다. 그분은 예수님의 피 값을 주고 당신을 사셨습니다. 하나님의 최대 관심은 바로 당신입니다. 그분은 당신이 이 땅에서 천국을 누리며 행복하게 살기를 간절히 바라십니다.

예수님이 십자가에서 다 이루신 복음을 완전히 믿고 변화된 자신의 자화상을 굳게 붙들고 당신 자신을 소중히 여기고 잘 관리하면 당신 밖에 있는 것들은 선물로 덤으로 주어집니다. 자연스럽게 누리면 됩니다. 성령님께서 내게 말씀하셨습니다.

"남 걱정하지 말고 너부터 챙겨라."

"남 변화시키려 하지 말고 너부터 변화되라."

"나는 네가 먼저 행복하길 바란다."

"예수님이 십자가에서 다 이룬 복음을 완전히 믿어라."

당신도 이렇게 믿고 말하십시오.

"나는 의인이다."

"나는 성령 충만하다. 내 안에 성령님이 가득히 계신다."

"나는 건강하다. 완벽한 건강을 가졌다."

"나는 부요하다. 재벌이다."

"나는 지혜롭다. 천재다."

"나는 평화를 누린다. 내 인생에 징계는 없다."

"나는 생명을 가졌다. 나는 영원한 생명을 가졌다."

하나님의 나라와 그의 의가 당신 안에 가득히 들어와 있기 때문에 당신은 천조 원 이상의 가치가 있는 소중한 존재입니다. 이 사실을 믿고 행복하게 살면 다른 것은 모두 넘치게 채워집니다.

"너희는 먼저 그의 나라와 그의 의를 구하라. 그리하면 이 모든 것을 너희에게 더하시리라."(마 6:33)

최고의 투자처는 일인 기업인 당신 자신이다

당신은 소중한 자신에게 얼마나 투자합니까?

나는 천조 원 이상의 가치가 있는 내게 잘 투자합니다.

가장 먼저 내게 돈을 쓰고 시간을 씁니다. 매일 1~2시간 정도 혼자만의 시간을 갖고 책을 읽고 생각하며 깨달음을 얻습니다. 새로운 것 한 가지를 깨달으면 천 년을 더 산 것 같습니다. 그 외 시간에는 아기랑 뒹굴뒹굴 놀면서 집안일도 하고 밖에 나가 산책도 하고 시장에 가서 장도 보고 자유롭게 지냅니다.

집안일은 오후로 미뤘다가 한꺼번에 합니다. 집안일부터 하게 되면 내 시간을 내기가 어렵기 때문에 만사를 제쳐 두고 나만의 시간부터 갖고 하루를 시작합니다. 내게 가장 먼저 투자합니다. 내가 먼저 행복해야 그 행복이 온 가정에 펼쳐지기 때문입니다.

나는 다른 사람과 비교하지 않고 어제의 나와 비교합니다. 그래서 어제보다 오늘 더 성장합니다. 하루에도 수많은 깨달음을 얻고 매일 발전하며 앞으로만 나아갑니다. 어제의 나는 오늘의 나와 다릅니다. 깨달음을 얻으면 나는 또 달라져 있습니다. 깨달음을 얻을수록 내 의식이 높아지고 내 삶도 더 풍요로워집니다. 그래서 나는 날마다 더 행복합니다. 내가 점점 더 새로워지고 부요해지고 성장하는 것만큼 행복한 것이 없습니다.

예전에는 좋은 투자처를 찾으려고 또 많은 돈을 벌려고 여기저기 기웃거렸습니다. 그런 내게 성령님께서 말씀하셨습니다.

"은영아, 최고의 투자처는 바로 너야. 네가 천조 원 이상의 기업 가치가 있어. 가장 먼저 네게 투자해. 너 자신을 극대화해. 내가 네게 재물 얻을 능을 주었다. 1억, 10억, 100억은 하루 만에도 벌 수 있어. 미래가 두렵다고 여기저기 투자하려고 하지 말고 내 음성을 듣고 너 자신에게 투자해라. 그것이 가장 잘하는 거야."

그 음성을 듣고 나는 놀라운 깨달음을 얻었습니다.

그래서 나는 내 가치를 백배로 증가시키기 위해 나 자신에게 가장 먼저 투자합니다. 사람들은 자기 자신이 얼마나 존귀하고 소중한 존재인지 모르기 때문에 자신에게 투자하지 않습니다. 다른 곳에 투자하는 것이 나쁘다는 것이 아니라 우선순위를 바로 해야 한다는 말입니다. 자신의 가치를 높이는 자기 계발에 먼저 투자하고 다른 곳에 투자하는 것은 괜찮지만 자신에게 투자하지 않고 다른 곳에만 자꾸 투자하는 것은 미련하고 어리석은 짓입니다.

당신의 미래는 성령님과 함께 성령님의 음성을 듣고 준비해야 하는 것입니다. 미래가 두려워서 눈에 보이는 것에만 투자하면 안 됩니다. 눈에 보이는 것은 사막의 신기루(mirage)처럼 순식간에 사라질 수도 있기 때문입니다. 성령님의 음성을 가장 크게 여기고 그분의 음성에 순종하며 자신에게 먼저 투자해야 합니다.

당신이 최고의 투자처임을 잊지 말고 자신에게 시간과 돈을 투자하십시오. 그러면 언제 어디서든 크게 성공할 수 있습니다.

"철 연장이 무디어졌는데도 날을 갈지 아니하면 힘이 더 드느니라. 오직 지혜는 성공하기에 유익하니라."(전 10:10)

난 참 복이 많아. 복덩어리야. 다 잘돼

당신은 하나님께 많은 복을 받았습니까?

나는 참 복이 많은 사람입니다. 내가 예전부터 자주했던 말이 있습니다. "난 참 복이 많아. 복덩어리야. 다 잘돼."

나는 지금껏 하는 일마다 다 잘되고 있고 나날이 더 잘되고 있습니다. 또 만남의 복도 많습니다. 그동안 나를 도와주는 사람을 많이 만났습니다. 정말 큰 복은 온전한 복음을 전하는 교회에 다니는 것입니다. 그리고 재물의 복도 많습니다. 갈수록 돈도 많이 벌고 있고 평생 돈 걱정 없이 살게 되었습니다.

나는 예전에 하나님께 이런 기도를 했습니다.

"하나님, 제 평생에 돈 걱정 없이 살게 해주세요."

"하나님, 저에게 만남의 복을 많이 주세요."

내가 기도한 대로 하나님께서 다 이루어 주셨습니다. 하나님은 내가 기도하고 구한대로 이루어 주시는 전능하시고 신실하신 분입니다. 아기 낳기 전에도 나는 기도했습니다.

"하나님, 건강한 아기를 순산하게 해주세요. 회복도 빨리 되게 해주세요. 아기를 잘 낳는 복도 주세요."

기도한 대로 아기 잘 낳는 복을 받았습니다.

아기를 늦게 가졌지만 임신 중에도 힘들지 않았고 아이를 낳고도 회복이 빨랐습니다. 아기를 낳기 전에는 아기 낳고 나면 몸매가 망가지고 뚱뚱해지고 아프면 어쩌나 생각했는데 오히려 아기 낳고 난 후에 더 건강해지고 날씬해졌습니다. 건강의 복을 받아 갈수록 젊어지고 건강하고 튼튼합니다. 얼굴 피부도 깨끗하고 빛이 납니다. 어떤 분이 내게 말했습니다.

"은영이는 참 복이 많아. 하나님이 널 많이 사랑하신다."

나는 대답했습니다.

"네, 저는 복이 아주 많아요. 돈 복, 사람 복, 건강 복, 지혜의 복, 모든 복이 넘쳐요. 복덩어리예요. 항상 잘 되요. 하나님이 나를 특별히 사랑하십니다."

하나님께서 내게 많은 복을 주셨습니다. 한때는 하나님께서 주신 복을 보지 못하고 내게 없는 것만 놓고 '불평 마인드'와 '부족 마인드'로 살았습니다. 그러나 하나님께서 내게 깨달음을 주셔서 내게 주신 복을 보게 되었습니다. 나는 감사가 터져 나왔습니다.

"나는 진짜 복덩어리다. 정말 행복한 사람이다. 평생 감사만 하자. 하나님, 억만 번이나 감사합니다. 하나님의 은혜입니다."

다윗은 "여호와가 나의 목자이시므로 내가 부족함이 없다. 내 잔이 넘친다"고 고백했습니다.(시 23:1, 5) 나도 그렇습니다.

나는 하나님만 계셔도 내 잔이 넘칩니다. 나는 항상 '감사 마인드'와 '부요 마인드'로 삽니다. 이런 나를 하나님께서도 기뻐하시며 더 넘치는 복을 쏟아 부어 주십니다. 당신도 나처럼 잔이 넘치는 삶을 살 수 있습니다. 어떻게 하면 가능할까요?

첫째, 하나님께서 주신 복을 세어 보십시오.

하나님은 지금도 당신에게 복을 쏟아 부어 주고 계십니다.

둘째, 불평과 부족 마인드를 버리고 감사와 부요 마인드로 사십시오. 그러면 계속 감사할 일이 생기고 더욱 부요해집니다.

셋째, "난 참 복이 많아. 복덩어리야"라고 믿고 말하십시오.

믿음의 말대로 하나님께서 더 많은 복을 부어 주십니다.

나는 모든 것이 저절로 잘되는 복덩어리다

당신은 저절로 잘되는 복덩어리입니까?

나는 하나님의 복덩어리입니다. 앞으로 가도 복을 받고 뒤로 가도 복을 받습니다. 아무 일도 하지 않아도 복을 받고 잠을 잘

때도 복이 쏟아집니다. 나는 복의 근원이요 내가 하는 모든 일에 복이 임하고 내 주위 사람들도 나로 말미암아 복이 임합니다.

그래서 나는 항상 이렇게 말합니다.

"나는 정말 복덩어리다."

나는 빈손으로 태어났으나 지금은 하나님의 은혜로 너무나 많은 것을 누리며 풍요로운 삶을 살고 있습니다. 가족, 남편, 딸, 집, 땅, 빌딩, 차, 책, 신발, 옷 등 내게 있는 모든 것을 하나님께 선물로 받았습니다. 하루는 집에서 아기랑 놀고 있는데 아기가 가지고 노는 장난감과 인형들 그리고 내가 쓰는 물건들이 모두 하나님의 선물임을 깨달았습니다. 나는 생각했습니다.

"아기 장난감도 다 복이고 내가 갖고 있는 물건도 모두 복이구나. 나는 원래 아무것도 없었는데 하나님께서 선물로 다 주셨네. 내 주위엔 온통 복뿐이네. 나는 행복한 대부호다."

"하나님, 감사합니다. 이렇게 많은 것을 선물로 주셔서 누리게 하시니 정말 감사합니다."

내가 필요한 것은 하나님께 구하면 다양한 방법으로 주십니다.

남편에게 부탁하면 남편은 바로 돈을 주거나 사줍니다. 어제도 남편에게 무엇이 필요하다고 했더니 바로 카드를 주면서 사라고 했습니다. 좋은 남편을 주신 하나님께 감사드립니다.

"하나님, 저에게 좋은 남편을 주셔서 감사합니다. 남편을 억만 번이나 축복해 주세요."

하나님께서는 내가 복의 근원이므로 항상 잘되게 하십니다. 그래서 나는 하는 것마다 잘되고 항상 잘되고 더 잘됩니다.

예수님은 제자들에게 '믿음의 기도'를 하라고 하셨습니다.

"예수께서 그들에게 대답하여 이르시되 하나님을 믿으라. 내가 진실로 너희에게 이르노니 누구든지 이 산더러 들리어 바다에 던져지라 하며 그 말하는 것이 이루어질 줄 믿고 마음에 의심하지 아니하면 그대로 되리라. 그러므로 내가 너희에게 말하노니 무엇이든지 기도하고 구하는 것은 받은 줄로 믿으라. 그리하면 너희에게 그대로 되리라."(막 11:22~24)

받았다고 믿는 것이 믿음의 기도입니다.

나는 기도하고 구한 것을 받았다고 믿고 조금도 의심하지 않습니다. 모든 것을 하나님께 맡기고 감사하며 지금 주어진 것을 행복하게 누리며 삽니다. 그러면 모든 일은 내가 아닌 전능하신 하나님께서 알아서 이루어 주십니다. 때와 기한은 하나님께 있기 때문에 나는 알 수 없지만 하나님께 기도하고 구한 것은 반드시 그분이 다 이루어 주신다고 믿습니다.

당신도 복의 근원입니다. 하나님께서 당신을 한없이 사랑하십니다. 복덩어리인 당신은 다 잘되고 나날이 잘됩니다.

이제 시작이다. 더 크고 좋은 집을 많이 줄게

당신은 성령님께 좋은 집을 선물로 받았습니까?

나는 성령님께 좋은 집을 선물로 받았습니다. 지금 살고 있는 집은 내가 꿈꾸던 좋은 집입니다. 나는 성령님께 구했습니다.

"성령님, 집 앞에 공원이 있는 환하고 공기 좋은 집에서 살게 해주세요."

기도하고 구한 것은 받았다고 믿고 감사하며 지냈습니다.

그러자 몇 개월 후에 하나님께서 진짜로 집 앞에 공원이 있는 환하고 공기 좋은 집으로 이사하게 하셨습니다.

"성령님, 이렇게 환하고 공기 좋은 집을 주셔서 감사합니다. 행복합니다."

이사한 뒤에 부모님께서 집에 오셨는데 공원이 있고 공기도 좋고 환하고 참 좋다고 하셨습니다. 나는 하나님께 기도했습니다.

"하나님, 부모님께도 더 넓고 좋은 집을 주세요."

그리고 몇 개월 뒤에 하나님께서 아버지의 마음을 감동하셔서 더 좋은 집을 알아보러 다니게 하셨고 좋은 집을 사게 하셨습니다. 그 집은 부모님의 소원대로 집 앞에 공원이 있고 창문 너머로 나무가 보이는 좋은 집입니다. 부모님께서 너무 행복해 하셨고 나도 너무 행복했습니다. 부모님은 살던 집을 팔고 새 집을 사려고 했지만 성령님의 인도하심으로 지금 있는 집을 세주고 새 집을 사게 되었습니다. 생각도 못했는데 집이 두 채가 되었습니다.

내가 새로운 곳으로 이사 왔을 때 하나님께서 가장 먼저 하신 말씀이 있습니다.

"앞으로 엄청난 기적과 좋은 일이 더 많이 있을 것이다. 이제 시작에 불과하다. 내게 구해라. 더 크고 좋은 집을 많이 줄게."

"기도하고 구한 것은 받았다고 믿으라. 그대로 되리라."

"궁상떠는 습관을 싹 버려라. 부요 믿음으로 살라. 억만장자 마인드로 살라."

내가 성령님의 음성에 순종하여 오랫동안 살던 곳을 떠나 이사하니 모든 것이 더 잘되게 하셨습니다. 남편도 승진과 함께 돈도 더 많이 벌게 하시고 부모님께 더 좋은 집도 주셨습니다. 그 외에도 아주 많습니다. 당신도 성령님의 음성에 순종하십시오. 그러면 성령님께서 모든 것을 책임지고 인도해 주실 것입니다.

성령님께서는 내게 매년 매달 매주 매일 매순간 매초마다 복에 복을 더하셨습니다. 나는 성령님께 말씀드렸습니다.

"성령님, 감사합니다. 올해도 넘치게 복을 주셔서 정말 감사합니다. 예쁜 딸도 건강하게 태어나게 하시고 책도 많이 쓰게 하시고 좋은 집도 주시고 남편에게 더 좋은 직장을 주시고 부모님과 친척, 주위 사람들에게도 복에 복을 더하여 주셔서 감사합니다. 무조건 잘되게 하시고 나날이 더 잘되게 하시고 저절로 잘되게 하시니 감사합니다. 행복합니다."

성령님께서 내게 말씀하셨습니다.

"그 정도 갖고 뭘 그래? 아직 시작도 안했어. 내가 말했지? 앞으로 엄청난 기적과 좋은 일이 많이 있을 거라고. 이제 시작이야. 한 달 만에 아니 하루 만에도 엄청난 복을 부어 줄게. 앞으로 기대해. 그동안 너무 잘해 왔다. 사랑하는 나의 딸아, 네 믿음이 크도다. 너를 축복한다."

"와, 성령님. 이제 시작이라고요? 억만 번이나 기대됩니다. 감사합니다. 행복합니다."

시편에는 의인이 하는 모든 일이 잘된다고 했습니다.

"복 있는 사람은 하는 모든 일이 다 형통하리로다."(시 1:3)

어떻게 하면 당신도 나처럼 나날이 더 잘될 수 있을까요?

첫째, 항상 잘되고 나날이 더 잘된다고 믿어야 합니다.

둘째, 성령님의 음성에 순종하십시오. 이해가 안 되도 순종하면 백배나 잘됩니다. 믿으면 하나님이 믿음의 상을 꼭 주십니다.

셋째, 믿음의 기도와 감사의 기도를 하십시오.

기도하고 구한 것은 받았다고 믿고 감사의 기도를 하십시오. 정말 그대로 됩니다. 기다리는 동안 절대 의심하거나 불평하지 마십시오. 감사만 하십시오. 하나님은 하루 만에 다 주십니다.

넷째, 하나님께 구체적으로 구하면 정확히 넘치게 주십니다.

하나님께 필요한 것을 막연하게 구하지 말고 구체적으로 구하십시오. 하나님은 당신이 구한 것보다 더 넘치게 주십니다.

하나님께 무엇이든 구해서 받아 누리며 사십시오.

"나의 하나님이 그리스도 예수 안에서 영광 가운데 그 풍성한 대로 너희 모든 쓸 것을 채우시리라."(빌 4:19)

나의 가장 좋은 친구가 되시는 성령님

당신은 어떤 친구가 있습니까?

잠언에 "많은 친구를 사귀는 것은 도리어 해가 된다"고 했습니다. "많은 친구를 얻는 자는 해를 당하게 되거니와 어떤 친구는 형제보다 친밀하니라."(잠 18:24) 형제보다 친밀한 친구는 누굴까요? 바로 내 안에 가득히 들어와 계신 성령님이십니다. 친구가 없다며 외로워하지 마십시오. 친구 찾아 돌아다니지도 마십시오. 수많은 그리스도인들이 친구가 없어 외롭다며 더 많은 친구를 만들려고 합니다. 밤낮 친구를 만나러 돌아다니는 사람도 있습니다.

세상 친구는 만나면 만날수록 더욱 목이 마를 뿐입니다.

세상에서 가장 좋은 친구는 성령님이십니다. 그분은 영원히 당신 안에 한강처럼 넘치는 기름 부음으로 들어와 계십니다.

"내가 너희를 고아와 같이 버려두지 아니하고 너희에게로 오리라. 이제부터는 너희를 종이라 하지 아니하리니 종은 주인이 하는 것을 알지 못함이라. 너희를 '친구'라 하였노니 내가 내 아버지께 들은 것을 다 너희에게 알게 하였음이라."(요 14:18, 15:15)

그분은 당신 곁에 계시며 결코 당신을 떠나지 않으십니다.

"내가 아버지께 구하겠으니 그가 또 다른 보혜사를 너희에게 주사 영원토록 너희와 함께 있게 하리니……."(요 14:16)

성령님을 가장 좋은 친구로 여기고 친밀히 사귀십시오.

하루는 잠깐 뭔가 고민하고 있을 때, 나의 가장 좋은 친구 되시는 성령님께서 나의 오른손을 붙잡고 이렇게 말씀하셨습니다.

"은영아, 아무것도 두려워하지 마. 내가 도와줄게. 나는 어려운 게 아무것도 없어. 너는 웃기만 해. 기뻐하기만 해. 감사하기만 해. 잘 자기만 해. 푹 쉬기만 해. 좀 빈둥거려도 괜찮아. 내게 다 맡겨. 내가 알아서 다 해결해 줄게."

성령님의 세미한 음성에 감사의 눈물이 터져 나왔습니다.

그리고 성경 말씀을 떠올려 주셨습니다.

"무릇 너를 치려고 제조된 기계가 날카롭지 못할 것이라. 무릇 일어나 너를 대적하여 송사하는 혀는 네게 정죄를 당하리니 이는 여호와의 종들의 기업이요 이는 그들이 내게서 얻은 의니라. 여호와의 말이니라."(사 54:17)

당신은 어떤 사람과 문제를 두려워하고 있습니까? 두려워하지 마십시오. 세상에서 가장 좋은 친구인 성령님이 당신과 함께 하십니다. 그분이 당신을 전적으로 변호하고 도우십니다.

"두려워하지 말라. 너희는 많은 참새보다 귀하니라."(마 10:31)

기왕이면 행복한 마음으로 모든 일을 하라

당신은 모든 일을 행복한 마음으로 합니까?

나는 모든 일을 행복한 마음으로 합니다. 행복한 마음으로 하니 모든 일이 쉽고 가볍습니다. 나는 인생에 대해 사람들에게 이렇게 말합니다. "인생은 쉽고 가볍고 즐기고 누리는 것이다."

예수님도 그렇게 말씀하셨습니다.

"내 멍에는 쉽고 내 짐은 가벼움이라."(마 11:30)

나는 사람들에게 당당하게 말합니다.

"하고 싶은 거 다하며 사세요. 후회 없이 사세요."

행복한 마음으로 살며 후회 없이 살려면 어떻게 해야 할까요?

첫째, 절대 자신을 남과 비교하지 마십시오.

비교하면 비참해지고 불행해집니다. 분노가 일어납니다.

행복의 반대말은 불행이 아니라 '비교'입니다. 하나님께서 각 사람을 가장 좋은 길로 인도하고 계시는데 남과 비교하는 순간 마음이 침체되고 불평하게 됩니다. 하나님은 당신이 남과 비교하는 것을 가장 싫어하십니다. 잘 나가는 사람, 복 받은 사람과 비교하지 말고 본받으십시오. 당신도 사모하고 하나님께 구하십시오.

"하나님, 저도 주세요."

그러면 하나님께서 당신에게도 큰 복을 주십니다.

둘째, 사람을 의지하지 말고 하나님만 의지하십시오.

하나님 아빠는 재벌이십니다. 무엇이든 구하면 다 주십니다. 어떻게든 주십니다. 하나님께서 내게 자주 하시는 말씀입니다.

"하고 싶은 거 있으면 부담 갖지 말고 다 해. 내가 다 줄게."

때론 하나님께 구했는데 기다리라고 하실 때도 있습니다. 그때도 받았다고 믿고 감사함으로 기다리면 더 좋은 것으로 주십니다. 하나님은 항상 최고의 것으로 주십니다. 어떻게든 주십니다.

셋째, 남 눈치 보지 말고 일단 저지르십시오.

남 눈치 보느라 아무것도 못하는 사람이 있습니다.

그런 어리석은 사람이 되지 말고 하나님의 자녀로 당당하게 하고 싶은 거 다 하고 마음껏 누리며 사십시오. 일단 저질러 놓고 나중에 문제가 생기면 미안하다고 말하면 됩니다. 안 그러면 죽을 때까지 사람 눈치만 보며 한 가지도 못합니다. 당신의 인생은 없습니다. 늙기 전에 당신의 인생을 찾고 자기 계발을 하십시오.

하나님을 믿고 저지르면 당신이 원하는 것을 얻게 됩니다.

하고 싶은 것이 있으면 사람 눈치 보지 말고 하나님의 자녀답게 무엇이든 부요 믿음으로 다 하십시오. 일단 믿음으로 저지르십시오. 그럴 때 하나님께서 기뻐하시고 당신도 더 행복해집니다.

"하나님이 능히 모든 은혜를 너희에게 넘치게 하시나니 이는 너희로 모든 일에 항상 모든 것이 넉넉하여 모든 착한 일을 넘치게 하게 하려 하심이라."(고후 9:8)

나 혼자 책 쓰고 편집하고 디자인과 출판을 다 한다

당신은 최근에 이루어진 어떤 꿈이 있습니까?

나는 럭셔리셀러 책 출간의 꿈이 있었습니다. 나는 직장에 다니면서 3권의 책을 출간했습니다. 그리고 윤문, 편집, 가치 증가 첨삭, 오타 교정의 전 과정을 배워서 '천재북스' 출판사를 차리고 〈천재작가 이은영의 자기계발에 투자하라〉를 출간했습니다. 단독 저서가 나오고 한동안 책을 출간하지 않았습니다. 그러다 아기를 낳고 다시 책을 출간해야겠다고 마음먹고 틈틈이 책을 썼습니다.

"이번엔 럭셔리셀러를 출간해야겠다."

"표지 디자인도 배워야겠다."

디자인을 배울 수 있는 기회가 생겼고 디자인학교 코칭 과정에 등록하여 배웠습니다. 마음에 럭셔리셀러 출간에 대한 소원을 갖자 성령님께서 그 꿈을 급속도로 나타내기 시작하셨습니다. 책을 쓸 수 있도록 아이디어와 지혜를 떠올려 주셨고 책 출간에 필요한 비용도 모두 채워 주셨습니다. 그렇게 1인 기업인 내가 직접 표지

까지 디자인해서 태어난 책이 〈천재적인 자기계발비법〉〈천재적인 책쓰기비법〉〈성령님과 친구처럼 사귀는 비결〉등입니다.

　단숨에 럭셔리셀러 출간의 꿈이 태어난 것입니다.

　당신도 꿈을 잉태하면 그 꿈이 성령의 능력으로 태어납니다.

　〈천재적인 자기계발비법〉은 한번뿐인 소중한 인생, 자기계발에 투자하는 비법이 담긴 귀한 책입니다. 많은 사람들이 자기계발이 뭔지도 모르고 하루하루 남이 시킨 일만 하며 죽은 듯이 살아갑니다. 그리스도 안에서 발견된 자신의 참된 모습을 발견하고 소중한 자신에게 투자할 때 인생이 부요해지고 행복해집니다.

　〈천재적인 책쓰기비법〉은 '짜깁기'가 아닌 '자신의 삶과 깨달음을 담은 천재적인 책을 쓰는 비법'을 담은 귀한 책입니다.

　책은 모든 성공의 끝입니다. 그러므로 만사를 제쳐 두고 책부터 써내야 합니다. 인생은 끝에서부터 시작해야 합니다. 크게 성공하면 책을 써내는 것이 아니라 책부터 써내야 크게 성공합니다.

　당신이 책을 써내면 사람들에게 성공했다고 인정받고 존중 받습니다. 인생 최고의 결과물은 집이나 땅, 빌딩이 아닌 '책'입니다. 다른 모든 것은 10년, 100년이지만 당신의 이름과 얼굴, 삶과 깨달음이 담긴 책은 천 년 동안 남습니다. 만사를 제쳐 두고 책부터 쓰고 다른 일을 해야 합니다. 성공의 끝인 책부터 쓰면 다른 모든 것은 따라옵니다. 책은 누구나 쓸 수 있고 쉽습니다.

　당신도 지금 당장 책 쓰기에 대한 꿈을 가지십시오.

　"다른 누군가가 했다면 당신도 할 수 있다."

　〈성령님과 친구처럼 사귀는 비결〉은 존귀하신 성령님과 친구처럼 사귀며 최고의 행복한 삶을 살도록 돕는 귀한 책입니다.

사람들이 성령님을 막연한 분으로 생각할 뿐만 아니라 성령님의 존재를 모르고 힘겹게 살아갑니다. 성령님은 정말 멋지고 좋고 아름다운 분이십니다. 성령님은 가장 좋은 친구가 되십니다.

하나님께서 사람을 돕기 위해 성령님을 보내 주셨는데 성령님 없이 자기 혼자 힘으로 살아가려고 하면 어렵고 힘들고 고생만 합니다. 모든 일을 성령님께 묻고 도움을 구하면 성령님께서 적극적으로 도와주십니다. 귀한 책들을 꼭 구입해서 읽어보십시오.

나는 앞으로 100권 이상의 책을 마음껏 출간할 것입니다.

책이 한 권씩 태어날 때마다 황홀하고 행복합니다. 지금도 나는 행복한 마음으로 책을 쓰고 있고 계속 책이 출간됩니다.

당신도 책쓰기에 도전하십시오. 〈천재적인 책쓰기비법〉 책을 주문해서 읽으십시오. 일대일 코칭에 등록해 천재적인 책쓰기비법을 배우십시오. 그러면 당신도 평생 100권 이상의 책을 마음껏 써낼 수 있습니다. 1인 출판사 코칭도 받으십시오. 당신이 출판사를 차리십시오. 디자인 코칭도 받고 표지 디자인도 직접 하십시오. 모두 쉽고 재미있습니다. 천재적인 재능이 나타날 것입니다.

전 과정을 다 배우고 당신이 원하는 책을 마음껏 출간하십시오. 010.7567.5006으로 문자나 전화를 해서 상담하십시오.

아기는 아무 걱정 근심이 없이 마음껏 웃는다

당신은 사랑스런 자녀가 있습니까?

나는 귀엽고 사랑스러운 딸을 낳았습니다.

새벽에 진통이 와서 남편과 병원으로 갔습니다. 분만실에 입원하고 수술했는데 비몽사몽간에 눈을 뜨니 회복실에서 남편이 나를 흔들어 깨우고 있었습니다. 정신도 없고 졸음이 계속 밀려왔습니다. 남편이 계속 말을 걸며 나를 깨웠습니다.

나는 눈을 뜨고 남편에게 물었습니다.

"복덩이 봤어? 사진 찍었어?"

남편이 핸드폰으로 찍은 복덩이 사진을 보여줬습니다. 아기가 건강하게 잘 태어나 줘서 감사했습니다. 잠시 후에 간호사가 복덩이를 데리고 왔습니다. 나는 복덩이를 보자마자 말했습니다.

"와, 정말 작다. 귀엽다."

아기가 응애 하며 울었는데 너무 작고 귀여웠습니다. '이 아이가 내 뱃속에 있었구나' 하고 신기하기만 했습니다.

"와, 드디어 큰일을 끝냈다. 감사합니다."

여자의 가장 큰 일은 출산인데 아기를 낳고 나니 '나도 해냈구나, 나도 드디어 아기를 낳았구나'라며 감격하고 감사했습니다.

아기를 낳고나자 세상의 모든 어머니들이 존경스럽게 느껴졌습니다. 한 명, 두 명, 여러 명 낳은 어머니들은 정말 대단합니다.

내 인생에서 가장 잘한 일은 아기를 낳은 것이고 내 인생에서 가장 큰 기적도 아기를 낳은 것입니다. 그리고 내 인생에 가장 잘한 일은 책을 쓴 것이고 내 인생에서 가장 큰 기적도 책을 쓴 것입니다. 아기는 몸으로 낳고 책은 정신으로 낳았습니다.

자녀는 하나님이 주신 가장 귀하고 소중한 선물입니다. 복덩이 '하선이'가 생기고 집안에 복이 더 넘쳤습니다. 하선이가 커 가는 모습을 보면서 내 마음에 든 생각이 한 가지 있습니다.

"사람이 앉고 서고 눕고 말하는 것이 진짜 기적이다."

또 아기를 보면서 이런 생각이 들었습니다.

'아기는 걱정 근심이 전혀 없다. 두려움이 없다. 마음껏 웃는다. 부모에 대한 굳센 믿음만 있다. 부모 믿고 겁이 없다."

아기처럼 우리도 하나님을 굳게 믿고 걱정, 근심, 두려움, 겁 없이 마음껏 웃으며 살아야겠습니다.

"그때에 우리 입에는 웃음이 가득하였다."(시 126:2)

최신형 핸드폰을 선물로 받은 이야기

당신은 핸드폰을 선물로 받은 적이 있습니까?

나는 얼마 전에 최신형 핸드폰을 선물로 받았습니다.

남편이 핸드폰을 바꿔 준다고 했지만 그때는 별로 마음에 드는 핸드폰이 없었고 사용하던 핸드폰의 상태가 아직은 좋아서 나중에 사겠다고 했습니다. 그 후에 몇 달이 지나서 마음에 쏙 드는 최신형 핸드폰을 보게 되었는데 바이올렛 색상이었습니다.

"저 핸드폰 참 예쁘다."

그렇게 생각하고 지나갔는데 남편이 핸드폰을 바꿔 준다고 원하는 것을 고르라고 했습니다. 핸드폰을 오래 사용해서 중간에 멈추거나 충전이 잘 안 되어 바꿔야겠다고 생각하고 있었습니다.

나는 찜해 두었던 바이올렛 색상의 핸드폰을 골랐습니다. 핸드폰 색상도 예쁘고 가볍고 화면도 크고 카메라도 좋고 기능도 단순해서 좋았습니다. 지금까지 사용하던 핸드폰 중에 가장 좋았습니다. 예전에는 다이어리를 썼지만 요새는 다이어리를 졸업하고 메모나 결제 등을 대부분 핸드폰으로 합니다. 핸드폰은 투자 대비 얻는 것이 많기 때문에 가격 이상의 가치가 있습니다. 평소에 많이 사용하기 때문에 정말 좋은 것, 마음에 드는 것을 사야 사용할 때마다 후회가 없고 행복합니다. 당신도 원하는 것이 있으면 무엇이든지 하나님께 구하십시오. 그러면 주십니다.

가장 좋은 것을 얻으려면 어떻게 해야 할까요?

첫째, 최고의 것을 선택하면 하나님께서 그것을 주십니다.

둘째, 나는 잊어도 하나님은 잊지 않고 정확히 주십니다.

셋째, 옛것을 졸업하면 새것을 얻습니다. 과감히 옛것을 졸업해야 앞으로 나아가게 되고 새로운 세상이 열립니다.

새 핸드폰으로 바꾸고 연락처에 저장되어 있던 사람 중에 연락 안 하는 옛사람들의 연락처를 삭제했습니다. 나는 하나님께서 졸업시킨 사람에 대해선 미련을 갖지 않습니다. 사람도 물건도 만료 기간이 있는데 하나님께서 졸업시킨 것은 과감히 졸업합니다.

그러면 하나님께서 더 크고 좋은 만남의 복을 주십니다.

예수님은 "내 이름으로 무엇이든지 내게 구하면 내가 행하리라"(요 14:14)고 분명히 약속하셨습니다. 무엇이든 하나님께 구하십시오. 구하면 다 주십니다. 한 번 구한 것은 받았다고 믿고 감사하십시오. 그리고 하나님께 완전히 맡기십시오. 받았다고 믿고 감사하며 행복하게 살면 하나님께서 어느 날 갑자기 하루 만에 다 주십니다. 불가능해 보였던 꿈과 소원이 현실로 나타납니다.

그러면 기쁨이 충만해질 것입니다. "지금까지는 너희가 내 이름으로 아무 것도 구하지 아니하였으나 구하라. 그리하면 받으리니 너희 기쁨이 충만하리라."(요 16:24)

성령님과 동업하면 백배의 복을 받는다

후회 없는 삶을 사는 비결

당신은 후회 없는 삶을 살기 원하십니까?

나는 후회 없는 삶을 살기 원했고 정말 그렇게 후회 없는 행복한 삶을 살고 있습니다. 내가 후회 없는 삶을 살게 된 까닭은 내 힘으로 노력했기 때문도 다른 사람을 의지하거나 그들에게 도움을 요청했기 때문도 아닙니다. 그 비결이 무엇일까요?

단 한 가지 곧 '성령님의 음성을 따라 살기' 때문입니다.

나는 내 안에 가득히 들어와 계신 성령님께 "후회하지 않는, 후회가 없는 행복한 삶을 살게 해주세요"라고 부탁했습니다. 성령님은 내 기도를 기쁘게 들으셨고 그렇게 인도해 주셨습니다.

물론 그렇게 부탁만 해 놓고 일상생활에서 성령님의 도움을 구하지 않고 내 멋대로 행동하면 안 됩니다. 순간마다 성령님을 의지해야 합니다. 크고 작은 모든 일을 그분께 물어야 합니다.

"성령님, 어떻게 할까요?"

그리고 성령님의 세미한 음성이 들리면 순종해야 합니다.

당신도 나처럼 성령님께 후회 없는 삶을 살게 해 달라고 부탁하십시오. "성령님, 제가 후회 없는 행복한 삶을 살게 해주세요."

그러면 반드시 그런 삶을 살도록 인도해 주실 것입니다.

성령님의 음성이 들리면 거역하지 말고 순종하십시오.

인격자이신 성령님은 당신의 의지를 존중하기 때문에 당신이 그분의 음성을 따라 살지 않고 자신의 생각과 다른 사람의 말을 따라 마음대로 행동하면 막지 않고 가만히 지켜만 보십니다.

당신이 다시 성령님의 도움을 구할 수 있도록 환경을 만들어 주기는 하지만 직접적인 간섭은 하지 않으십니다. 결국 후회는 당신 몫이 되어 버리니 주위 사람들의 말과 당신의 생각대로 했다가 뒤늦게 후회하지 말고 성령님의 음성에 순종하십시오.

어떤 일이든지 추측해서 하지 말고 성령님께 물으십시오.

순간마다 마음으로 '성령님, 어떻게 할까요?'라고 물으십시오. 그리고 잠깐 기다리면 그분이 세미한 음성으로 말씀해 주실 것입니다. 그분의 음성을 듣고 그것을 귀하게 여기며 메모하고 실천하십시오. 그러면 다윗처럼 하나님의 마음에 합한 자가 됩니다.

성령님의 음성은 정확합니다. 그분의 음성을 따라 순종하면 어떤 일도 후회하지 않게 됩니다. 그렇지 않고 조바심을 갖고 당신 마음대로 움직이면 반드시 당신이 한 일을 후회하게 됩니다.

나는 예전에 후회를 많이 하는 편이었습니다. 쪽팔린 기억이나 잘못 판단한 것이나 내 것을 빼앗겨 버린 일을 후회하곤 했습니다. 이불에 누워서도, 책상에 앉아 책이나 핸드폰을 보다가도, 열심히 그림을 그리다가도 후회가 밀려와 고통 받은 적이 한두 번이 아닙니다. 그때마다 머리를 쥐어뜯으며 나 자신을 정죄했고 하루 종일 우중충한 기분으로 생활했습니다.

그런 내가 어느 날, 더 이상 지난날을 떠올리며 스스로를 고통 속에 밀어 넣는 어리석은 행동은 하지 말아야겠다는 깨달음을 얻었습니다. 물론 이런 깨달음을 주신 분은 성령님이십니다.

성령님은 시도 때도 없이 고통 받고 스스로를 정죄하는 나를 안타깝게 여기셔서 깨달음을 주고 나를 변화시키신 것입니다.

성령님은 아무런 쓸모가 없는 사람을 매우 쓸모 있는 사람으로 변화시키시는 아주 크고 놀라운 능력을 가진 신이십니다.

그분이 인간을 너무나 사랑하시어 독생자 예수 그리스도를 이 땅에 보내셨고 십자기에 못 박혀 피와 물을 쏟으며 죽게 하시므로 누구든지 예수를 믿으면 죄 사함을 받게 하셨습니다.

예수를 구주로 영접한 사람은 예수의 보혈로 완전히 죄를 사함 받아 의인이 되며, 의와 성령 충만, 건강과 부요, 지혜와 평화와 생명이 그 사람 안에 한강처럼 철철 넘치게 됩니다.

예수님은 십자가에서 죽으신지 사흘 만에 살아나시어 하늘로 올라가셨습니다. 그리고 예수님을 대신해 보혜사 성령님을 보내셨습니다. 성령님은 오순절에 이 땅에 내려오셔서 예수를 구주로 믿고 죄를 사함 받은 의인들 안에 가득히 들어와 계십니다.

의인인 당신 안에 성령님이 가득히 임하여 계신 것을 믿고 성령님을 인격적으로 모시고 다니십시오. 성령님은 당신 안에 계시며 어느 곳이든 당신과 함께 하십니다. 사람은 그렇지 않습니다.

아무리 좋은 사람이라도 그 사람은 언제든지 당신과 함께 할 수 없으며, 당신이 도움을 구하거나 의지해도 큰 도움을 줄 수가 없으니 당신은 끊임없이 불안해하고 두려움을 느껴야 합니다. 하지만 성령님은 당신이 그분을 의지하는 순간, 당신의 삶에 큰 변화를 일으키십니다. 물론 아주 좋은 방향으로 변화시키십니다.

하나님은 예수를 영접한 당신을 그분의 자녀로 삼았습니다.

당신은 하나님의 자녀로 아주 큰 권세를 가졌습니다. 만물을 다스리고 누릴 권세를 가졌습니다. 그러므로 어떤 위험이나 저주도 성령님을 모시고 사는 당신을 함부로 해칠 수 없습니다.

악한 자가 하나님의 자녀인 당신에게 가까이 오지도 못합니다. "하나님께로서 나신 자가 저를 지키시매 악한 자가 저를 만지지도 못하느니라"(요일 5:18)고 했습니다. 나는 이 말씀을 믿습니다.

당신이 성령님만 믿고 의지하면 당신은 천국 같은 삶을 살다가 천국으로 가게 됩니다. 이것을 믿고 당신도 후회 없는 삶을 살게 해 달라고 구하고 또 후회하지 않도록 성령님의 음성을 듣고 순종하십시오. 성령님의 음성에 순종하면 모든 일이 잘되며 재산이 더 불어나게 됩니다. 반드시 백배의 복을 받게 됩니다.

성령님의 인도하심을 받은 아브라함, 이삭, 야곱, 요셉 등 모든 사람의 재산이 늘어났습니다. 당신도 그런 복을 받을 것입니다.

"이삭이 그 땅에서 농사하여 그 해에 백배나 얻었고 여호와께서 복을 주시므로 그 사람이 창대하고 왕성하여 마침내 거부가 되어 양과 소가 떼를 이루고 종이 심히 많으므로……."(창 26:13)

당신은 아주 쓸모 있는 귀한 사람이다

당신은 스스로를 '아주 쓸모 있는 사람'으로 여깁니까?

아니면 혹시라도 '아무 쓸모없는 사람'으로 여기지 않습니까?

나는 나 자신을 아주 쓸모 있는 귀한 사람으로 여깁니다. 성령님이 내 안에 계시기에 나는 하나님이 보시기에 아주 쓸모 있는 존귀한 사람입니다. 내 안에 성령님이 계시지 않는다면 나는 아무 쓸모없는 존재입니다. 성령님 때문에 내 인생이 바뀌었습니다.

어떻게 바뀌었을까요? 완전히 새로운 피조물이 되었습니다.

나는 예수를 구주로 영접하여 죄를 사함 받고 의인이 되었습니다. 예수를 영접한 사람은 누구나 의인이 되고 하나님의 자녀가 됩니다. 나는 하나님의 자녀로서 만물을 다스리고 누립니다.

성령님은 우리를 대신해 십자가에 못 박혀 피와 물을 쏟으며 돌아가시고 죽으신지 사흘 만에 살아나 하늘로 올라가신 예수 그리스도를 대신해 이 땅에 오시고 예수를 영접한 사람 안에 생수의 강으로 가득히 들어와 계십니다.

나는 내 안에 성령님이 거하고 계신다는 것을 믿고 성령님을 항상 모시고 살며 순간마다 의지하고 모든 것을 그분과 함께 합니다. 당신 안에도 성령님이 가득히 들어와 계십니다. 이 사실을 알면서도 그분과 동업하지 않으면 그분은 당신을 쓰지 못하시므로 당신은 하나님께 많은 복을 받거나 크게 성공할 수 없습니다.

구약 시대에는 성령님을 의지하고 그분의 인도를 받으므로 크게 성공한 사람들이 많습니다. 그때는 하늘의 하나님을 바라봤고 특별한 순간에만 성령의 감동을 받았습니다.

그들이 하나님을 자신의 주로 여기고 의지했기 때문에 하나님이 크게 복을 주시고 성공시키셨습니다. 지금은 하늘의 하나님이 아닌 성령님이 우리 안에 실제로 가득히 들어와 계십니다.

그러므로 당신은 하늘을 바라보지 않아도 당신 옆에 계신 성령님을 믿음으로 바라보고 의지하면 됩니다. 당신 안에 계신 성령님을 의지하고 당신의 삶을 맡기면 됩니다. 그러면 성령님이 당신의 삶에 역사하시어 당신을 반드시 크게 성공시키실 것입니다.

당신 안에 성령님이 부어 주시는 의, 성령 충만, 건강, 부요, 지혜, 평화, 생명이 가득합니다. 의인은 다시 죄인으로 돌아갈 수 없으며 죄, 목마름, 병, 가난, 어리석음, 징계, 죽음이 발목을 잡지 못하며 그런 저주를 받을 수도 없습니다. 저주는 끝났습니다.

하지만 의인이 자기 맘대로 행동하면서 죄와 뒹굴면 일시적으로 그가 하는 일이 저주를 받아 힘들어질 수도 있습니다. 그렇다고 해서 스스로를 정죄하거나 남을 정죄하지 말고 회개하므로 다시 성령님 안에 거하면 됩니다. 혹시 다른 사람이 죄를 지었어도 그 사람이 다시 하나님 안에 거하도록 기도해 주면 됩니다.

성령님은 당신이 회개하면 언제든지 당신을 용서하고 품어 주십니다. 성령님이 회개하면 용서하신다고 해서 일부러 죄를 짓고 다니지는 마십시오. 의인이면서 함부로 죄를 짓고 '죄목병가어징죽' 가운데 산다면 모든 욕이 하나님께 쏟아집니다. 하나님을 욕 먹이지 말고 한 번 잘못했으면 회개하고 다시는 똑같은 잘못을 반복해서 저지르지 마십시오. 그래야 하나님이 기뻐하십니다.

당신은 하나님의 자녀이므로 아주 크고 많은 가치를 가졌습니다. 그러므로 당신은 쓸모 있는 사람이며 마땅히 축복을 받고 만물을 누릴 자격이 충분이 있습니다. 이것을 믿으십시오.

당신 자신을 쓸모 있는 사람으로 여기고 축복하십시오.

의인으로서 '죄목병가어징죽'이 아닌 '의성건부지평생'과 만물을 다스리고 누리며 살고 또한 모든 일에 당신과 함께 계신 성령님을 믿고 의지하므로 그분께 크게 쓰임 받기 바랍니다.

긍휼과 사랑, 카리스마를 나타내며 살라

당신은 남을 배려하는 것이 몸에 배었습니까?

나는 남을 배려하는 것이 몸에 배인 사람입니다.

내 안에 계신 성령님이 내게 상냥한 성품을 주셨기 때문에 남을 배려하는 것이 몸에 배인 사람이 되었습니다. 성령님을 모신 사람 곧 예수 그리스도를 구주로 영접한 사람은 예수님의 사랑과 긍휼히 여기는 마음을 갖게 됩니다. 예수님의 온유하고 겸손한 성품과 강력한 카리스마를 갖게 됩니다. 당신도 그렇습니다.

하나님의 독생자 예수 그리스도께서 인간을 대신해 십자가에 못 박혀 피와 땀과 눈물을 흘리며 돌아가셨습니다. 십자가에 매달려 죽으신 후 사흘 만에 살아나 하늘로 올라가신 예수 그리스도를 영접한 사람은 자신의 모든 죄를 속량 받아 의인이 되고 의, 성령 충만, 건강, 부요, 지혜, 평화, 생명이 넘치게 됩니다.

의인 안에는 예수의 영이신 성령님이 들어오시므로 평생 성령님과 함께 살게 됩니다. 구약시대 때는 하늘의 하나님을 바라보고 예수님이 오셨을 때는 예수님을 만나러 가거나 예수님이 직접 찾아오셨기 때문에 한계가 분명 있었지만 지금은 다릅니다. 성령님이 각자의 하나님으로 의인 안에 가득히 임하셨습니다.

성령님은 의인 안에서 실제로 살아 계시며 의인에게 많은 행복과 절대로 끊어지지 않는 풍성한 '의성건부지평생'의 은혜를 1초도 쉬지 않고 계속 부어 주고 계십니다. 성령님은 의인을 차별하지 않습니다. 의인을 다 똑같이 아주 뜨겁게 사랑하십니다.

그러므로 당신은 남과 자신을 비교하거나 성령님을 의심하면서 원망의 말을 쏟아 내지 마십시오. 성령님은 당신을 그 사람과 똑같이 사랑하시지만 당신을 더 많이 사랑한다고 믿고 당신의 성령님께 원하는 것을 마음껏 구하고 도움을 요청하십시오.

성령님은 당신이 자신의 힘이 아닌 성령님의 힘으로 모든 문제를 해결하길 바라십니다. 성령님이 당신을 도우시면 뒤엉킨 실타래처럼 풀기 어려운 문제도 아주 쉽게 풀어집니다. 성령님은 당신이 크게 성공하므로 열방의 재물을 끌어 모으고 마음껏 복음을 전하며 천국 같이 행복한 삶을 살다가 천국에 가기를 원하십니다.

성공하려면 남다른 꿈을 꿔야 합니다. 남과 비슷한 크기의 꿈을 꾸면 성공하기가 어렵고 많은 시간을 허비하게 됩니다. 다른 사람들과 비슷한 크기의 꿈은 비교 당하고 경쟁하게 되기 때문에 몸과 마음이 쉽게 지쳐 꿈을 포기하게 될 수도 있습니다. 하지만 남다른 큰 꿈을 꾸면 다른 사람들과 비교할 일이 없습니다.

나는 남다른 큰 꿈을 품고 있습니다. 나는 내가 하는 것이 아닌 성령님이 하신다는 것을 믿고 성령님께 나와 내 삶을 완전히 맡겼습니다. 그러므로 나의 큰 꿈을 이루는 것도 그분이 하십니다.

성령님께 나를 맡긴 순간부터 나는 내 생각과 판단을 내세우지 않고 오직 성령님과 그분의 음성을 내세웁니다. 사람의 말보다 성령님의 음성을 더 크게 여기고 무조건 성령님의 음성에 순종합니다. 그렇게 순종했기에 나는 더 크고 많은 꿈을 꾸었고 큰 복을 받아 누리게 되었습니다. 성령님이 나를 완전히 책임지십니다.

당신도 자신을 성령님께 맡기고 오직 성령님만 드러내고 그분의 음성만 믿고 무조건 순종하는 삶을 사십시오. 그러면 당신의 삶이 매우 행복하고 평안해질 것입니다. 당신 안에 예수님의 사랑과 긍휼과 카리스마가 있으니 그것으로 이웃을 사랑하고 품어 주십시오. 그들을 축복하십시오. 저주하지 마십시오.

당신은 성령님을 가장 사랑해야 합니다. 그리고 당신 자신을 그다음으로 사랑하고 축복해야 합니다. 또한 살면서 문제가 생기면 그 문제를 성령님과 함께 아주 쉽고 빠르게 해결해야 합니다.

어떻게 하면 될까요? 간단하고 쉽습니다. 물으세요.

"성령님, 이 문제를 어떻게 해결할까요?"

나는 성령님 외에는 아무도 두려워하지 않는다

당신은 요즘 무엇을 가장 두려워하고 있습니까?

당신은 혹시 꿈꾸고 이루는 것을 두려워하거나 힘들어하지 않습니까? 나는 꿈꾸고 이루는 것을 두려워하지도 힘들어하지도 않습니다. 왜일까요? 그 모든 꿈을 이루는 것은 내 힘으로 되는 것이 아니라 내 안에 계신 성령님이 하신다는 것을 알기 때문입니다. 성령님은 내가 가진 두려움을 없애셨고 꿈 때문에 내가 힘들어하지 않고 항상 기뻐하고 감사하게 만드셨습니다.

당신도 예수를 영접하면 죄를 사함 받아 의인이 되고 예수의 영이신 성령님을 당신 안에 모시게 됩니다. 성령님이 당신 안에 의와 성령 충만과 건강과 부요와 지혜와 평화와 생명을 넘치게 주십니다. 또한 당신에게 꿈을 이룰 수 있는 큰 믿음을 주십니다.

당신은 큰 믿음을 가졌습니다. 큰 믿음을 가진 사람은 하나님 말고는 그 어떤 사람에게서도 두려움을 느끼지 않습니다. 주위 사람들의 말과 눈에 보이는 현상에 믿음이 흔들리지 않습니다.

예수님은 사람이 겨자씨 만한 믿음만 있어도 산을 옮긴다고 하셨습니다. 당신에게는 이미 겨자씨보다 더 큰 믿음이 있습니다.

당신에게 큰 믿음이 있다는 것을 믿고 절대로 의심하지 말기 바랍니다. 의심하면 믿음이 작아지고 약해집니다. 의심했다고 믿음이 완전히 사라지는 것은 아닙니다. 회개하고 다시 성령님을 믿으면 믿음이 회복됩니다. 성령님은 당신을 아주 뜨겁게 사랑하시기에 당신이 불필요한 의심을 하므로 믿음이 약해지고 그분의 복을 못 받게 되는 것을 원치 않으십니다.

성령님이 원하시는 것은 당신이 성령님을 완전히 의지하는 것입니다. 당신이 성령님을 의지하면 성령님의 인도를 받아 크게 성공하게 됩니다. 성령님은 그분을 의지하는 사람을 반드시 책임지고 크게 성공시키십니다. 당신과 당신의 인생을 맡기십시오.

사람을 의지하면 항상 의심이나 불안이 있지만 성령님을 의지하면 의심할 필요도 두려움을 느낄 일도 없고 아주 평안한 삶을 살 수 있습니다. 의인은 언제든지 성령님께 크게 쓰임 받을 수 있으니 지금 바로 성령님께 당신을 사용해 달라고 요청하십시오.

성령님이 당신을 사용하여 반드시 크게 성공시킬 것이니 다른 것을 믿지 말고 오직 성령님만 믿고 의지하십시오. 그러면 성령님이 당신에게 많은 꿈을 주실 것이며 그 꿈은 당신이 아닌 당신 안에 계신 성령님이 당신을 통하여 이루실 것입니다.

성령님이 아닌 당신이 모든 일을 한다고 생각하면 믿음이 약해지고 마음에 두려움과 불안이 가득해집니다. 그런 교만을 버리십시오. 모든 일은 당신이 아닌 성령님이 하시는 것입니다.

시편 기자는 "하나님이 하신다"며 이렇게 고백했습니다.

"이 하나님이 힘으로 내게 띠 띠우시며 내 길을 완전하게 하시며 나의 발을 암사슴 발 같게 하시며 나를 나의 높은 곳에 세우시며 내 손을 가르쳐 싸우게 하시니 내 팔이 놋 활을 당기도다. 주께서 나를 전쟁하게 하려고 능력으로 내게 띠 띠우사 일어나 나를 치는 자들이 내게 굴복하게 하셨나이다."(시 18:32~34, 39)

첫째, 성령님이 힘으로 당신에게 띠 띠우십니다.

둘째, 성령님이 당신의 길을 완전하게 하십니다.

셋째, 성령님이 당신의 발을 암사슴 발 같게 하시며 당신을 당신의 높은 곳에 세우십니다.

넷째, 성령님이 당신의 손을 가르쳐 싸우게 하시므로 당신의 팔이 놋 활을 당기게 됩니다.

다섯째, 성령님이 당신을 전쟁하게 하려고 능력으로 당신에게 띠 띠워 일어나 당신을 치는 자들이 당신에게 굴복하게 하십니다.

성령님은 전쟁에 능한 하나님이십니다.

전쟁은 성령님께 속한 것입니다.

자기 자신을 정죄하지 말고 칭찬하라

당신은 잘한다고 스스로에게 칭찬합니까?

아니면 못한다고 스스로를 비난하고 책망하고 정죄합니까?

모든 성공은 하나님의 때와 기한이 있습니다. 그때가 되기까지 행복하게 살며 믿음으로 기다려야 합니다. 예수님과 세례 요한이 공생애를 시작한 것은 30세였습니다. 30년간 기다려야 했습니다.

아브라함, 이삭, 야곱, 요셉, 모세, 다윗, 솔로몬, 욥 등 모든 성경 인물들이 자기의 때가 오기까지 기다려야 했습니다. 아브라함은 하나님의 약속을 받고도 25년간 기다렸다가 아들을 낳았습니다. 이삭은 40세에 결혼하고 60세에 쌍둥이를 낳았습니다. 야곱은 레아를 위해 7년, 라헬을 위해 7년 봉사하고 또 희귀 양 사업을 통해 거부가 되기까지 6년, 총 20년을 기다려야 했습니다.

요셉은 17세에 꿈을 꾸고 국무총리가 되기까지 노예의 삶, 감옥에서의 삶 등을 거치며 13년을 기다려야 했습니다. 그 후에도 7년 풍년, 7년 흉년 등의 경제 주기를 계속 기다려야 했습니다. 모세는 어떨까요? 애굽의 왕궁에서 40년, 광야에서 40년, 출애굽 여정 기간 40년을 계속 참고 기다리며 한걸음씩 움직였습니다.

다윗도 목동 시절에 왕으로 기름 부음을 받고 왕이 되기까지 기다려야 했습니다. "나는 이미 시간과 공간을 초월해 성령 안에서 왕이 되었다"고 믿었기 때문에 다윗은 스스로 왕이 되기 위해 하나님이 기름 부으신 사울 왕을 칼로 죽이지 않았습니다.

당신도 하나님의 기름 부음을 받았으면 기다려야 합니다.

그러면 어느 날 하나님이 하루 만에 다 주십니다.

나는 비록 내가 어떤 기다림의 상황에 놓여 있고 지금 당장 남이 보기에 하는 일이 없는 것처럼 보여도 나 자신을 정죄하지 않습니다. 나 자신을 향해 칭찬합니다. 내가 나 자신을 칭찬하지 않고 정죄하면 주변 사람도 살벌해집니다. 그들도 내게 칭찬받을 수 없습니다. 내 곁에 있는 모든 사람이 함께 힘들어집니다.

'내가 뭘 잘못해서 이런가? 왜 빨리 꿈이 안 이루어지지?'

그런 생각은 나 자신만 정죄하는 것이 아니라 다른 사람도 정죄하게 됩니다. 함께 지내는 가족이 모두 정죄를 당하고 불행해집니다. 집안 분위기가 어두워집니다. 매일 짜증만 납니다.

하지만 나 자신을 칭찬하고 또 주위 사람을 칭찬하면 모두에게 복이 저절로 임하고 주위 사람들도 나를 좋아하게 됩니다.

예수님은 "너희가 남에게 대접 받고자 하는 대로 먼저 남을 대접하라"고 하셨습니다. 남에게 정죄 받고 싶으면 당신이 먼저 남을 정죄하면 됩니다. 남에게 칭찬 받고 싶으면 당신이 먼저 남을 칭찬하면 됩니다. 사실 주위 사람들에게 칭찬받는 것은 잠시 내 기분이 좋아질 뿐 내 삶에 큰 영향을 미치지는 않습니다.

그러니 사람들에게 칭찬받고 싶다고 당신의 생각을 내려놓고 그들의 말만 듣거나 그들에게 매달려서는 안 됩니다. 그들에게 매달리면 그들은 당신을 귀찮게 여기다가 결국 떠나 버리고 서로에게 안 좋은 감정만 생기게 됩니다. 사람은 한계가 있습니다.

나는 내 안에 계신 성령님께 칭찬받는 것을 좋아합니다.

나는 오직 성령님만 바라보고 성령님께 매달립니다. 성령님은 내가 매달려도 귀찮아하거나 싫어하지 않으십니다. 성령님이 싫어하시는 것은 내가 부정적인 말을 하거나 의심하는 것, 그리고 성령님과 나 자신에게 짜증내고 투덜대고 정죄하는 것입니다.

당신이 자신에게 저주를 쏟으면 당신 안에 계신 성령님께 저주를 쏟는 것과 같습니다. 그러므로 절대로 당신 자신을 저주하지 마십시오. 정죄하지 마십시오. 성령님을 슬프게 하지 마십시오.

당신이 예수를 구주로 영접했다면 당신 안에 예수의 영이신 성령님이 가득히 거하고 계시며 당신은 예수의 보혈로 완전히 죄를 사함 받아 의인이 되었습니다. 의인인 당신 안에는 의, 성령 충만, 건강, 부요, 지혜, 평화, 생명이 한강처럼 넘쳐흐릅니다.

내게는 '의성건부지평생'이 넘치므로 죄, 목마름, 병, 가난, 어리석음, 징계, 죽음이 임하지 않습니다. 성령님이 나를 지키고 보호하시므로 어떤 위험도 닥치지 않습니다. 나는 사망의 음침한 구렁텅이로 절대로 들어가지 않습니다. 성령님이 내가 못 들어가게 막으십니다. 내가 성령님을 의지하기에 지옥의 구렁텅이에 들어가지 않고 천국같이 살다가 천국으로 가게 됩니다.

당신도 이것을 믿고 앞으로는 당신 자신을 축복하십시오.

주위 사람이 아닌 성령님만 바라보고 성령님께 칭찬받기를 사모하십시오. 성령님은 당신을 아주 뜨겁게 사랑하시며 많은 복을 주시고 또 당신을 이끌어 크게 성공시키실 것입니다.

당신이 자신을 성령님께 맡기면 성령님이 당신의 삶을 이끌어 크게 성공시키십니다. 성령님께 무엇이든지 묻고 성령님의 음성에 무조건 순종하십시오. 성령님의 음성에 순종하면 복을 받고 성공하게 되지만 주위 사람들의 말을 듣고 흔들리면 결코 복을 받지 못하고 성공하지도 못합니다. 이것을 명심하기 바랍니다.

이것이 백배 축복의 비결입니다. 오직 성령님의 음성을 듣고 순종하십시오. 그러면 평생 후회하지 않을 것입니다.

"너희가 즐겨 순종하면 땅의 아름다운 소산을 먹을 것이요."(사 1:19)

쓸데없는 잡다한 것에 마음을 빼앗기지 마라

당신은 쓸데없는 잡다한 것에 마음이 빼앗기지 않습니까?

나는 쓸데없는 것에 마음을 빼앗기지 않습니다. 내 마음은 오직 내 안에 거하고 계시는 성령님께만 향하고 있습니다. 나는 온 마음을 다해 성령님을 사랑합니다. 성령님도 나를 사랑하십니다.

하나님은 마음을 다하고 목숨을 다하고 힘을 다하고 뜻을 다해 나를 사랑하시기 때문에 자신의 품에 있는 외아들 예수 그리스도를 이 땅에 보내셨습니다. 예수님이 나를 대신해 십자가에 매달리셨고 피와 물을 쏟으며 비참하게 돌아가셨습니다.

원래 우리가 담당해야 했던 죄와 목마름과 병과 가난과 어리석음과 징계와 죽음을 예수님께서 십자가에서 다 담당하시므로 예수님을 구주로 믿는 사람은 그 모든 저주에서 벗어나게 됩니다.

당신 안에 있는 죄목병가어징죽의 저주가 다 사라졌습니다.

예수님을 영접한 사람은 완전히 죄 사함을 받아 의인이 되고 의와 성령 충만과 건강과 부요와 지혜와 평화와 생명을 누리게 됩니다. 내 안에 이러한 의성건부지평생이 넘치고 있습니다.

그리고 십자가에서 나를 대신해 죽으셨고 죽은 지 사흘 만에 다시 살아나시어 하늘로 올라가신 예수님을 대신해 이 땅에 내려오신 성령님을 모시게 됩니다. 성령님은 예수의 영이십니다.

당신이 예수를 구주로 영접했다면 완전한 의인이 되어 천국에 들어가게 됩니다. 또한 성령님을 당신 안에 모시게 되므로 한강처럼 넘치는 기름 부음을 소유하게 됩니다. 성령님을 의지하면 천국 같이 행복한 삶을 살다가 천국으로 갈 수 있습니다.

나는 천국같이 살다가 천국으로 가기를 원하고 이미 그렇게 되었다고 믿습니다. 성령님이 내 믿음에 응답하시므로 내가 하는 일마다 잘되고 열방의 많은 재물을 모으고 크게 성공하여 원하는 것을 마음껏 받아 누리며 천국 같은 삶을 살 것입니다.

성경 인물이나 역사적으로 성령님의 인도를 받은 위인들은 모두 크게 성공했습니다. 그들은 크고 많은 꿈을 꾸고 이루었습니다. 그들은 많은 사람들의 롤 모델이 되었습니다.

하나님은 예수를 영접하여 구원받은 의인을 그분의 자녀로 삼으셨습니다. 의인은 하나님을 아버지라 부를 수 있습니다. 자녀가 부모의 사랑을 듬뿍 받고 자신이 원하는 것을 마음껏 구하듯 당신도 하나님 아버지께 원하는 것을 마음껏 구할 수 있습니다.

하나님은 당신이 원하는 것을 마음껏 구하기를 원하시며 결코 당신이 입을 꾹 다물고 마음에 원하면서도 체면치레한다고 구하지 않는 것을 원치 않으십니다. 성령님은 당신이 하나님의 자녀답게 마음껏 구하고 받고 다스리고 누리기를 원하십니다.

성경에도 "너희는 원하는 것을 마음껏 구하라. 기도하고 구한 것은 받은 줄로 믿고 기다리라"고 적혀 있습니다. 원하는 것을 구해도 당신이 하나님 앞에서 기다리는 것을 힘들어 하거나 하나님의 응답과 공급하심을 의심한다면 구한 것을 받을 수 없습니다.

이미 받은 줄로 믿어야 하나님이 응답하십니다. 하나님은 당신의 믿음을 보시기에 당신은 당신의 믿음을 그분에게 보여야 합니다. 믿음은 무엇입니까? 구한 것을 받은 줄로 믿는 것입니다.

예수님께서 마가복음 11장 24절에 "그러므로 내가 너희에게 말하노니 무엇이든지 기도하고 구하는 것은 받은 줄로 믿으라. 그리하면 너희에게 그대로 되리라"고 말씀하셨습니다.

마음에 조금도 의심하지 말고 완전히 믿으십시오.

"오직 믿음으로 구하고 조금도 의심하지 말라. 의심하는 자는 마치 바람에 밀려 요동하는 바다 물결 같으니 이런 사람은 무엇이든지 주께 얻기를 생각하지 말라. 두 마음을 품어 모든 일에 정함이 없는 자로다."(약 1:6~8)

받았다면 받은 사람답게 생각하고 말하고 행동해야 합니다.

"낮은 형제는 자기의 높음을 자랑하라"(약 1:9)고 했습니다.

받았다고 믿고 자기의 높음을 자랑하라는 것입니다.

우리는 그리스도 안에서 그리스도와 함께 하늘에 앉히운 바 된 사람들입니다. 이미 하늘나라 시민권을 가졌습니다. 그러므로 현상적으로는 조용한 것 같아도 자신이 이미 다 가졌다고 믿어야 합니다. "나는 그리스도 안에서 부요하다"고 말해야 합니다.

"없다, 없다" 하며 궁상떨지 말아야 합니다. "넘친다, 넘친다" 하며 부요 믿음으로 살아야 합니다. 그러면 믿음대로 됩니다.

의인은 항상 믿음으로 살아가야 합니다.

이것을 명심하고 오직 성령님을 온 맘 다해 사랑하고 절대 다른 것에 마음을 빼앗기지 마십시오. 당신 안에, 당신과 함께 계신 성령님을 의지하고 그분께 도움을 구하십시오.

성령님께 도움을 구하면 성령님이 당신을 이끌어 주시므로 반드시 크게 성공하게 됩니다. 당신에게 이미 큰 믿음이 있다는 것을 믿으십시오. 믿으면 당신의 믿음이 더욱 굳세어집니다.

"예수께서 대답하여 이르시되 '여자여, 네 믿음이 크도다. 네 소원대로 되리라' 하시니 그때로부터 그의 딸이 나으니라."(마 15:28)

당신과 나는 큰 믿음을 가졌다

당신은 의심이 많은 사람입니까?

아니면 믿음이 아주 큰 사람입니까?

나는 믿음이 아주 큰 사람입니다. 믿음이 큰 사람답게 나는 정말 많은 꿈을 꾸고 이루고 있습니다. 당신에게도 큰 믿음이 있습니다.

당신이 노력한다고 해서, 시간을 많이 투자한다고 해서 큰 믿음이 생기는 것이 아닙니다. 큰 믿음은 하나님이 선물로 주십니다. 하나님은 선악과를 따먹어 죄인이 된 인간을 불쌍히 여기시어 독생자 예수 그리스도를 이 땅에 보내셨습니다. 예수님이 우리를 위하여 십자가에 못 박혔고 피와 물을 쏟으며 돌아가셨습니다.

예수님이 우리 대신 죽으셨고 예수의 보혈이 우리의 죄를 완전히 사하셨습니다. 그러므로 예수님을 영접한 사람은 완전히 죄 사함을 받아 의인이 되고 하나님의 자녀로 행복하게 살게 됩니다.

죄인에게는 죄, 목마름, 병, 가난, 어리석음, 징계, 죽음이 있지만 의인에게 의, 성령 충만, 건강, 부요, 지혜, 평화, 생명이 있습니다. '의성건부지평생'의 복은 십자가에서 죽으신지 사흘 만에 살아나 하늘로 올라가신 예수 그리스도를 대신해 이 땅에 오신 성령님이 예수를 구주로 영접한 사람 안에 모두 가지고 오셨습니다.

성령님은 의인이 된 당신 안에 거하시며 의성건부지평생이 바닥나지 않게 늘 풍성히 채워 주십니다. 성령님은 사랑하는 신부, 친구, 자녀인 당신이 늘 부족한 삶을 사는 것이 아닌 늘 풍성한 삶을 살기를 원하십니다. 성령님은 당신의 의식주는 물론이고 당신이 원하는 지혜와 재물과 건강을 풍성히 공급해 주십니다.

성령님은 지혜와 장수와 부귀와 평강을 주시는 분입니다.

"지혜는 진주보다 귀하니 네가 사모하는 모든 것으로도 이에 비교할 수 없도다. 그의 오른손에는 장수가 있고 그의 왼손에는 부귀가 있나니 그 길은 즐거운 길이요 그의 지름길은 다 평강이니라."(잠 3:14~17) 이러한 성령님이 당신 안에 가득히 계십니다.

하나님은 솔로몬에게 지혜와 부귀와 영광을 다 주셨습니다.

"내가 네 말대로 하여 네게 지혜롭고 총명한 마음을 주노니 네 앞에도 너와 같은 자가 없었거니와 네 뒤에도 너와 같은 자가 일어남이 없으리라. 내가 또 네가 구하지 아니한 부귀와 영광도 네게 주노니 네 평생에 왕들 중에 너와 같은 자가 없을 것이라."(왕상 3:12~13)

이처럼 하나님은 인색하지 않고 모든 것에 부요하신 분입니다. 그런 하나님께 당신도 무엇이든 구하십시오. 그러면 다 주십니다.

나는 나와 함께 계신 성령님께 원하는 것을 마음껏 구하고 이미 받은 줄로 믿습니다. 믿어야 응답받고 믿지 않으면 응답받지 못합니다. 성령님은 믿음에 응답하시기에 당신이 구했으면 시간과 공간을 초월해 이미 받은 줄로 믿고 행복한 마음으로 기다려야 합니다.

당신이 원하는 것이 있다고 구한 다음에 그 구한 것을 계속 붙잡고 있으면 마음이 지치게 됩니다. 구한 것은 하나님이 알아서 챙겨 주신다고 믿고 그분께 완전히 맡기십시오. 당신이 구했으면 그 문제는 그분께로 넘어간 것입니다. 더 이상 염려하거나 조바심을 가질 필요가 없습니다. 오직 성령님만 붙들고 행복하게 사십시오.

성령님을 마음에 중심으로 섬기고 믿으십시오.

만물은 도구일 뿐이니 만물에게 마음을 빼앗기면 안 됩니다.

당신의 마음을 기쁘게 하거나 눈물 흘리게 만드는 것은 '만물'이 아닌 오직 '성령님'이어야 합니다. 당신이 만물을 티끌처럼 작게 여기고 만물을 바라보거나 섬기지 않는다면 성령님이 아주 쉽고 빠르게 당신이 구한 것을 응답해 주시고 당신을 크게 성공시키실 것입니다. 만물은 신이 아닙니다. 만물은 선물입니다.

성령님께 큰 믿음을 달라고 구하고 이미 큰 믿음을 받은 줄로 믿고 성령님과 동행하십시오. 성령님과 동행하는 당신은 반드시 크게 성공할 것입니다. 이것을 믿기 바랍니다.

"내가 여호와를 항상 내 앞에 모심이여, 그가 나의 오른쪽에 계시므로 내가 흔들리지 아니하리로다."(시 16:8)

죽고 싶을 만큼 괴로웠던 적도 있었지만 다 이겨냈다

당신은 성령의 이끌림에 모든 것을 내려놓고 따라갑니까?

나는 성령의 이끌림에 모든 것을 내던진 채 따라갔습니다.

성령의 이끌림을 따르는 사람은 반드시 큰 상급을 받으며 성공하게 됩니다. 믿음의 조상이라 불리는 아브라함이 그랬습니다.

나도 성령의 인도를 따라간 사람이며 성령님의 능력을 직접 체험을 했습니다. 죽을 뻔한 적도 있었고 죽고 싶을 만큼 괴로웠던 적도 있었습니다. 그럴 때마다 성령님께서 그런 연단의 과정을 다 이겨내고 지나갈 수 있도록 나를 붙잡아 주셨습니다. 성령님이 나를 붙잡아 주지 않으셨다면 나는 어떻게 되었을까요?

처음엔 내게 시련이 닥칠 때마다 부정적인 말을 쏟아 내며 성령님을 원망하고 주위 사람들을 마구 원망했습니다. 실컷 원망해 놓고 뒤늦게 내가 괜히 그분들에게 화풀이했다는 것을 깨닫고 죄책감에 빠져 스스로를 정죄하곤 했는데 그게 나를 더 힘들게 했습니다.

그런 내가 성령님을 전심으로 믿고 의지하자 달라졌습니다. 나는 내 감정과 생각을 내세우면 반드시 후회하게 된다는 것을 여러 번의 일을 겪은 후에야 깨달았고 그 후로 성령님 앞에 내 모든 것을 내려놓았습니다. 나는 이제 성령님을 존중히 모시고 다니며 그분과 동업합니다. 성령님과 동업하면 성공할 수밖에 없습니다.

솔직히 말해서 나는 잘난 것도 없기 때문에 자랑할 것도 없습니다. 그러니 성령님을 드러내는 것이 더 쉬웠습니다. 물론 내가 이렇게 성령님을 드러내기 쉽게 된 것이 성령님의 능력 때문이라는 것을 잘 압니다. 내 삶은 이제 성령님의 은혜밖에 없습니다.

당신의 삶 또한 마찬가지입니다. 당신의 삶이 지금까지 이어올 수 있었던 것도 성령님의 은혜이며 당신이 지금 이 글을 읽으며 깨달음을 얻을 수 있는 것도 성령님의 은혜 때문입니다.

내가 당신보다 특별나게 뭔가를 잘했기에 이렇게 글을 쓰며 당신에게 깨달음을 주게 된 것이 아닙니다. 내 안에 계신 성령님이 나를 통해 이 글을 쓰게 하신 것입니다. 나는 책을 한 권 출간하고 지금 또 하나의 책을 출간합니다. 두 권 다 공동 저자로 나옵니다.

공동 저자 책 출간은 단독으로 책을 내는 것보다 열배, 백배 이상의 큰 힘이 있습니다. 성경도 50명의 공동 저자로 출간되었습니다. 여러 작가님들과 함께하니 성령님이 주신 많은 깨달음을 쉽게 독자들에게 나눠줄 수 있습니다. 이것 또한 행복하고 감사한 일입니다. 당신도 책을 쓰길 원한다면 성령님께 도움을 구하십시오.

성령님은 당신이 구한 것을 반드시 응답해 주십니다.

그런데 당신이 의심하거나 믿지 않는다면 구한 것을 받을 수가 없습니다. 당신의 노력으로 얻을 수 있는 것이 아님을 기억하고 성령님이 가장 좋을 때에 주신다는 것을 믿고 기다리십시오.

기다림을 즐기면 어느 순간 응답받게 됩니다.

당신이 원하는 모든 것을 성령님께 구하십시오. 한 번 구했다면 두세 번만 더 말하고 더 이상 반복해서 구하지 마십시오. 한 번 구했으면 이미 받은 줄로 믿고 기다려야 빨리 응답받습니다. 했던 말을 반복하며 초조해 한다면 성령님을 전심으로 믿고 의지하는 것이 아닙니다. 그러니 당신이 구한 것을 하나님이 반드시 주신다는 것을 믿고 다른 일을 하며 행복한 마음으로 기다리십시오.

재물뿐만이 아니라 꿈도 구하면 성령님이 당신에게 더 큰 꿈을 많이 주시고 당신이 그 꿈을 품게 하십시오. 꿈이 없는 인생은 죽은 인생입니다. 사람이 꿈이 없으면 하루 종일 잠만 자게 됩니다.

당신의 믿음이 작다면 큰 꿈을 구한 다음 "하나님, 이 꿈을 이룰 수 있도록 반석같이 굳센 믿음을 주세요"라고 기도하면 됩니다. 그러면 성령님이 큰 꿈을 이룰 수 있도록 굳센 믿음을 주십니다.

이것을 믿고 성령님과 동업하므로 크게 성공하십시오.

사람들의 말에 흔들리지 말고 성령님의 음성을 따라 사십시오.

주위 사람들을 바라보지 말고 성령님만 바라보십시오.

연단의 과정을 겪으면 괴롭습니다. 그럴 때 사람을 찾아가 묻지 말고 당신과 함께 계신 성령님을 찾고 그분에게 물으십시오. 성령님이 당신에게 세미한 음성으로 말씀하실 것입니다. 그분의 말씀을 따르면 모든 역경을 이겨낼 수 있습니다. 이것이 비결입니다.

사울은 성령님께 묻지 않았고 다윗은 성령님께 물었습니다.

"사울이 죽은 것은 여호와께 범죄하였기 때문이라. 그가 여호와의 말씀을 지키지 아니하고 또 신접한 자에게 가르치기를 청하고 '여호와께 묻지 아니하였으므로' 여호와께서 그를 죽이시고 그 나라를 이새의 아들 다윗에게 넘겨주셨더라."(대상 10:13~14)

당신은 어떤 사람이 되겠습니까? 다윗 같은 사람이 되십시오.

성령님과 동업하십시오. 그러면 백배의 복을 받습니다.

나는 인복보다 신복이 많은 사람이다

나는 인복보다 신복이 더 많은 사람이다

당신은 인복이 많습니까? 신복이 많습니까?

나는 인복보다 백배나 더 큰 '신복'이 많은 사람입니다.

나는 어릴 때부터 주위 사람들로부터 자주 듣던 말이 있습니다. 무엇일까요? "은하야, 너는 참 인복이 많아"였습니다.

맞습니다. 나는 그동안 좋은 사람들을 참 많이 만났습니다.

나는 좋은 부모님, 좋은 목회자, 좋은 형제와 자매, 좋은 직장 상사, 좋은 믿음의 친구들을 만났습니다. 그들은 나에게 친절했고 때로는 크고 작은 도움을 주기도 했습니다. 그들은 모두 하나님이 만남의 축복으로 나에게 보내신 귀한 사람들이었습니다.

나는 그들을 떠올리며 행복한 마음으로 이렇게 생각했습니다.

'와, 나는 정말 인복이 많은 사람이야. 행운아야.'

그런데 성령님께서 내게 이상한 말씀을 하셨습니다.

"인복이 아니라 신복이다."

"와, 맞아요. 성령님, 제가 왜 그걸 모르고 살았을까요? 귀한 깨달음을 주셔서 억만 번이나 감사드립니다."

하나님은 오직 유일한 신이십니다.

"이스라엘아, 들으라, 우리 하나님 여호와는 오직 유일한 여호와이시니……."(신 6:4)

신명기를 읽다 보면 복을 주신다는 말씀을 자주 하십니다.

"네가 하는 모든 일과 네 손이 닿는 모든 일에 네게 복을 주시리라."(신 15:18)

"네 범사에 네게 복을 주시리라."(신 15:18)

"여호와께서 네게 복을 주신대로 네 힘을 헤아려 자원하는 예물을 드리고……."(신 16:10)

이외에도 수많은 구절에 복을 말씀하셨습니다. '복'이라는 글자에 동그라미 치며 성경책을 읽어보십시오. 엄청나게 많은 동그라미가 생깁니다. 그 많은 복을 주시는 분은 유일한 신이신 하나님이십니다. 당신도 하나님을 믿고 많은 복을 받으십시오.

복의 근원이신 하나님을 믿는 당신은 어떤 복을 받았을까요?

첫째, 예수 그리스도를 믿는 순간 당신은 하나님의 자녀가 되었습니다. 예수님을 구주로 영접하는 순간 하나님의 자녀로서 의성건부지평생(의, 성령 충만, 건강, 부요, 지혜, 평화, 생명)의 복을 한꺼번에 즉시 받았습니다. 당신은 새로운 피조물이 되었습니다.

예수님을 믿지 않던 '죄인의 신분'에서 예수를 믿음으로 죄를 사함 받고 성령으로 거듭나 하나님의 자녀 곧 '의인으로 신분'으로 바뀌면 하나님이 성경에 나오는 둘째아들처럼 당신에게 제일 좋은 옷을 내어다가 입히고 손에 가락지를 끼우고 발에 신발을 신기십니다. 살진 송아지를 끌어다가 잡아서 먹이고 축하해 주십니다. "이 내 아들은 죽었다가 다시 살아났으며 내가 잃었다가 다시 얻었노라 하니 저희가 즐거워하더라."(눅 11:24)

당신이 설령 예수님을 믿음에도 불구하고 실수로 십계명을 어겼다면 어떻게 될까요? 그렇다 할지라도 회개하면 하나님은 다시 돌아온 둘째 아들처럼 당신을 기뻐하며 받아 주십니다.

그렇다고 십계명을 습관적으로 어겨도 된다는 말은 아닙니다.

염려하지 마십시오. 당신 옆에 계신 예수의 영이신 성령님을 항상 모시고 다니면 십계명은 저절로 지키게 됩니다. "육신을 따르지 않고 그 영을 따라 행하는 우리에게 율법의 요구가 이루어지게 하려 하심이니라"(롬 8:4)고 했기 때문입니다.

둘째, 당신은 복의 근원이 되었습니다. 예수님을 믿자마자 그분의 영이신 성령님이 당신 안에 한강처럼 가득히 들어오셨습니다. 성령님은 삼위일체 하나님이십니다. 성령님은 항상 당신과 함께 계시며 복을 주십니다. 그분의 음성을 시시때때로 듣고 복을 누리십시오. 그러면 당신의 복이 타인에게도 전염됩니다.

셋째, 당신 안에 예수님의 기쁨이 가득하게 되었습니다.

요한복음 15장 11절에 "내가 이것을 너희에게 이름은 내 기쁨이 너희 안에 있어 너희 기쁨을 충만하게 하려 함이라"고 했습니다. 그러므로 울상이 아닌 웃상으로 살아야 합니다.

어느 날 아들이 웃으며 말했습니다.

"엄마, 저 축구부가 있는 중학교에 갈 거예요."

"그래?"

나는 아들이 예체능 쪽의 학교를 선택한 것이 조금 부담스럽게 느껴졌지만 웃는 얼굴에 "안 돼"라고 말할 수 없었습니다. 나는 성령님께 여쭙고 도움을 얻어 아들을 축구부에 입학시켰고 내가 만든 계약서에 아들의 사인을 받아두었습니다.

부모는 자녀가 웃는 얼굴로 원하는 것을 이야기하면 들어줄 수밖에 없습니다. 하나님은 아바 아버지이십니다. 그분은 천지 만물을 지으시고 그분의 생기를 불어넣어 사람을 만드셨습니다. 그 사람의 후손이 우리입니다. 하나님은 슬픔의 하나님이 아닙니다. 기쁨의 하나님이십니다. 그래서 하나님의 아들인 예수님은 제자들에게 "내 기쁨을 너희에게 준다"고 하신 것입니다.

"아빠 하나님" 하며 웃으십시오.

당신이 입을 열어 무엇이든지 구하면 당신의 모든 말을 들으신 하나님께서 당신을 위해 행하시고 복을 주십니다. "내 이름으로 무엇이든지 내게 구하면 내가 행하리라."(요 14:14)

당신을 축복합니다.

나는 건강을 위해 집밥을 즐겨 먹는다

당신은 건강을 위해 신선하고 깨끗한 음식을 먹습니까?

나는 건강을 위해 신선하고 깨끗한 음식을 즐겨 먹습니다.

나는 자라면서 집밥을 매일 먹었습니다. 부모님이 직접 기른 채소며 양념 재료에 간식까지 모두 부모님의 손을 거쳐 만들어졌습니다. 엄마는 깨끗한 걸 엄청 좋아하셨는데 주방 세제로 설거지한 그릇을 매일 밤마다 물을 가득 담은 설거지통에 아침까지 넣어 두었다가 건지곤 하셨습니다. 그때 나는 엄마가 일이 많은 것이 항상 불만이었습니다. 그러나 지금은 자녀들에게 깨끗한 음식을 먹이고 깨끗한 그릇을 사용하신 엄마가 존경스럽습니다.

하나님은 그분의 자녀인 우리에게 깨끗한 것을 먹이고 싶으셔서 이렇게 말씀하셨습니다. "더러운 것 먹지 말고 깨끗한 것을 먹어라. 곡채과소양가생(곡식, 채소, 과일, 소고기, 양고기, 가금류, 생선)을 먹어라. 기어 다니는 문어와 낙지, 오징어, 장어, 뱀, 음식물 쓰레기를 먹고 사는 돼지, 바다의 온갖 쓰레기와 플라스틱을 먹는 새우 등을 먹지 말라"고 하셨습니다.

"돼지는 굽이 갈라졌으나 새김질을 못하므로 너희에게 부정하니 너희는 이런 것의 고기를 먹지 말 것이며 그 사체도 만지지 말 것이니라."(신 14:8)

"지느러미와 비늘이 없는 모든 것은 너희가 먹지 말지니 이는 너희에게 부정함이니라."(신 14:10)

부정하다는 말은 '깨끗하지 않다'는 뜻입니다. 더러운 것을 먹으면 몸이 망가집니다. 병이 생기고 기형아가 태어납니다.

사람들은 안 먹는다고 하면 "왜 안 먹어?"라고 말합니다.

먹든 안 먹든 자신이 선택하는 거지만 나는 안 먹습니다.

나는 온전한 복음과 성경을 깨달은 후로 창조주 하나님이 정하신 깨끗한 먹거리만 먹습니다. 그러니 예전보다 훨씬 더 건강하고 얼굴에 빛이 나고 머릿결도 좋고 빛이 납니다. 병이 없습니다.

주위에서 예수 믿더니 유별나다고 말하면 어떻게 하냐고요? 간단합니다. "돼지고기 알레르기 있어요"라고 한 마디만 하면 아무도 그런 말을 안 합니다. 그런 음식을 권하지도 않고 오히려 상대방이 미안해합니다. 식당에서도 깨끗한 음식을 주문해 줍니다.

"저는 술 알레르기가 있어요. 죄송해요."

"저는 담배 알레르기가 있어요. 죄송해요."

"저는 장어 알레르기가 있어요. 죄송해요."

"저는 조개 알레르기가 있어요. 죄송해요."

"저는 돼지고기 알레르기가 있어요. 죄송해요."

이럴 때는 "죄송해요"라는 말을 한 마디 해도 괜찮습니다.

당신도 성경에서 말한 깨끗한 음식을 먹고 건강을 지키십시오.

어떻게 하면 될까요?

첫째, 과일과 채소로 먼저 배를 채우십시오.

나는 집에 과일과 뿌리채소를 박스로 구입해 놓습니다. 그리고 출출할 때는 과일을 먹거나 고구마를 쪄서 먹습니다. 그러면 배가 불러 식사 때 밥을 많이 먹지 않게 됩니다. 밖에서 쉽게 살 수 있는 과자는 멀리 합니다. 내 입을 위해 과자를 산 적이 없습니다. 다만 아기를 달래기 위해 유기농 과자를 가끔 삽니다. 그러면 큰딸과 아들, 남편도 그 과자를 먹고 다른 과자를 잘 찾지 않습니다. 그러니 우리 가족은 날씬하고 날마다 더 건강해집니다.

둘째, 곡식을 먹되 영양가가 풍부한 현미를 드십시오.

나는 신혼 초에 현미에 영양소가 풍부한지 몰라서 하얗고 깨끗한 쌀로만 밥을 짓곤 했습니다. 그때는 우리 가족이 확실히 배가 좀 더 나왔었습니다. 나는 어느 주일에 김열방 목사님으로부터 이런 설교 말씀을 들었습니다.

"여러분, 영양가 없는 흰쌀 말고 영양이 풍부한 현미밥을 지어 드세요. 김사라 사모님이 나와서 현미밥 짓는 법을 자세히 설명해 주실 겁니다."

잠시 후 김사라 사모님은 현미를 하루 동안 불리기, 바쁠 때는 압력솥에 현미를 넣고 푹 찐 후에 밥 짓기, 현미밥에 야채를 고루 섞어 볶음밥으로 아이들에게 먹이기 등의 노하우를 알려주셨습니다. 나는 그날부터 현미밥을 짓고 야채를 아이들이 먹기 좋게 요리했습니다. 집밥의 중요성을 아니까 한 끼도 소홀하게 만들 수 없었습니다. 밖에 나가면 먹을 것이 없었습니다. 다양한 요리들이 식당마다 넘치지만 정말 믿고 먹을 수 있는 밥은 집밥입니다. 집밥을 결코 우습게 여기지 마십시오. 집밥은 백만 원 이상의 가치가 있습니다. 당신도 꼭 집밥을 해서 먹기 바랍니다.

"집밥은 백만 원짜리다."

성경에서 먹으라고 한 깨끗한 음식을 먹으면 장수하고 또 부요함도 따라옵니다. 주변을 둘러보십시오. 집안에 아픈 사람 한 사람만 있어도 온 가족의 얼굴에 근심이 있고 돈도 많이 들어갑니다. 그러니 아프기 전에 자신의 몸을 잘 관리하여 건강하고 부요하게 오래 살기 바랍니다. "그의 오른손에는 장수가 있고 그의 왼손에는 부귀가 있나니 그 길은 즐거운 길이요 그의 지름길은 다 평강하니라."(잠 3:16~17) 이것이 지혜입니다.

나는 매일 억만 번이나 감사가 넘친다

당신은 감사가 넘친다고 말할 수 있습니까?

나는 진심으로 내 삶에 감사가 넘친다고 말할 수 있습니다.

나는 매일 "억만 번이나 감사합니다"라고 수시로 말합니다. 내가 어떻게 매일 억만 번이나 감사하는 삶을 살게 되었을까요?

첫째, "억만 번이나 감사합니다"라고 입으로 말했기 때문입니다. 성령님은 인격자이십니다. 인격을 가지고 당신 옆에 서 계신 성령님께 감사를 표현해야 합니다. 사도 바울은 "주께서 내 곁에 서서 나에게 힘을 주신다"(딤후 4:17)고 고백했습니다.

예수의 영이신 성령님은 인격이 있습니다. 그래서 항상 당신 곁에 서서 당신의 이야기를 듣고 싶어 하십니다. 부모는 자녀의 이야기를 듣고 싶어 합니다. 나는 아이들이 학교에 다녀와서 나를 따라다니며 지저귀는 새처럼 이야기할 때 한없이 행복합니다.

"엄마, 오늘 학교 급식에 맛있는 거 나왔어요. 잡채가 나왔는데 정말 맛있었어요."

"와, 진짜 맛있었겠네."

"엄마, 오늘 학교에서 수업 안 하고 많이 놀아서 시간이 빨리 갔어요. 재미있었어요."

나는 대답을 해줍니다.

"그래? 잘됐네."

당신이 성령님께 일상생활을 수시로 이야기하고 감사하고 좋아
하면 성령님께서는 한없이 기뻐하십니다.

둘째, "억만 번이나 감사합니다"라고 글로 썼기 때문입니다.

나는 글로 쓰는 것을 좋아합니다. 쓰고 쓰고 또 쓰는데 그렇게
글로 썼던 내용들은 내 입에서 저절로 나옵니다. 믿음의 말, 감사
의 말, 행복의 말들이 자동으로 툭 튀어 나옵니다.

당신의 자녀가 "억만 번이나 감사합니다"라고 말하면 기분이
어떨까요? 나는 아이들에게 수시로 입으로 말하도록 유도합니다.
그러면 아이들이 나를 따라 말합니다. 나는 아이들이 내 말을 따
라만 말해도 기분이 날아갈 것 같습니다. 정말 행복합니다.

그런 아이가 글로 감사를 표현하면 내 기분이 어떨까요?

'감사'는 아주 귀한 표현입니다. 그러므로 하나님 아빠에게 감
사하는 내용을 글로 쓰면 더욱 좋습니다. "아빠, 감사해요."

당신은 하나님을 아빠 아버지라고 부를 수 있는 하나님의 자녀
입니다. 하나님은 성령으로 말미암아 당신을 낳으셨고 당신에게
무엇이든지 구하라고 하셨습니다.

"내가 영을 전하노라. 여호와께서 내게 이르시되 너는 내 아들
이라. 오늘날 내가 너를 낳았도다. 내게 구하라. 내가 열방을 유
업으로 주리니 네 소유가 땅 끝까지 이르리로다."(시 2:7~8)

나는 셀 수 없이 많은 복을 하나님께 받았다

당신은 하나님께 많은 복을 받았습니까?

나는 엄청난 복을 받았습니다. 그것도 셀 수 없을 정도로 많은 복을 받았습니다. 내가 어떻게 셀 수 없을 정도의 많은 복을 받았을까요? 그것은 바로 포기하지 않았기 때문입니다. 그리고 앞에 있는 푯대를 향해 나아갔기 때문입니다. 끝까지 인내하는 것은 사람의 힘으로는 능으로 안 됩니다. 신적인 힘으로만 가능합니다.

나에게는 신적인 능력 곧 초자연적인 능력이 있습니다. 바로 예수의 영인 성령님이 내 안에 가득히 계시기 때문입니다. 성령님이 한강처럼 철철 넘치는 기름 부음으로 내 안에 들어와 계십니다. 그분은 순간마다 나에게 초자연적인 능력을 주십니다.

나는 그분의 음성을 듣고 생각하고 말하고 움직입니다. 그분이 가라면 가고 서라면 섭니다. 그분이 하라면 하고 하지 말라면 하지 않습니다. 그분이 "포기하지 말고 앞만 보고 계속 가라"고 말씀하시면 나는 어떤 어려움이 있어도 포기하지 않고 계속 합니다. 성령님의 음성을 듣고 끝까지 한 것들은 모두 복을 받았습니다.

하루는 내가 해결해야 할 문제들이 태산처럼 크게 느껴지고 여러 가지 일을 진행하고 있는 것에 대한 후회가 막 밀려왔습니다.

그때 순간 내 마음에 '포기'라는 단어가 떠올랐습니다.

"그래, 지금 여기서 그만두면 돈 문제, 시간문제, 복잡한 인간 관계 등이 다 해결돼. 이 모든 것에서 다 해방이야. 게다가 내가 시도하지 않았던 것들은 아예 생각할 필요도 없어져."

그때 성령님께서 내게 말씀하셨습니다.

"은하야, 너는 포기를 입으로 말하지 마라. 잠깐 포기하고 싶다고 생각할 수는 있지만 말로 하지 말고 앞에 있는 푯대를 향해 계속 달려가라. 잘하고 있다."

"네, 성령님. 잘 알겠습니다."

그때 포기했더라면 내 인생은 거기서 멈추었을 것입니다. 밖에 있는 수많은 문제 때문에 고민은 되었지만 성령님의 음성을 듣고 포기하지 않았기 때문에 나는 많은 복을 받았습니다. 성경에는 '마침내'라는 단어가 나옵니다. 그들이 하나님의 음성을 듣고 포기하지 않았기 때문에 마침내 복을 받을 수 있었던 것입니다.

첫째, 마침내 애굽의 노예 생활을 청산하고 구원받았습니다.

"마침내 그들을 인도하여 은금을 가지고 나오게 하시니 그의 지파 중에 비틀거리는 자가 하나도 없었도다."(시 105:37)

둘째, 마침내 하나님께서 성령을 부어 주셨습니다.

"마침내 위에서부터 영을 우리에게 부어 주시리니 광야가 아름다운 밭이 되며 아름다운 밭을 숲으로 여기게 되리라."(사 32:15)

셋째, 마침내 야곱이 창대하고 왕성하여 거부가 되었습니다.

"그 사람이 창대하고 왕성하여 마침내 거부가 되어."(창 26:13)

하나님의 약속을 받은 사람은 '마침내'의 시간까지 참고 기다려야 합니다. 중간에 포기하지 말고 끝까지 가야 합니다.

"나도 해봤어. 하지만 별거 없었어."

그 사람이 '마침내'의 시간까지 가지 않았기 때문입니다.

사도 바울은 "푯대를 향하여 달려가라"고 명령했습니다.

"형제들아, 나는 아직 내가 잡은 줄로 여기지 아니하고 오직 한 일 즉 뒤에 있는 것은 잊어버리고 앞에 있는 것을 잡으려고 푯대를 향하여 그리스도 안에서 하나님이 위에서 부르신 부름의 상을 위하여 달려가노라."(빌 3:13~14)

나는 모태 신앙인으로 자랐고 태어나자마자 의인이었습니다.

예수님을 믿으면 누구든지 의인이 됩니다. 하나님은 그분의 의인된 자녀에게 의성건부지평생(의인, 성령 충만, 건강, 부요, 지혜, 평화, 생명)을 선물로 주셨습니다. 그리고 하나님은 내게 책을 쓰라고 하셨습니다. 나는 순종했고 그동안 몇 권의 책을 써냈습니다. 책을 출간한 후에 더 많은 복을 받았습니다.

내가 책을 썼든 쓰지 않았든 나는 그리스도 안에서 의인이며 일곱 가지의 복을 다 받아 누리고 있습니다. 하지만 "책에 써서 후세에 영원히 있게 하라"(사 30:8)는 하나님의 말씀에 순종했더니 하나님은 나에게 더 많은 복을 주셨습니다.

내가 책을 쓴 사건은 기적적으로 일어났고 나는 말씀에 순종해서 더 많은 복을 받았습니다. 성경 말씀은 하나님 자체입니다. 그러므로 성경 말씀에 순종하면 복을 받습니다. "부족하다, 없다"는 말을 하지 마십시오. 하나님의 초자연적인 공급을 믿으십시오.

"나의 하나님이 그리스도 예수 안에서 영광 가운데 그 풍성한 대로 너희 모든 쓸 것을 채우시리라"(빌 4:19)고 했습니다.

자녀를 낳은 부모는 그 자녀에게 칭찬과 격려의 말을 하며 필요한 모든 것을 때에 맞게 챙겨 줍니다. 하나님도 그분의 자녀가 계속 꿈을 꾸고 포기하지 않도록 성령님을 통하여 성경 말씀을 깨닫게 해주십니다. 그리고 실제로 필요한 모든 것을 채워주십니다.

나의 경우에는 책을 읽으면서 계속 더 많은 꿈을 꾸고 성경 말씀을 기록하고 그 말씀에 순종하므로 더 많은 복을 받았습니다.

당신이 왜 꼭 책을 써내야 할까요?

첫째, 나는 책을 쓰기 전에도 복을 받고 살았습니다.

내가 처음 자녀를 키울 때 현상적으로는 형편이 어려웠습니다.

어느 날 가까운 지인이 나에게 말했습니다.

"아이가, 없는 집 아이 같지 않고 참 밝게 잘 크네요."

나는 그때는 왜 그런지 잘 몰랐지만 지금은 잘 압니다.

그 이유는 부요하신 하나님이 항상 내 곁에서 지켜 주시고 모든 것을 채워 주셨기 때문이었습니다. 그래서 나는 항상 즐겁게 감사하며 살았고 내가 어려운 형편이라는 것을 몰랐던 것입니다.

나는 최근에 우리나라 중산층에 대해 책에서 읽고 인터넷을 검색해 봤는데 한 가정의 연봉과 가진 집, 가진 차, 해외여행 횟수 등을 고려하는 것을 보았습니다. 나는 다시 한 번 과거에 첫아이 키울 때를 생각해보았습니다. 나는 중산층도 아니었는데도 첫 아이를 키우며 가난한 현상을 바라보지 않고 믿음으로 내 꿈을 이루며 살았음을 알게 되었습니다. 하나님의 영이신 성령님이 내 안에서 실제로 음성을 통해 코치하셨기 때문에 가능했습니다.

사람들은 복을 받았다고 말할 때 일반적으로 부요에 대한, 돈에 대한 복부터 떠올립니다. 그러나 실제로 더 중요한 복은 내 안에서부터 오는 행복입니다. 참된 복은 행복입니다. 이 책 제목이 〈백배 축복 비결〉인데 나는 백배의 행복을 받았습니다.

둘째, 나는 책을 쓰고 나서도 더 많은 복을 계속 받았습니다.

모든 성공의 끝은 책입니다. 그러므로 성공하려면 책부터 써내야 합니다. 나는 책을 써내므로 끝에서부터 시작했습니다. 그러자 재정적인 안정과 함께 전에 내가 알지 못했던 끝없는 지혜와 천재적인 깨달음이 성령님의 세미한 음성을 통해 다가왔습니다.

지금도 내 삶과 내가 깨달은 성경 말씀이 그대로 담긴 내 책을 읽고 하루를 억만 번이나 행복하게 살고 있습니다. 이 행복을 더 많은 사람들에게 전염시키기 위해 나는 책을 계속 씁니다.

주님은 참으로 많은 복을 주시는 분입니다.

"주라. 그리하면 너희에게 줄 것이니 곧 후히 되어 누르고 흔들어 넘치도록 하여 너희에게 안거 주리라. 너희가 헤아리는 그 헤아림으로 너희도 헤아림을 도로 받을 것이니라."(눅 6:38)

당신도 지금 행복하지만 더 많은 복을 받고 사십시오.

당신도 더 큰 꿈을 공책에 적고 푯대를 향해 달려가십시오.

"성령님, 어떻게 할까요?"라고 말씀드리고 그분의 세미한 음성을 듣고 순종하면서 행복이 가득한 하루를 살기 바랍니다.

작은 것이라도 성령님께 묻는 습관이 중요하다

당신은 어릴 때 소꿉놀이를 좋아했습니까?

나는 어릴 때 소꿉놀이를 무척 좋아했습니다. 마당 있는 집에서 자라 집밖에 몇 발작만 내디디면 사방에 소꿉놀이 재료가 있었습니다. 움푹 파인 돌은 그릇과 절구가 되었고 주변에서 뜯은 풀은 야채처럼 절구에 넣어 찧었습니다. 그리고 큰 돌 3개로 고인돌 모양의 아궁이를 만들어 절구 찧은 야채를 끓이는 시늉을 했습니다. 이런 소꿉놀이를 거의 매일 했던 기억이 납니다. 최근에 3살 된 막내딸이 주방 싱크대 수납장에서 자꾸 냄비를 가져갑니다. 나는 어릴 때의 기억이 나서 막내딸에게 소꿉놀이 영역을 만들어 주면 좋겠다는 생각을 했습니다. 나는 "성령님, 소꿉놀이 공간을 어떻게 준비해 주면 좋을까요?"라고 여쭈며 신이 났습니다.

성령님께 여쭈고 나니 소꿉놀이에 대한 아이디어가 줄줄이 사탕처럼 떠올랐습니다. 마침 버리려던 수납장 두 개가 떠올랐는데 버리려면 돈이 들기 때문에 그것을 버리지 않고 활용하기로 했습니다. 한 개로는 소꿉 냉장고를 만들었고 다른 한 개로는 소꿉 싱크대를 만들었습니다. 제법 보기도 좋고 실용적인 소꿉놀이 공간이 되었습니다. 종이상자로 오븐을 만들고 칼과 도마도 만들었습니다. 그러자 저녁에 모여 있는 가족과 막내딸이 소꿉놀이를 하기 시작했습니다. 밀가루 반죽을 주었더니 오븐에 빵을 구워서 아빠 입에 먹이고 스마트폰에 열중인 언니와 오빠를 소꿉놀이 영역으로 불러 같이 빵을 만들고 썰었습니다. 나는 성령님께서 주신 실용적인 아이디어에 감탄했습니다.

하나님이신 성령님은 실제로 내 안에 살아 계셔서 내가 묻는 것마다 응답하십니다. 어떤 것은 묻지도 않았는데 내 머리에 컴퓨터를 켰을 때처럼 프로그램이 쫙 깔리고 좋은 아이디어가 마구 떠오르기도 합니다. 나는 감탄합니다.

"성령님, 이런 방법이 있군요. 놀랍습니다."

성령님이 주신 생각은 바로 메모해서 활용합니다. 당신도 작은 것부터 성령님께 물어보십시오. 어떻게 하면 될까요?

첫째, 일상생활에서 성령님께 물으십시오.

나는 소꿉놀이를 떠올리며 물었습니다.

"성령님, 딸에게 작은 플라스틱 소꿉놀이를 하나 사줄까요? 아니면 집에 있는 것으로 만들어 줄까요? 제가 만들면 어떨까요?"

"네가 만드는 게 좋겠다. 네가 유치원에서 교사로 일했을 때를 기억해 보면 알잖니? 작은 소꿉놀이는 처음에만 두어 번 가지고 놀다가 안 가지고 놀잖니? 네가 큼직하게 만들어 줘라."

"맞아요. 작은 것은 금방 질려요."

나는 김밥도 실제 크기로 만들고 냉장고와 싱크대도 실제처럼 큼직하게 만들었습니다. 아이가 무척 좋아했습니다. 소꿉놀이 도구들을 만든 지 오래 되었는데도 아직까지 잘 가지고 놉니다.

둘째, 시간 관리에 대해 성령님께 물으십시오.

나는 소꿉놀이를 만드는데 하루 중 시간을 너무 많이 투자하는 것 같아 성령님께 물었습니다. "성령님, 만들기가 재밌지만 시간이 너무 많이 소요돼요. 어떻게 하면 시간을 잘 사용할까요?"

"그렇게 재밌으면 모든 일을 끝내 놓고 오후 3시쯤부터 한 시간 정도만 해. 그래도 충분해. 잔이 넘친다."

"네."

나는 성령님께서 알려주신 대로 시간을 사용했는데 하루가 더 보람되었습니다. 성령님은 시간 관리의 대가이십니다.

당신도 하나님께 모든 것을 물으십시오. 작은 것부터 묻는 습관을 몸에 익히면 아주 중요하고 큰일이 생겼을 때 혼자 결정하지 않고 꼭 하나님께 묻게 됩니다. 그러면 힘든 길을 뒤로 하고 지름길을 가게 됩니다. 이것을 기억하고 실천하기 바랍니다.

꿈이 이루어지는 모든 과정을 성령님과 함께 즐겨라

당신은 과정을 즐깁니까? 나는 과정을 즐깁니다.

과정이란 말은 '일이나 상태가 진행하는 경로'라는 뜻입니다.

과정이라는 길을 끝까지 가다 보면 어떤 일이든 결과를 얻게 됩니다. 좋은 결과든 나쁜 결과든 시간이 되면 다 나타납니다.

나는 모태 신앙인입니다. 엄마 뱃속에서부터 성경 말씀을 들어왔고 하나님을 의지하며 성장했습니다. 그러나 성령님과 교제하는 방법은 몰랐습니다. 그래서 어떤 일이든 결과를 얻기 위해 하나님께 묻지 않고 내 힘으로 하려고 무던 애를 썼습니다.

과정을 내 맘대로 가다가 좋은 결과가 나오면 "하나님, 감사합니다. 하나님은 진짜 살아 계십니다"라고 고백했습니다. 하지만 나쁜 결과가 나오면 "하나님은 교회 다니는 나한테 왜 이런 나쁜 걸 주세요? 왜 나는 맨날 이 꼴인가요?"라며 원망하곤 했습니다.

그러던 중 21살 때 김열방 목사님의 설교를 처음 들었습니다.

김열방 목사님은 성도들에게 마치 구연동화를 들려주듯 말씀과 행동으로 성령님과 인사를 나누고 대화를 하는 것을 보여주셨습니다. 나는 너무 놀랐습니다. 보이지 않는 하나님을 앞에서 보며 이야기 나누고 계셨습니다. 나도 정말 따라 해보고 싶었습니다.

그날 이후로 배운 대로 연습해 봤습니다.

아침에 일어나면 인사했습니다. "성령님, 안녕하세요?"

횡단보도를 건널 때도 말했습니다. "성령님, 함께 가시지요."

순간마다 도움을 구했습니다. "성령님, 도와주세요."

처음에는 좀 쑥스러웠습니다. 그러나 용기를 내어 자꾸 성령님께 말씀드리니 나중에 세미한 음성으로 대답을 해주셨습니다.

"은하야, 너와 함께 하니 기쁘구나."

"강하고 담대해라."

나는 성령님과 교제하는 것이 너무 재밌었습니다.

그러다 자연스럽게 주의 종과 기도할 때 방언을 받았고 성령의 나타남을 체험했습니다. 나에게 전에 가지지 못했던 새로운 삶이 열렸습니다. 더 이상 나 혼자가 아니었습니다. 이제는 어떤 일이든 성령님과 함께 과정을 즐기고 어떤 결과가 나오든 그분과 함께 받아들이게 되었습니다. 내 대신 성령님께서 모든 문제를 해결하시고 결론을 내십니다. 나는 거침없이 성령님과 함께 모든 일을 헤쳐 나갔습니다. 그러다 보니 한 순간 곧 1분 1초가 다 소중하게 되었습니다. 성령님이 1분 1초도 나와 함께 계심을 눈으로 보았기 때문입니다. 그분은 살아 계신 하나님이십니다. 할렐루야.

모든 과정을 성령님과 함께 하니 짧은 시간이든 긴 시간이든 결과가 나오기까지 초조해 할 필요가 없게 되었습니다. 순간마다 성령님과 함께 즐기면 되었기 때문입니다. 우리는 "웃으면 복이

와요"라는 말을 많이 들었고 자주 쓰고 있습니다. 그렇습니다. 성령님과 함께 웃으면 정말 많은 복이 옵니다. 성령님과 함께라면 과정도 즐겁고 결과도 복입니다. 날마다 잘됩니다.

어떻게 하면 과정을 즐기고 복된 결과를 얻을 수 있을까요?

첫째, 성령님께 노골적으로 모든 것을 물으십시오.

"성령님, 어떻게 할까요?"

나는 얼마 전에 잠실의 넓은 집으로 이사하면서 평소에 내가 생각지 못한 큰 금액을 결제해야 했습니다. "생각지 못했다"는 말은 "만져 본 적도 없고 그런 큰돈을 거래해 본 적이 없었다"는 말과 같습니다. 나는 크신 성령님께 물었습니다.

"성령님, 이 돈 문제를 어떻게 할까요?"

"큰돈 문제를 해결하는 것은 쉽다. 이렇게 하면 된다."

"네, 잘 알겠습니다. 억만 번이나 감사합니다."

그러자 곧 돈 문제를 해결할 큰 생각과 큰 경험을 얻을 수 있었습니다. 어떻게요? 믿음으로입니다. "그러므로 내가 너희에게 말하노니 무엇이든지 기도하고 구하는 것은 받은 줄로 믿으라. 그리하면 너희에게 그대로 되리라"(막 11:24)고 했습니다.

"내가 구하는 큰돈을 받았음. 아멘, 감사합니다."

중언부언할 필요 없습니다. 큰돈 문제라고 해서 오랫동안 시간 채우기 기도할 필요도 없습니다. 당신이 기도하며 흘린 땀이 하나님을 움직이게 할 수 없습니다. 그분은 스스로 계신 분이시며 태초에 만물과 사람을 만드신 분입니다. 그분이 만드신 당신과 만물은 그분이 알아서 하십니다. 우리가 할 일은 단지 그분이 말씀하신 것을 믿기만 하는 것입니다. 믿으면 기적이 일어납니다.

둘째, 성령님께 문제를 해결하는 지혜를 구하십시오.

"오직 지혜는 성공하기에 유익하니라."(전 10:10)

지혜가 당신이 원하는 성공적인 결과로 이끌어 줍니다.

하루는 길을 걷다가 해결해야 할 일에 대해 "성령님, 지혜를 주세요"라고 말하고 다시 즐겁게 길을 걷고 일상생활을 하는 나 자신을 발견했습니다. 얼마 되지 않아 그 일은 해결되었고 좋은 결과가 나왔습니다. 이런 상황은 자주 반복되었습니다.

나는 자동으로 성령님과 함께 모든 일의 과정과 결과를 즐기는 사람이 되었습니다. 당신도 성령님께 물으면 지혜가 생겨 모든 일의 과정을 자동으로 즐기고 좋은 결과를 얻게 됩니다.

이것을 믿기 바랍니다. "너는 범사에 그를 인정하라. 그리하면 네 길을 지도하시리라."(잠 3:6)

나쁜 추억은 버리고 기쁜 추억만 떠올려라

당신은 어떤 추억을 떠올리는 것을 좋아합니까?

나는 나쁜 추억보다는 기쁜 추억을 떠올리는 것을 좋아합니다.

나쁜 추억은 음식물 쓰레기처럼 쓰레기통에 넣어서 버리고 꺼내지 마십시오. 좋은 추억만 잘 포장해서 소중히 간직하십시오.

내 인생에는 기쁜 추억들이 참 많습니다. 남편과 대학 동아리에서 처음으로 얼굴을 봤던 날, 자녀를 낳고 행복했던 일, 내가 생각지 못했던 내 책이 처음 나온 날, 가족과 함께 전국과 해외로 여행 다녔던 추억들이 가끔 생각납니다.

어느 날 나는 청소기를 돌리다가 갑자기 자리에 서서 멍하니 있었습니다. 그리고 성령님께 눈으로 말을 걸었습니다.

"성령님, 우리가 이 집에 살면서 함께한 추억이 정말 많았죠? 하나씩 기억납니다. 요리해서 가족과 함께 맛있는 음식을 먹던 일, 봄에는 미니 텃밭을 만들어 야채를 길러 먹었고, 아이들에게 필요한 물건이 생기면 신이 나서 만들어 주고, 집에 들어갈 때나 나갈 때도 항상 성령님과 함께 했었죠? 이 집을 처음 보러 오던 날, 우리가 정말 바라던 집이라며 하이파이브하며 기뻐했죠? 성령님, 억만 번이나 감사하고 사랑합니다. 성령님이 없이는 단 하루도 행복하지 못했을 거예요."

"은하야, 나도 그래. 사랑한다."

성령님은 나에게 대답하셨습니다.

내 인생에는 추억도 우선순위가 있습니다. 어떤 걸까요?

첫째, 성령님과의 기쁜 추억입니다.

다윗은 "나는 의로운 중에 주의 얼굴을 뵈오리니 깰 때에 주의 형상으로 만족하리이다"(시 17:15)라고 고백했습니다.

나는 성령님의 얼굴 형상을 화장실에서 처음 보았습니다.

21살, 잠실에 살 때였는데 동그랗고 큰 빛으로 보였습니다.

나는 단번에 성령님임을 알아챌 수 있었습니다. 그날은 슬픈 일로 앉아 있었는데 내가 너무 안쓰러워서 위로 차원에서 동그란 형상을 보여주신 것 같습니다. 그 사건 이후로 화장실 문짝만 보면 성령님의 얼굴을 보고 이야기합니다. 하지만 꼭 동그란 형상이 아니어도 성령님이 내 오른편에 항상 계심을 나는 믿음으로 압니다. 성령님과의 추억은 내 인생에서 가장 소중한 추억입니다.

둘째, 사랑하는 나의 가족들과의 기쁜 추억입니다.

가족들과 행복했던 추억들은 누구한테나 소중할 것입니다.

나는 남편과 7년을 연애하고 결혼했는데 남편이 군대에 있을 때 편지를 서로 엄청 많이 주고받았습니다. 그 편지들을 대청소하다가 가끔 보는데 참 풋풋함이 느껴집니다.

그렇게 새로운 가정을 만들고 자녀를 낳고 기쁜 일, 슬픈 일을 함께 하며 지금 이곳까지 온 것을 생각하면 감사한 마음이 물밀듯 밀려옵니다. 우리 가족이 함께 있는 것 자체만으로도 하나님께 한없이 감사를 드립니다.

셋째, 육신의 부모님, 믿음의 부모님, 형제들, 이웃들에 대한 기쁜 추억입니다. 결혼해서 내 가정이 있다 보니 자주 찾아가 뵙지는 못하지만 먹을 것을 보아도 부모님과 함께 먹던 일이 생각날 정도로 자주 생각납니다. 나는 그분들을 위해 축복 기도합니다.

"하나님, 시골에 계시는 부모님과 저희 시어머님께서 200세까지 완벽한 건강을 가지고 살게 해주세요. 아멘, 그렇게 되었음."

"하나님, 믿음의 부모님들이 200세까지 완벽한 건강을 가지고 살게 해주세요. 아멘, 그렇게 되었음. 감사합니다."

"주님, 저희 형제자매들이 백배의 축복을 받고 완벽한 건강으로 살게 해주세요. 아멘, 그렇게 되었음."

"성령님, 70억 전 세계 사람들이 주일날 성령님과 함께 예배하고 건강하고 행복한 삶을 살게 해주세요. 아멘, 그렇게 되었음."

나는 기도하고 구한 것을 받았다고 믿습니다. "그러므로 내가 너희에게 말하노니 무엇이든지 기도하고 구하는 것은 받은 줄로 믿으라. 그리하면 너희에게 그대로 되리라."(막 11:24)

당신도 소중한 추억을 떠올려 보세요. 그 안에 있는 가장 소중한 하나님의 은혜에 한없이 감사할 겁니다. 예수님의 영이신 성령님이 실제로 당신 안에서 기뻐하셨고 그 기쁨으로 가족들과 이웃들과 함께 했던 행복한 날들이 생각날 겁니다. 지금 행복한 추억으로 당신 안에 평안만 가득하길 기도합니다.

서운했던 과거보다 행복한 현재가 더 중요하다

당신은 혹시 서운한 감정을 오래 품고 있지 않습니까?

어떤 일에 대해 제대로 깨닫기 전에는 누구나 실수하고 그런 실수로 인해 서운한 감정이 생기게 됩니다. 당신도 실수한 적이 많았을 것입니다. 없다고요? 자신이 남을 서운하게 했던 것은 하나도 기억이 안 나고 남이 자기에게 서운하게 했던 것만 기억나기 때문에 그렇게 생각되는 것입니다. 어쨌든 서운했던 과거가 중요합니까? 아니면 행복한 현재가 더 중요합니까? 나는 서운했던 과거보다 행복한 현재가 훨씬 더 중요하다고 생각합니다.

나는 신혼 초에 남편과 말다툼을 한 적이 몇 번 있었습니다. 그때마다 빠지지 않았던 것은 과거에 남편에게 서운했던 것들을 몇 가지 합해 들추며 말하는 것이었습니다. 그래야 현재 상황에서 내게 유리하게 돌아갈 것 같았기 때문입니다. 그런데 어느 날 말다툼했던 상황을 생각하고 있을 때 성령님께서 말씀하셨습니다.

"은하야, 너는 더 이상 남편이 과거에 너에게 서운하게 했던 말과 행동을 들추어내지 마라. 다 사소하고 작은 것들이다. 내가 이미 다 용서했다. 지금 이 순간이 가장 중요하다."

"아, 성령님, 귀한 깨달음에 정말 감사합니다."

그래서 나는 과거에 서운했던 일들을 더 이상 생각하거나 말하지 않기로 했습니다. 그 후로는 남편과 대화하다 문제가 생겨도 서운하다는 말은 하지 않습니다. 저녁에 잠깐 의견 충돌이 있어도 다음날 아침이 되면 나는 어제와 다른 새로운 남편의 모습을 보게 되었습니다. '어제의 남편'이 아닌 '오늘의 남편'이었습니다.

"너희는 이전 일을 기억하지 말며 옛날 일을 생각하지 말라"(사 43:18)고 했습니다. 남편에 대한 안 좋았던 기억이 지워지니 나는 아침마다 밝게 미소 짓는 새로운 사람이 되었습니다.

"보라, 내가 새 일을 행하리니 이제 나타낼 것이라. 너희가 그것을 알지 못하겠느냐. 반드시 내가 광야에 길을 사막에 강을 내리니……."(사 43:19) 그렇습니다. 하나님이 나를 새롭게 만드셨습니다. 광야같이 척박하고 과거의 안 좋은 일에 매여 굳어 있던 내 마음에 새로운 길을 내주셨습니다. 그 새로운 길은 바로 내 마음이 아닌 예수의 영이신 성령님의 마음입니다.

나는 주일에 김열방 목사님의 설교를 들을 때 반복해서 메모하는 말씀이 있습니다. "지금 성령님이 여러분 안에 한강처럼 가득히 들어와 계십니다."

내가 가장 좋아하는 말씀입니다. 듣고 또 들어도 질리지 않는 귀한 말씀입니다. 나는 성령님께 말씀드립니다.

"성령님, 남편에게 칭찬과 격려의 말을 하게 해주세요. 오늘도 아이들을 인내로 지켜봐 주고 칭찬과 사랑으로 훈육하게 해주세요. 아멘, 그렇게 되었음. 감사합니다."

그러면 성령님께서 남편과 아이들의 곁에서 나를 바라보십니다. 잘하고 있다고 새 힘을 주십니다. 그런 상황이 지속되다 보니 가족끼리 다툴 일이 거의 없습니다. 우리 집은 웃음소리가 끊이지 않습니다. 내 마음이 성령님으로 말미암아 행복하니 주변 사람들에게도 그 행복을 전염시킵니다. 당신도 부정적인 과거를 다 지우고 행복한 현재를 살 수 있습니다. 어떻게 하면 될까요?

첫째, 예수 그리스도가 내 죄를 모두 짊어지고 나를 위해 죽으신 것을 믿으십시오. 그러면 죄를 사함 받고 성령으로 거듭나 하나님의 자녀가 됩니다. 의인이 됩니다. 더 이상 정죄함이 없습니다. "그러므로 이제 그리스도 예수 안에 있는 자에게는 결코 정죄함이 없나니 이는 그리스도 예수 안에 있는 생명의 성령의 법이 죄와 사망의 법에서 너를 해방하였음이라."(롬 8:1)

둘째, 예수님을 믿는 순간 성령님이 생수의 강으로 당신 안에 가득히 들어오셨습니다. 이것을 믿고 성령님의 마음으로 현재를 소중하게 여기며, 성령님과 함께 행복하게 생활하기 바랍니다.

"나를 믿는 자는 성경에 이름과 같이 그 배에서 생수의 강이 흘러나오리라 하시니 이는 그를 믿는 자들이 받을 성령을 가리켜 말

씀하신 것이라."(요 7:38~39)

소중한 당신의 몸을 건강하게 잘 지켜라

당신은 당신의 몸을 잘 지킵니까?

나는 소중한 내 몸을 건강하게 잘 지킵니다.

나는 결혼하기 전에는 요리를 해본 경험이 거의 없었습니다.

언니 두 명도 있었고 엄마가 요리를 워낙 잘하셨기 때문에 어릴 때부터 요리할 기회가 많지 않았습니다. 직장 생활할 때는 엄마가 보내 주신 김치 하나로도 밥을 잘 먹고 다녔고 점심과 저녁은 대부분 밖에서 먹었습니다.

오빠랑 언니랑 잠실에서 살 때였는데 한번은 김치를 담그고 싶어 얼갈이를 많이 사다가 절여 담갔지만 먹을 수 없을 정도로 맛이 없어서 다 버렸습니다. 그런 내가 결혼 후에는 어쩔 수 없이 가족을 위해 요리를 본격적으로 해야 했습니다. 나는 주로 책을 보면서 요리했고 시어머님이 요리법도 알려주셨습니다. 나는 요리가 재밌어서 자꾸 해보았습니다. 그런데 요리 과정에서 내 몸을 잘 관리하는 것도 중요하다고 성령님이 계속 말씀하셨습니다.

"가스 불에서 요리할 때는 후드를 반드시 먼저 틀어라."

"오랜 시간 요리할 때는 마스크와 안경을 쓰고 요리해라."

인터넷을 검색해 보니 실제로 많은 여성들이 가정에서 요리하며 유해가스인 일산화탄소, 이산화질소, 이산화탄소에 장시간 노출된다는 기사가 있었습니다. 이 유해가스는 폐암의 원인이 된다는 것입니다. 나는 오랜 시간 요리할 때는 꼭 마스크와 도수 없는 안경을 착용하는 것, 전기 렌지로 요리할 때는 멀리 떨어져 서서 요리하는 것 등을 지킵니다. 내가 이것을 지켜야 한다고 말하면 어떤 사람은 놀리듯이 말합니다.

"몸뚱이 되게 아끼네요. 얼마나 오래 살려고……."

"뭘 그렇게까지 하고 살아."

나는 120살까지 하나님의 자녀로 건강하게 살 것입니다. 내 몸은 하나님의 성전이기 때문입니다. 예수님의 실상이신 성령님이 내 안에 가득히 들어와 계시기 때문에 내 몸은 소중합니다.

"너희는 너희가 하나님의 성전인 것과 하나님의 성령이 너희 안에 계시는 것을 알지 못하느냐?"(고전 3:16)

하나님의 성전인 내 몸을 잘 지키려면 어떻게 해야 할까요?

첫째, 성경에서 하나님이 먹으라고 하신 음식을 먹어야 합니다. 곡채과소양가생(곡식, 채소, 과일, 소고기, 양고기, 가금류, 생선)을 먹으라고 성경은 말씀합니다. 나는 오늘 아이들에게 뿌리채소를 먹이고 싶어 고구마 맛탕을 해주었습니다. 맛있게 먹는 모습이 보기에 좋았습니다. 성령님도 내가 깨끗하고 몸에 좋은 채소를 먹는 모습을 보고 흐뭇하게 바라보셨습니다. 그러므로 당신도 누가 뭐라 하든 하나님이 먹으라고 한 깨끗한 것만 먹어야 합니다. 모든 요리에 돼지고기 대신 소고기를 넣으면 됩니다.

둘째, 성령님의 음성을 들었으면 바로 실천하십시오.

나는 성령님의 음성을 자주 듣는데 특히 주방에 있을 때 성령님은 내게 여러 가지를 코치해 주십니다. "칼질할 때는 반대 손을 오므려 곡선을 만들면 음식을 썰 때 손을 베이지 않는다."

"네. 억만 번이나 감사합니다."

나는 이렇게 코치 받으며 주방에서 시간을 보냅니다.

이런 시간이 엄청 재밌습니다.

셋째, 부정적인 말은 들어도 즉시 버리십시오.

나는 사람들의 부정적인 말은 곧 잊어버립니다. 대신 긍정적인 말을 떠올립니다. 주일 설교 말씀 중에 김열방 목사님이 이렇게 말씀하셨습니다. "여러분, 하나님은 우리를 지켜 주십니다. 머리털 하나도 상치 않게 하십니다. 이 사실을 믿으십시오."

나는 이 말씀을 완전히 믿고 감사드립니다. 예수님을 믿는 당신과 나는 하나님의 자녀입니다. 육신의 아버지는 자녀에게 안전하고 건강하도록 많은 주의를 줍니다. 하나님 아버지도 우리가 안전하고 건강하도록 일상에서 코치하십니다.

그것은 우리가 하나님의 자녀로서 그분이 주신 축복을 누릴 수 있는 자격이 있기 때문입니다. 나는 이 책을 읽는 당신이 이 땅에 사는 동안 삶의 모든 영역에서 백배의 복을 받아 누리며 행복하게 살기를 진심으로 바랍니다. 당신을 축복합니다.

"현세에 있어 집과 형제와 자매와 어머니와 자식과 전토를 백배나 받되 박해를 겸하여 받고 내세에 영생을 받지 못할 자가 없느니라."(막 10:30)

백배 축복 비결

초판 1쇄 인쇄 | 2018년 1월 15일
초판 1쇄 발행 | 2018년 1월 20일

지은이 | 김열방 김향숙 박미혜 이숙경 이은아 이은영 이재연 정은하

발행인 | 김사라
발행처 | 날개미디어
등록일 | 2005년 6월 9일, 제2005-44호
주소 | 서울특별시 송파구 백제고분로9길 6(잠실동, A동 3층)
전화 | 02)416-7869
메일 | wgec21@daum.net

ISBN : 978-89-91752-69-6 03230

책값 20,000원